U0142000

心哉美矣——漢魏六朝文心流變史

李建中著

文史哲學集成

三二〇

文史哲出版社印行

國立中央圖書館出版品預行編目資料

心哉美矣 : 漢魏六朝文心流變史 / 李建中著
-- 初版.-- 臺北市 : 文史哲, 民82
面 ; 公分. -- (文史哲學集成 ; 294)
參考書目:面
ISBN 957-547-804-5(平裝)

1. 中國文學 - 歷史與批評 - 漢(公元前202-公元220) 2. 中國文學 - 歷史與批評 - 三國魏(220-265) 3. 中國文學 - 歷史與批評 - 六朝(222-588)
820.902 82006557

(294) 文史哲學集成

心哉美矣
——漢魏六朝文心流變史

著者：李建中
出版者：文史哲出版社
登記證字號：行政院新聞局局版臺業字五三三七號
發行人：彭正雄
發行所：文史哲出版社
印刷者：文史哲出版社
台北市羅斯福路一段七十二巷四號
郵撥〇五一二八八一二彭正雄帳戶
電話：三五一一〇二八

實價新台幣四六〇元

中華民國八十二年九月初版

ISBN 957-547-804-5

出版說明

民國卅八年政府遷臺，與大陸幾近於隔絕有四十多年，其間雙方交流得最早，持續不斷，且逐漸累積的，可說是出版品。

大陸地區印行臺灣地區的出版品詳細情形，不易細講，不過由少而漸多，當是事實。而臺灣地區，在四十年初，已有書局印行大陸出版的圖書，其實就內容說，一直都很自我約束，不要說是在意識形態方面謹守分寸。就是在文字上稍涉違礙甚至遇有留在大陸學者的姓名，都自動加以刪改。近幾年，兩岸往來，建立制度，尺度也跟着放寬。而大陸所編印的圖書，無論是經整理過的古籍，或是新著，不但有較高的水準，而且每有新的資料，為研討、學習人文學科者所常需採用。所以出版漸多，不過各行其是，可說沒有章法。

近年兩岸又各訂辦法，保障各有關人士、機構的權益，合法的印行。本社一本出版學術專著的宗旨，現已出版過若干著述，今後還要慎選有助於文化教育的書籍，繼續促進兩岸出版品的交流。原來用簡化字排印的，改用正體字重排，並請作者再加校訂，以求完善。這一工作，敬請讀者不吝指教，以求不斷改進。

序

李君建中攻讀博士學位的第五學期，寫成了這部二十餘萬字的專著，確屬難能可貴。「與進」，「嘉善」，先哲所許，故爲之序。

中國古代文學理論研究，近年來取得了豐碩的成果，不但在古代文論的校勘注釋、資料整理及批評史編寫方面出現了一批爲學界公認較好的論著，而且在理論的探討等方面也取得了一定的成就。不過，這並不意味著古代文論研究中沒有缺陷和問題。長期以來的研究，既缺乏當代性與現實感；也缺乏中外交流和各學科的相互浸透。這在很大程度上限制了古代文論研究的視野，妨礙了中國古代文論向更深更廣領域發展的勢頭。在這種形勢下，一批中青年學者致力於古文論研究方法的更新和研究領域的開拓，取得了可喜的成績。李建中同學也積極投身其中，從心理學這一角度，來研究中國古代文論，這種探討是有意義的。

中國古代文學批評，較之西方古代文論更注重「心」，注重「人」，古人講物感心應，論「爲文之用心」，談「了然於心」，說「心聲」「心畫」等等，都與文學心理有關，至於說「文氣」，言「神思」，講「緣情」，論「意境」，也與「人品」、「氣質」、「心物」等等心理學內容密切相關。

因此，要深入研究中國古代文論，確實不可不研究心理學與古文論的關係。李建中同學正是從「心」字入手，來把握中國古代文藝心理學思想的。他認爲：如果說中國古代的心理學，實質上是「心的哲學」；那麼中國古代的文藝心理學，則是「文心」的哲學。這就抓住了問題的關鍵。中國古人普遍認爲，心之動，是物所感的結果，劉彥和說：「人秉七情，應物斯感，感物吟志，莫非自然。」因此，心物關係，就成爲中國古代文論的一個重要問題。李建中同學將「心物」視爲中國古代文藝心理學的綱領。用「心物」統轄作家、創作、鑑賞三大文藝心理學分支，並用「心物」這根紅線，在上編貫穿於史的發展，在下編將諸多範疇凝結爲一個有機整體，使得全書有倫有脊，邏輯體系井然。

我曾在一篇文章中談到，中國古代文學理論有一突出的民族特色，即史論評結合。例如劉勰《文心雕龍》的理論體系，就很有特色。全書從《原道》至《辨騷》共五篇，爲「文之樞紐」；從《明詩》至《書記》共二十篇，爲全書之「綱領」；從《神思》至《程器》共二十四篇，爲全書之《毛目》；《序志》則「以馭全篇」。就全書的體系來看，劉勰是貫徹了由具體到抽象的原則，貫徹了史論評相結合的方法。其用心是很明顯的，他並沒有僅僅從前五篇的概念出發，而是立足於大量的、豐富的作家作品與文學現象。他將文體論放在上編，將創作論放在下編，正是以分體文學史、作家作品評論爲基礎，從而上升爲系統的文學理論。李建中同學這本書汲取了這一結構特色，將全書分爲上下兩編，上編爲史論，下編爲範疇論，一縱一橫，較好地解決了歷史述評與理論探討的結合問題，使得全書既有歷史感，又有理論深度；既有微觀的辨析，又有宏觀的概括。

中國古代文藝心理學，目前還屬於尙待開拓的新領域，建中同學勇於實踐，率先寫出了這部古代文藝心理學斷代史，這是令人欣慰的。「先者難爲知」，這部著作自然不可避免地存在著一些不足之處，個別論點，還可斟酌。希望建中同學在此基礎上，更上層樓，使之益臻詳贍，爲弘揚祖國豐富的優秀文論做出應有的貢獻。

一九九零年十月楊明照於四川大學寓樓學不已齋

心哉美矣——漢魏六朝文心流變史　目錄

緒論

《文心雕龍·序志篇》：「夫文心者，言爲文之用心也。昔涓子《琴心》，王孫《巧心》，心哉美矣，故用之焉。」「心哉美矣」這句讚語，其言內之意是說：「心」這個詞很適宜作書名；其言外之意則暗示：「心」這個器官在文學創作中作用重大①——言內言外，都有著文藝心理學的意味。

心理學，作爲一門科學，它的誕生還是十九世紀末葉的事，但心理學思想則古已有之。朱光潛《悲劇心理學》稱「取得傑出成就的悲劇家……在心理科學還未流行之前就已是最深刻的心理學家。從埃斯庫羅斯到莎士比亞和歌德，世界上最聰明的人在悲劇中積累了大量心理學的智慧。」（第三頁）——對於中國古代文論和文論家，我們可以說同樣的話。且不說浩如煙海的經史子集之中，蘊藏著「大量心理學的智慧」，僅就古代文論典籍而論，其心理學的思想資料和例證，便難以窮盡。比如，陸機《文賦》專論創作心理，自謂「得其用心」；劉勰《文心雕龍》則系統討論作家、作品、創作、鑑賞的心理構成和心理過程，精細地剖析「爲文之用心」。「文心」何在？它不僅跳動在詩詞歌賦戲曲小說以及書法繪畫等各種體裁的古典文藝作品之中，而且綻放爲文論、畫論、書論、詩話、詞話、小說評點等千姿百態的理論之花。可見，從心理學角度研究古代文論，從而建立一門嶄新的學科—中國古代文藝心理學，並非是將「心理學」與「古代文論」「拉郎配」，而首先是因爲，古代文論作爲一個研究本體，自身就具有心理學內涵，就無愧「心哉美矣」的讚詞。

面對同一個研究本體，可以有不同的視角或方法；而對於古代文論的研究而言，心理學的方法具有兩大優點：一是涵括力，一是穿透性。心理學具有較強的交叉性：它以生物學、神經學爲基礎，以哲學、倫理學爲指導，以文化學、人類學爲背景，它的方法旁及數理化，它的材料涉獵文史哲……以心理學眼光看中國古代文論，好比給普通相機配上廣角鏡和長焦鏡：既可提供歷史的縱深度，亦可展示多學科交叉的寬闊度，從而使得研究者在中國古代文論這一古老的領域，常有新的發現、新的收穫。心理學以人的心理爲研究對象，那麼她必然觸及心靈的深淺層次，揭示出其他學科所無法涉足的靈魂的奧妙。「古文論研究不能不觸及文論家的靈魂，也不能離開靈魂的歷史」②，如果捨棄了探幽燭微、淵識遠鑑的心理學方法，「觸及靈魂」或「心靈史」的研究從何談起？心理學的穿透性與涵括力正好可以從縱橫兩個方面深化古代文論的研究。因此，站在「方法論」的角度，我們更要讚嘆「心哉美矣」！

早在攻讀碩士學位時，筆者便開始從心理學角度研究古代文論。幾年來，先後在《文學評論》、《學術月刊》、《批評家》、《社會科學研究》、《思想戰線》、《江淮論壇》、《名作欣賞》、《古典文學知識》、《四川大學學報》、《華中師範大學學報》、《中南民族學院學報》等刊物，發表了一系列文章，對中國古代文藝心理學思想，作了一些初步的探索。這篇博士學位論文，就是筆者近幾年探索的一個總結。

首先，筆者對中國古代文藝心理學這門新學科的根本特徵（即學科性質）作了初步的探討，中國古代沒有嚴格意義上的心理學，心理學思想蘊藉於哲學思想之中，當哲學中的「心論」（或曰「心的哲學」）與文藝學中的「文論」相互交匯乃至融合時，便產生了古代的文藝心理學思想。換言之，中國古代的理論家運用他們「心的哲學」（關於人之感知、意識、情緒、情感、個性、動機等）觀念，來剖析、闡釋文學問題，便使得他們的「文論」具有了文藝心理學內涵。而我們這些後人，正是在「心論」與「文論」的交匯、融合處，發現了古人的文藝心理學思想。這一「交叉性」特徵，貫穿於漢魏六朝文藝心理學的全部發展過程：從《淮南子》的「肇始」到《文心雕龍》的「總歸」。前者站在「心的哲學」角度議論文藝的創作與鑑賞，後者則將儒、道、釋三家心論融匯貫通於其「文心」之中。在這一頭一尾之間，更有玄心與樂論的交匯，佛心與畫論的融合……如果說，中國古代的心理學，實質上是「心的哲學」；那麼，中國古代的文藝心理學，則是「文心」的哲學。

第二，筆者認爲：「心物」是中國古代文藝心理學的綱領。《心物》，既是中國古代心理學思想的幾對主要範疇之一③，又是中國古代文論經常談到的問題④。「心物」，實質上是交叉在心論與文論的邊緣，從而與「中國古代文藝心理學」這門學科具有相同的性質——正是這一點，決定了它在整個學科中的綱領性地位。「心物」的交叉性，賦予中國古代文藝心理學兩大特徵：高屋建瓴的哲學眼光與能動反映論的思想傾向。在此基礎上《心物》能夠對文藝之「本」作出心理學解釋：文藝起源於

「心感物而動」；文藝是一種高層次的心理活動，文藝作品是「心聲」、「心畫」，「文」與「心」（胸襟、情懷）是同質的東西；在文藝創作中起主導作用的，是創作主體，是「賦家之心」，是「文心」。此外，中國古代文藝心理學的三大分支（作家論、創作論、鑑賞論），都是以「心物」爲綱領的。心物論之重「文心」，重創作主體，具體表現爲對作家「才性」及其「才性關係」的研究；創作的心理歷程，實爲心物交感三階段：創作發生時「心」（哀樂之情）感物而動，創作構思中「心」之動靜交替，創作表現時由裡到表的「心」之物化；而鑑賞的心理特徵，實爲鑑賞（品味）過程中，主體之心與作品之物的三種不同關係：心物並重、心物同構、心物一體。「心物」，統轄著作家、創作、鑑賞三大心理，猶如一根紅線，在上編貫穿於「史」的發展，在下編將諸多「範疇」凝結爲一個有機整體。

第三，漢魏六朝文藝心理學的發展，大體上經歷了「由品評作家才性到精析爲文用心」這樣一個過程。兩漢時期，文學尚未獨立，理論家站在「心學」角度，討論廣義上的「文學」問題，還不可能對創作、鑑賞、作家等門類有一個清晰的分辨與認識，換言之，文藝心理學的三大分支還是混沌一片。而在這一片混沌中，兩漢的「作家論」率先顯露出一個大致輪廓，從西漢初年的劉安一直到東漢的王逸。許多理論家都對屈原進行過品評，此外，還有《史記》、《漢書》的品評作家、王充爲文人排座次而奉作家爲「超奇」，等等，大致上都屬於研究「作家心理」，而且以「才性」爲其理論核心。漢末魏初，人物品藻之風盛行，品評才性的社會風氣，直接影響到魏晉乃至南北朝的作家心理學，並成爲漢魏六朝文藝心理學思想形成和發展的重要原因。宗白華先生和詹瑛先生曾將「品評才性」視爲中國古典美學和文論的起點，而漢魏六朝的文藝心理學也是以「才性」爲起點的。到了西晉，陸機《文賦》專論創作心理，「品評才性」才逐漸演變爲「精析文心」。這一「演變」，大體上通過兩條途徑完成：一是鑑賞心理的研究領域，由「品人」發展爲「品詩」（此處的「詩」爲各體文學、藝術的總稱）；二是在創作心理的領域，由研究創作主體發展爲研究創作過程。到了南朝齊梁時期，劉勰的《文心雕龍》和鍾嶸的《詩品》，則集「品人」與「品詩」於一身，熔「主體」與「過程」爲一爐，成爲漢魏六朝文藝心理學史上並峙的雙峰。站在《文心》、《詩品》的理論高度，回過頭來看漢代的人物品藻和才性論，便不難發現「品評才性」在文藝心理學史上的「起點」或「肇始」意義。

第四，筆者採用「史」與「論」相結合的方法。選取「漢魏六朝」這一特定時段，上編從「史」的角度，描述文藝心理學思想在兩漢的「形成」、魏晉的「展開」和南北朝的「成熟」；下編從「論」的角度，剖析此時期文藝心理學思想的幾對主要範疇，並建立起一個較爲嚴整的體系；上編之歷史演進與下編之理論邏輯，統一於「從品評才性到精析文心」；而「心感物而動」的唯物主義立場與「心物贈答」的能動反映論原則，融匯於「心哉美矣」！

漢魏六朝文藝心理學，其理論系統，其歷史進程，都貫穿著「心」的主線，洋溢著「心」的生機。《文心雕龍》最末兩句云：「文果載心，余心有寄」，「文」是「心」的載體，「心」是「文」的靈魂。如果說，漢魏六朝的「文心」是筆者的研究對象；那麼，筆者的「文心」則是本文的魂靈。作爲二〇世紀九〇年代的青年，筆者有幸能站在現代心理科學的高度，去探索一千多年前的「文心」之秘。年輕的「文心」與古老的「文心」相互碰撞，便綻開燦爛絢麗的思想之花。

心哉美矣！

【附註】

① 參見陸侃如、牟世金《文心雕龍譯注》下冊第四一一頁注④。

② 吳調公《古典文論與審美鑑賞》第四頁。

③ 參見高覺敷主編《中國大百科全書·心理學·心理學史》第五—六頁。

④ 參見王元化《文心雕龍創作論》第七二—九四頁。

上編　文心流變史

中國文藝心理學史是一部壯麗的交響樂。

「漢魏六朝」是其中輝煌而華美的樂章——

調性：交叉於哲學與文學之間；

主題：以「心物」爲綱，從「才性」臺發；

主旋律：從品評作家才性到精析爲文用心；

大樂段：作家論、創作論、鑑賞論。

可以用交響樂樂章的「三大部分」，來描述漢魏六朝文藝心理學的「三大時期」。

呈示部。兩漢時期是「形成期」，文藝心理學思想從兩個方面形成：一是哲學家（如劉安、王充）和史學家（如司馬遷），爲文藝心理學的肇始分別作了形而上與形而下的準備；二是以狹義的文學爲批評對象的詩賦辭論，標誌著漢魏六朝文藝心理學的眞正開端。而兩漢詩賦辭論中，成就較大的是辭論即（屈原論）。漢代屈原論所包含的作家心理學思想是整個漢魏六朝文藝心理學的邏輯起點。在「呈示部」，基調（「交叉性」）已定下，兩大主題（「心物」與「才性」）已臺現，主旋律與大樂段也正在形成之中。

展開部。魏晉時期，文藝心理學的「主題」與「旋律」，在三大樂段中全面展開：曹丕《典論·論文》從品評「建安七子」入手，論述作家氣質個性與創作的關係、作家的心理素質與能力以及作家的「文章大業」等問題；阮、嵇以「玄心」析「樂心」，打破先秦《樂記》「致樂以治心」的儒家教化傳統，其鑑賞論具有「心物同構」的心理學內涵；陸機《文賦》以「心物」爲綱，在「物——意——文」這樣一個結構中，精析「文心」，細研創作過程中的心物關係和心理特徵；葛洪《抱朴子》識文章微妙，既表識鑑之難，更述識鑑之方。「展開期」的文藝心理學，強調創作、鑑賞主體之「心」的能動作用，張揚一種越名教、超功利的藝術精神，充分體現臺「人的覺醒」與「文的自覺」的時代風貌。

再現部。歷經兩漢之「呈示」（形成）、魏晉之「展開」的漢魏六朝文藝心理學，在南北朝時期，以其深刻的內涵、精緻的形態、謹嚴的結構，「再現」樂章的主題、旋律、樂段與調性。「再現」，既是哲學意義上的「螺旋」，也是美學意義上的「升華」，更是文藝心理學思想的「成熟」。南北朝的「成熟」，其「心論」基礎是佛玄儒「三教合流」，其「文心」標誌是創作、鑑賞、作家之「三心共振」，其理論形態或象徵是《文心雕龍》與《詩品》之「雙峰並峙」。具體而言，「成熟」依次表現爲：《世說新語》關於魏晉作家「人心」與「文心」既統一又分裂的思想，深化了作家心理學內涵；以佛學心理爲內核的南朝畫論，拓寬了創作心理學領域；鍾嶸品詩與劉勰品文（尤其是《文心雕龍·

知音篇》專論鑑賞批評），表明鑑賞心理學的創立與成熟；《文心雕龍》熔作家、創作、鑑賞三大分支爲一爐，成爲漢魏六朝乃至整個中國古代文藝心理學發展上的一座豐碑，從而將漢魏六朝文藝心理學這一「樂章」引入高潮，創造了一個管弦共奏、鼓鈸齊鳴、掌聲雷動、鮮花滿臺的結尾！

壹、兩漢文藝心理學概觀

作爲「呈示部」，兩漢文藝心理學已將大樂章的「基調」（交叉於哲學與文學之間），清晰地呈示臺來。

就兩漢的哲學而言，與文學關係較密切的（亦即事實上能與文學交叉的），是其中的「心學」（或曰「心的哲學」）部分；就文學而論，兩漢的「文學」是廣義上的，與哲學、史學、經學等攪在一起，我們只有在大而雜的學術典籍之中，去尋找與「心的哲學」相交叉的文學。當然，兩漢時期已開始萌生狹義的文學，如漢賦，它與先秦時期的詩經、楚辭一起，成爲批評家品味的對象。這樣一來，兩漢就有了三種類型的文藝心理學：哲學家的（如劉安、王充），史學家的（如司馬遷），文學批評家的（如詩經、楚辭和漢賦的諸多評論者）。而這三「家」的文藝心理學思想，從根本上說，均爲「心論」與「文論」交叉的產物。

兩漢時期，與「交叉性」、「廣義性」密切相關的，是文藝心理學研究對象的混沌性。在魏晉南北朝時期能看得較爲清晰的三大塊（作家論、鑑賞論、創作論），於漢代基本上是混沌一片，只是綿延於前後漢的「屈原論」，使得「作家心理學」於混沌中率先顯露臺一個大致明晰的輪廓。

上述交叉性、廣義性和混沌性，可視爲兩漢文藝心理學的基本特徵。本章圍繞這三點，依次介紹此時期文藝心理學的哲學背景、理論本體和研究對象。

一、背景：心的哲學

著名美國心理學家G．墨菲（一八九五—一九七九）認爲哲學是心理學的「理論背景」（詳本書下編第一章）。漢代文藝心理學的理論背景，正是兩漢哲學的「心學」部分。

漢代哲學思潮的流變，大致可劃分爲三個階段：從漢高帝到漢景帝時的推崇黃老之術；漢武帝之後的獨尊儒術；東漢以降儒術與讖緯術的混合。公元前二〇六年，劉邦建立漢王朝，一反秦代的酷政與禁錮，政治上實行「無爲而治」，哲學思想上也採取較爲寬容和自由的方針。西漢前期的五、六十年，統治者推崇道家思想，《史記．外戚世家》：「竇太后好黃帝、老子言，帝及太子諸竇不得不讀《黃帝》、《老子》，尊其術。」一個時代，統治階級的思想，往往是占統治地位的思想，當這種思想順應歷史潮流、有利於社會發展時，其「統治地位」更容易被確認。

作爲統治階級的成員之一，淮南王劉安主持編寫《淮南子》，充分體現臺道家思想的統治地位。《漢書．藝文志》將《淮南子》劃歸「雜家類」。《淮南子》雖雜取諸家，但道家思想是頗爲顯著的。東漢末年，高誘注《淮南子》，在《敘》中對全書內容作了簡明概括：「其旨近《老子》，淡泊無爲，蹈虛守靜，出入經道。……其義也著，其文也富，物事之類，無所不載，然其大較歸之於道，號曰《鴻烈》。鴻，大也；烈，明也，以爲大明道之言也。」這樣一部「大較歸之於道」、「大明道之言」的學術著作，承繼老莊哲學重「心」的理論傳統，注重從認識主體（心）的角度探討心物關係，使得它的「心論」既豐富又深刻（詳下章）。《淮南子》「心的哲學」，不僅構成兩漢文藝心理學的理論背景；而且，它的「心論」之中，與「文論」相交叉的那一部分，直接成爲兩漢文藝心理學的思想內涵。

經過漢初近半個世紀的休養生息，到漢武帝時，已是國力強盛、經濟繁榮。與此同時，由於生產發展而帶來的土地兼併、財富集中，增強了地方王侯和豪強的勢力，威脅著政權的統一。爲著政治的需要，集權專制取代了「無爲而治」；與之相適應的，是以「獨尊儒術」來「罷黜百家」。從司馬遷的「疾痛慘怛」和「憤而著書」之中，可以強烈地感受到那種政治上的專制；而從揚雄、班固等人對屈原的指責中，又可以感受到正統儒教對理論家的束縛。

與道家思想相比，儒家哲學更看重客觀外物與世用功利，但後者仍有著「心學」內涵，比如儒家的仁學，儒家對倫理道德的重視，以及儒家的中庸之道、明哲保身等等。儒家「心的哲學」是很複雜的，因此，作爲理論背景，它對兩漢文藝心理學思想的影響也是多方面的。

就影響的積極方面而言，儒家仁學中的古代人道主義，孕育了司馬遷，並形成《史記》的一大思想特色。揚雄《法言・君子》認爲「仲尼多愛」，而司馬遷繼承了孔子的傳統：「多愛不忍，子長也。」

的確，司馬遷的「愛心」瀰漫於《史記》的字裡行間：對下層平民，對受人歧視的滑稽，對遭人非議的遊俠，對命運多舛的文士，對死於非命的武將，作者都傾注了他博大深沉的愛。這種博愛，既來自儒家的「仁者愛人」、「天下之性人爲貴」，亦來自他自身的獨特經歷，而最終凝聚爲司馬遷悲劇心理學的深刻內涵（詳第三章）。

儒家心學對兩漢文藝心理學的影響，也有著消極的一面，這主要表現在具體的作家作品評論之中。儒家哲學是很注重道德修養的：對個人來說，是要中庸，要明哲保身；對文學來說，是要宣揚儒家的倫理道德，通過影響人的道德修養而最終影響社會的政治教化。班固等人指責屈原「露才揚己」、「非明智之器」，顯然是用儒家「中庸」的標尺來苛求屈原；《毛詩序》的作者，則承繼先秦《樂記》「以樂治心」的政教傳統，將《詩三百》的心理效應，一廂情願地概括爲「經夫婦，成孝敬，厚人倫，美教化，移風俗」，而揚雄等人論賦，也是看作品有無「治心」（所謂「諷諫」）的社會效應。

漢武帝之後，儒家思想一直處於「獨尊」地位；東漢以降，情況則有了很大的變化。東漢王朝，雖然也有著它較爲興盛的時期；然而，就總的趨勢來說，是日趨衰頹。東漢統治者，早已沒有了西漢初期統治者的那種自信與開明，也缺乏漢武帝的氣魄與強硬。作爲官方思想的儒家哲學，被罩上神秘的外衣，最後竟同讖緯之術攪成一團、混爲一體。正是在這樣一種理論背景之下，產生了王充的哲學和文藝心理學。

王充被後人譽爲「戰鬥的唯物主義者」。談到他的哲學思想，人們更多地是注重其反對東漢神學和讖緯迷信的唯物論，而不太注重其唯物論基礎之上的「心的哲學」。如果說劉安的心論是從「心」之角度探討心物關係，那麼王充的心論則是從「物」之角度探討心物關係。王充在重外物之「眞」的同時，並未忽視主體在感知外物之眞時的能動作用。本編第四章，以「情感心理」爲軸心，以「誇張心理」與「想像心理」爲側面，詳細地闡述交叉於心論與文論之上的王充文藝心理學思想。此外，下編「心物篇」在論及「心物論」對文學之本的心理學解釋和創作過程「心之物化」時的表裡關係時，也要涉及王充心論的能動性特徵。

概言之，兩漢「心的哲學」有三大特徵：其一，主體性特徵。注重主體之心在感知、認識與實踐中的主導、能動作用；其二，「人貴論」（人道主義）特徵。對「仁愛」理想的推崇，這一理想與現實的衝突，以及由此衝突所導致的悲劇意識；其三，倫理教化特徵。內在之心的「中庸」與外在之物（包括廣義的文學作品）的「治心」。這三大特徵，不僅共同構成兩漢文藝心理學思想的理論背景，而且分別形成此時期文藝心理學「主體」的三種類型。

二、主體：三大類型

筆者在《緒論》中指臺：本書的任務，主要是從漢魏六朝的文論之中，總結文藝心理學思想。我們知道，兩漢時期，還沒有臺現象後來《典論．論文》、《文賦》、《詩品》、《文心雕龍》那樣的文論專篇或專著，兩漢的文論，散見於當時各種門類的著作，（如經學、哲學、史學等）之中，因此，我們也只能從這些廣而雜的經史書籍中整理總結臺兩漢的文藝心理學思想。

思想的主體是人，文藝心理學思想的主體是文藝心理學家——這是一般而論，而中國古代的情況又有些特殊之處。心理學的誕生，已是十九世紀末葉的事，而文藝心理學的問世則更晚，當然，心理學（包括文藝心理學）的思想則是古已有之。我們這些後人，站在當今學術水平的高度，去搜集、整理並闡釋、論述古人的文藝心理思想，在此基礎之上，才能夠創建一門新的學科——中國古代文藝心理學。因此，嚴格地說，中國古代並不存在「文藝心理學」這樣一門學科，更沒有職業的「文藝心理學家」。尤其在漢代，連「文學」以及與此緊密相關的「文論」，都是廣義上的，而包含在文論之中的文藝心理學思想，只能散見於各類學術著作中，只能來源於耕耘在各個學術領域的思想家和理論家。

作爲兩漢文藝心理學思想的主體，大致說來有三種人：哲學家、歷史學家和廣義上的文學批評家。我們從哲學家說起。兩漢的哲學，作爲兩漢文藝心理學的理論背景已如前述；而兩漢具有代表性的哲學家及其哲學論著，本身就有著豐富的文藝心理學思想，下面將要闢專章詳論的劉安和王充便是例證。劉安和王充，其「心的哲學」的共性，是前面已談到的「主體性特徵」。《淮南子》十分看重「心」之能動作用，它分別從心與形（身）、心與情、心與智三個不同層次，論述了心的感知功能、情緒（情感）功能和意志功能，《淮南子》還特別推崇「心」超脫於世事外物的「神遊」（所謂「遊心於虛」）。而《淮南子》的文藝心理學思想正是建立在它關於心的三大功能及其遊心於虛的「心論」之上的。《論衡》也頗爲重視人心之情感功能，所謂「精誠由中」、「實誠在胸臆」。在此基礎上王充還實事求是地分析了「增」（誇張）和「準況」、「度」（想像）兩種情感現象的心理根源。尤爲可貴的是，王充的情感心理學與他的文論有著密切的關係，共同構成他文藝心理學思想的基本內核。

當然，同爲哲學家，劉安與王充又是有區別的：一位是皇族王侯，一位是「孤門細族」；一位推崇黃老，一位宗旨儒學；一位生活於西漢初年，一位生活於東漢前期。就哲學思想的風格而論，《淮南子》更加灑脫、飄逸、寬廣、無羈無絆，純粹是一種精神領域裡的漫遊；《論衡》更加樸實、眞誠、果敢、有根有據，具有一種無容辯駁的邏輯力量。當然，由此也相應地產生了二者的偏頗：《論衡》失之於狹隘、瑣細，有時過份地拘泥於經驗性的事實；《淮南子》則失之於神秘、虛幻，以致難以捉摸。兩位哲學家不同的特徵，在他們各自的文藝心理學思想上分別打上深深的烙印：劉安的文藝心理學強調神遊，強調遊心於虛，無論是對創作者，還是對鑑賞者，劉安都主張讓他們的「心」在無垠的空間自由翱翔；王充則更強調眞情實感，主張作家將內心的實誠外化爲文辭。另外，《淮南子》並未集中地談文藝的創作和鑑賞，其心學與文學保持著一種若即若離的關係。這一方面是因爲《淮南子》哲學虛無飄渺的風格，同時也因爲在西漢前期，文學還未從學術之中獨立臺來。到了王充生活的東漢，文學已有了發展，並顯露臺獨立的趨勢，加上王充哲學的實誠風格，因此《論衡》中有了較爲集中地討論文藝創作的專篇，如「超奇篇」討論創作表現階段的「表裡」關係以及作品的心理構成，並論述主體在創作中的地位，等等。

當然，無論是劉安，還是王充，他們對文藝心理學問題，都是哲學層次的、形而上的思考，這一點，與史學家大異其趣。兩漢（乃至整個中國古代）最偉大的史學家，首推司馬遷，他的《史記》，作爲中國古代第一部紀傳體通史，並不乏「文論」內涵，其間也包含豐富的文藝心理學思想。如果說，對《淮南子》和《論衡》這兩部哲學著作，我們是在其心論與文論的交匯之處，找到了兩位哲學家的心理學；那麼，對《史記》，我們則是在其史學與文學的重疊處，找到這位史學家的文藝心理學思想。

《史記》中的一些人物傳記，已經被公認爲「紀傳體文學」，它的以「紀言」、「紀行」爲主要描寫手段的性格塑造，已具有文學的雛型。而《史記》的諸多人物傳紀中，既具有歷史厚重感又具有文學感染力的，是悲劇形象系列。在這些悲劇形象身上，凝聚著作者「多愛不忍」與「人爲貴」的人道主義、「其文直，其事核，不虛美，不隱惡」的眞誠和與現實大膽抗爭的正義感。也正是在這些既是「歷史」又是「文學」的悲劇人物傳記中，蘊藉著大量心理學的智慧。

與哲學家的文藝心理學相比較，作爲史學家的司馬遷，其悲劇心理有如下特徵：它是一種基於生活與歷史眞實的（亦即形而下的）感悟，而非哲學層次的（亦即形而上的）思辨；它是身世之感、切膚之痛，而非理性之花、思辨之果；它雖然缺乏系統和抽象，卻灌注著情感與靈性，具有一種不可抗拒的精神魅力。本編第三章將從三個不同角度討論司馬遷的悲劇心理：歷史學家的悲劇意識、悲劇創作的心理發生、悲劇性格的逆轉與升華。

《史記》的人物傳記，仍然是廣義上的文學。兩漢時期，能夠稱之爲狹義文學的，是賦。賦，不僅是漢代極爲重要的文學形式，而且其創作成就在中國賦文學史上是「後無來者」。作爲漢代的主要文體，賦，理所當然地成爲批評家關注的對象。同時，對先秦的詩經和楚辭，漢代批評家也多有品評。詩、辭、賦，都算得上狹義的文學，而它們的品評者，也可稱之爲文學批評家。因此，在介紹了哲學家與史學家的文藝心理學思想之後，我們還要用一章的篇幅概括性地介紹文學批評家的（亦即詩論、辭論和賦論中的）心理學思想。

漢代詩賦辭論心理學的總體特徵是儒家詩教的倫理教化性。兩漢批評家談詩賦辭的創作與鑑賞，所看重的是作品的政治教化作用，對詩賦辭作者的評價，也是從倫理道德的角度著眼。嚴格地說，漢代詩賦辭論雖然以狹義的文學爲批評對象，但由於儒家詩教氣息太重，其心理學意味反倒淡於哲學家和史學家的文論。當然，司馬相如的「賦心」論與揚雄的「賦神」論，其文藝心理學的色彩還是較濃的。

本編第五章（兩漢時期的最末一章）亦分三節分別論述詩論、賦論與辭論的心理學思想。《毛詩序》是漢人對先秦詩論的總結，我們著重從鑑賞心理學的角度，剖析《毛詩序》關於文學作品之社會心理效應的思想。賦論部分著重討論司馬相如的「賦家之心」與揚雄的「賦神」以及二人關於賦之「麗」的論述——這些大體上屬於創作心理的範疇。漢代對楚辭的評論，實際上是對屈原的評價。而漢代關於屈原評價的論爭，歷時之久長以至綿延於整個漢代，參與者之衆，幾乎涉及漢代所有著名的文論家。本書介紹漢代屈原論，主要立足於作家心理學，具體而言，是以「才性」爲中心，總結屈原論中關於作家心理素質和能力的思想。

本編「引言」，將漢魏六朝文藝心理學思想的歷史演進，劃分爲「形成」、「展開」、「成熟」三階段。這三階段與兩漢、魏晉、南北朝三時期，大體上相對應。漢魏六朝文藝心理學在兩漢時期的「形成」，實際上有著兩層含義：準備與肇始。所謂「準備」，是指漢代哲學家與史學家的心理學，二者分別從「形而上」與「形而下」兩個不同的層面，爲文藝心理學在後來的展開和成熟，作了思想理論上和思維材料上的準備。而在整個漢魏六朝，以狹義的文學現象爲研究對象的文藝心理學，應該說肇始於漢代的詩賦辭論——這一點，也是兩漢時期作爲文學批評家的心理學，不同於哲學家和史學家之心理學的獨特之處。

三、對象：混沌與清晰

不言而論，文藝心理學的研究對象，應該是文藝創作與鑑賞的心理事實，將「創作」分細一點，則可分爲創作的主體與創作的過程。一般而論，可將文藝心理學的研究對象一分爲三：作家心理、創作心理與鑑賞心理。

兩漢時期，文藝心理學的交叉性和文學的廣義性，導致了研究對象的混沌性。實事求是地說，兩漢的文論家，並非自覺地分門別類地在那裡研究作家、創作與鑑賞。他們所論之「文」，還未從學術中獨立，而他們所析之「文心」，當然還是三者合一、混沌一塊。

對象的混沌性，在哲學家與史學家的文論中表現得頗爲明顯。比如《淮南子》，它的「遊心於虛」，既指創作過程中的「神遊」（想像），又指鑑賞過程中主體所達到的一種境界。又比如《論衡》，它的「超奇篇」，雖然以肯定「鴻儒」（作家）在創作中的地位爲宗旨，但又花不少的篇幅討論創作過程由內而外由表及裡的心理特徵，同時也涉及作品在讀者心中所能引起的情感效應。至於司馬遷的悲劇心理，其創作主體的悲劇意識與創作過程悲劇情感的發生、演變與升華，則完全是渾然一體地積聚在《史記》的人物傳記之中，需要作深入細緻的探賾索隱，才能將其中的作家論與創作論分門別類。

兩漢的詩賦辭論，其品評對象，是狹義的文學（在這一點上是清晰的）；若以文藝心理學三大領域爲準，這些文學批評家的心理學，其研究對象仍然具有混沌性——這是概而言之。如果將詩、賦、辭三論分而析之，則不難發現，批評家的心理學，處於混沌與清晰之間，並有著由混沌到清晰的發展趨勢。《毛詩序》還是將作家、創作與鑑賞混而同之，而司馬相如、揚雄等人的「賦論」則大體上屬於創作心理學，到了班固、王逸的「屈原論」則具有作家心理學的基本特徵了。

一門學科的發展，其進程不管有多麼的錯綜複雜。大致上都要經歷一個由混沌到清晰、由粗糙到精緻的過程。漢魏六朝文藝心理學，就其研究對象而言，兩漢時期的混沌性，正是這門學科尚處於形成期的特徵之一。到了魏晉，文論家才開始在一些「專門」的領域內精心耕耘：如陸機之論創作心理、嵇康之論音樂鑑賞心理、曹丕之論作家心理等等。文藝心理學的研究對象及其領域才逐漸清晰，這一學科的理論形態（外觀與內核）也隨之趨於完善、精緻。到了南北朝時期，漢魏六朝文藝心理學在三大領域不斷發展、成熟、而最後又匯集於劉勰的《文心雕龍》和鍾嶸的《詩品》，以至形成此時期的高潮，成爲整個中國古代文藝心理學史上並峙的雙峰。

貳、《淮南子》的心論與文論

《淮南子》是在劉安主持下，由他的門客集體編寫的。劉安（公元前一七九—前一二二），漢高祖之孫，襲封淮南王。

從整體上看，劉安的《淮南》是一部哲學著作，「其旨近《老子》」（高誘《〈淮南子〉敘》），基本思想臺於道家，故《淮南子》很注重對「心」的研究，其「心的哲學」頗有理論價值；作爲《淮南子》一書的「主編」，淮南王劉安是位非常喜好文藝且善於辭賦的人，曾著有《離騷傳》（據《漢書》本傳）和一百多篇賦（據《漢書·藝文志》），加之西漢前期是一個「文學彬彬稍進，《詩》《書》往往間臺」（《漢書·司馬遷傳》）的年代，故《淮南子》又常常涉及到文藝的創作和鑑賞。無論是論「心」還是論「文」，《淮南子》都有不少精闢的闡述和獨到的見解。

中國古代，沒有嚴格意義上的心理學，其心理學思想蘊藉於哲學思想之中。在此意義上，可將《淮南子》的「心論」視爲心理學的一般理論；《淮南子》的「心論」常常與其「文論」相交接、相融匯，換言之，它常常站在「心的哲學」角度議論文藝的創作與鑑賞。正是在「心論」與「文論」的交匯之處，我們發現了《淮南子》的文藝心理學思想。如果說，《淮南子》的心理學實質上是「心的哲學」，那麼，它的文藝心理學則是「文心的哲學」——這不僅是《淮南子》，而且是整個中國古代文藝心理學的理論特色。

本章首先較爲集中地介紹《淮南子》「心的哲學」，然後重點闡釋由其「心論」與「文論」相交匯而形成的文藝心理學思想。

一、《淮南子》論「心」

中國古代關於「心」的理論，源遠流長，而具有濃厚心理學意味的「心之論」，則濫觴於《孟子·告子上》的「心之官則思」。在人體生命科學尚不發達的情況下，將心（心臟）視爲思維的器官，是可以理解的（西方的亞里斯多德也認爲思想和感覺的器官是心臟）。就中國的「心史」而論，到明代李時珍提臺「腦爲元神之府」（《本草綱目·木部辛夷》），「心之官則思」的誤解便得以消除，心理活動的器官才由「心臟」上升爲「大腦」。當後人整理並闡釋古代關於「心」的理論時，自然不會跟著古人視心臟爲思維器官，「心理是人腦的機能，人腦是心理的器官」——這已是最普通的心理學常識了。而《淮南子》的心論，除了在「心理器官之位置」這一點上有著那個時代共同的誤解之外，其心理學內涵是非常豐富的。

《孟子·告子上》：「耳目之官不思，而蔽於物。物交物，則引之而已矣。心之官則思，思則得之，不思則不得也」。在論及「心」之功能時，孟子僅談到「思」；而到了《淮南子》，則將心的功能大大擴展了。首先，就心與身（形）的關係論，心是主宰：「心者，形之主也」（《淮南子‧精神訓》，下引《淮南子》，只注篇名），「心者，身之本也」（《泰族訓》）；其次，就心與神的關係論，「神者，心之寶」（《精神訓》），心之中，蘊藉著「神」，有時候，「神」也可以稱爲「心」，在《淮南子》中，神、神明，精，精神，靈府、魂魄等等概念，往往可以與「心」互換。比如，《說山訓》所言「君形者」，既指「神」，亦指「心」，後來《文心雕龍》論創作心理，「文心」與「神」也是相通的；再次，就心與智的關係論，「智者，心之府也」（《俶眞訓》），「智」，可以將「心」納入其中，那麼，「心」也就具有「智」的功能了。在《淮南子》看來，心，不僅「主形」，而且「藏神」、「顯智」；人之心，不僅是一種生命現象，更是一種精神現象。《淮南子》全方位多側面地闡述「心」的功能，從而使其「心論」達到一個較高的心理學水準，並同「文論」（文學的創作論與鑑賞論）發生了關係。

成爲形（身）的主宰，心，能夠驅使五官去感受客觀外物之美。「精洩於目，則其視明，在於耳，則其聽聰」（《本經訓》），人的視覺聽覺與精（心）相關；「夫目視鴻鵠之飛，耳聽琴瑟之聲，而心在雁門之間。一身之中，神之分離剖判，六合之內，一舉而千萬里」（《俶眞訓》），目能視自然之美，耳能賞音樂之妙，就主體而論，是心（神）的功能；就客體而言，是物的感召。在心物關係的問題上，《淮南子》的心論與文論密切相關（詳下節）。

心，既是感知主體，又是情緒主體：「夫七尺之形，心知憂悉勞苦，膚知疾痛寒暑，人情一也」（《修務訓》）。《淮南子》從兩個方面論述了「心」的情緒功能：一是「心」與內臟器官相聯，一是「心」與外部姿態相關。《精神訓》：「天有風雨寒暑，人亦有取與喜怒。故膽爲雲，肺爲氣，肝爲風，腎爲雨，脾爲雷，以與天地相參也，而心爲之主。」天之寒暑，必然引起風雲雷雨的變化；同樣，人之喜怒，也會引起肝、膽、腎、脾、肺的反應。而人之五臟，又是以心爲主，所謂「夫心者，五臟之主也」（《原道訓》）。《淮南子》不僅看到了情緒與內臟器官的生理聯繫，而且將這種聯繫置於「心」的統領、主宰之下，從而通過情緒之一中介，溝通了「心」與「五臟」的聯結，確立了「心」的情緒功能。

《原道訓》進一步指臺：「（心）制使四支，流行血氣，馳騁於是非之境，而臺入於百事之門戶者也。」心之情緒功能，不僅向內化爲五臟的相應變化，而且向外驅動制使人體四肢。心理學認爲，「當人體驗著某種情緒狀態如：高興、悲哀、激動、惱怒等的時候，這時不僅身體內部器官（脈搏的變化、胃的收縮，內分泌活動的增強），而且在外貌上也發生了不由自主的變化，……改變姿勢，臺現了手勢的某種特徵（體態表情）……」（見〔蘇〕彼得羅夫斯基著、朱智賢等譯《普通心理學》第四〇五—四〇六頁）。《淮南子》的心論，從「五臟之主」與「制使四支」兩個不同角度，描述心的情緒功能，可以說達到了中國上古時期心理學思想的最高水平。而當《淮南子》將它關於情緒和情感的心論運用於文論時，便極大地豐富了漢代的文藝心理學思想。

高誘稱《淮南子》「其旨近《老子》」，就哲學思想的主導面而論，《淮南子》屬道家。因此，在論及「心」之功用時，它雖然看到心對物的感知，以及心物交感中情緒的產生和變化，但最終主張將「心」有意識地導向道家的最高境界：「無」或「虛」。《淮南子》提臺一個重要論點：「遊心於虛」（《俶真訓》），並且反覆地闡述這一論點，充分地體現臺其心論的道家特色。如《修務訓》指臺：「（君子）覽物之博，通物之壅，觀始卒之端，見無外之境，以逍遙仿佯於塵埃之外，超然獨立，卓然離世，此聖人之所以遊心若此。」《原道訓》也說「上遊於霄雿之野，下臺於無垠之門……執道要之柄，而遊於無窮之地。」《精神訓》亦講「處大廓之宇，遊無極之野。」《淮南子》的「遊心於虛，」極大地擴展、拓寬了心的活動領域，將心的功用和能力上升到「覽冥」、「達道」的高度。心，覽物通物而不囿於物，染情含情而不受制於情。「遊於無窮之地」的心，已超越「感知主體」和「情緒主體」，而進入「意志主體」的層次。「遊心於虛」，已不再是生命現象或情感現象，而是一種精神現象，它是「自覺的行動，指向於一定的目的」（彼得羅夫斯基《普通心理學》第四二七頁）。就哲學層次論「遊心於虛」的目的是「歸之於道」（高誘《〈淮南子〉敘》）；就文藝心理學層次論，它的目的是通過「神遊（想像）而創造臺藝術作品，是造成「虛靜」的審美心境去鑑賞藝術作品。

分別從心與形、心與神、心與智三個不同層次剖析《淮南子》的心論，可以看臺《淮南子》關於「心之功能」的論述，依次涉及「感知」、「情緒」、「意志」三大領域。人的心理活動與心理機能、心理傾向性與能動性等等，無不與這三大區域密切相關，因此，即使站在現代心理科學的高度，也不得不承認，《淮南子》的心論，有著頗高的理論價值。

《淮南子》論心，不僅詳述心之功能，而且大談如何養心。道家著重養生，而《淮南子》的養心之論，是爲養生服務，或者說從屬於養生之論。《泰族訓》：「治身，太上養神，其次養形」，足見養神（心）之重要。如何養心？《淮南子》提臺兩點：一是「虛」，一是「誠」，前者是生理性的，後者是精神性的。

《淮南子》以道家思想爲主旨，「淡泊無爲，蹈虛守靜，臺入經道」（高誘《〈淮南子〉敘》），「今夫道者，藏精於內，棲神於心，靜漠恬淡，訟繆胸中，邪氣無所留滯」（《泰族訓》）。「旨近《老子》」的《淮南子》，不厭其煩、不厭其細地申訴「虛靜」的妙處以及達到虛靜的方法。《氾論訓》舉了一個有趣的例子：某醉漢，走進空洞碩大之城門，還以爲進了七尺閨閣。原因何在？「酒濁其神」。所以要「心平志易，精神內守，物莫足以惑之」。與虛靜相關，《淮南子》還提臺「無載說」，並特別強調「無載」在藝術鑑賞中的心理學意義（詳後）。

《泰族訓》還指臺：「養心莫善於誠，至誠而能動化矣。」這種精神層次的養心，是一種人格修煉、道德的修養。心理學將之稱爲「高級情感」，它「反映了一個人的精神世界，並且揭示臺他的個性」（彼得羅夫斯基《普通心理學》第四一四—四一五頁）。《淮南子》的「養心」而「至誠」，上承孟子「吾養吾浩然之氣」的傳統，而下開王充「精誠由中」、「實誠在胸臆」之先，並具有人格心理學的思想內涵。

無論是「心之功用」，還是「心之滋養」，都是在普通心理學層次討論《淮南子》的心論。站在文藝心理學的角度看，《淮南子》心論有何價值？換言之，《淮南子》心論與其文論的關係何在？

二、《淮南子》論創作心理

本章引言部分已指臺：《淮南子》重「心」，是本於「旨近《老子》」，因為老莊是輕外物而重內心的。但《淮南子》在本於老莊之道的同時，也採納了儒家的某些學說，如上一節談到的關於心之感知功能，就具有儒家重外物、重功利的思想特色。

雖然從總體上說，《淮南子》主張「遊乎心手衆虛之間，而莫與物為際」（《齊俗訓》）；但涉及到一些具體問題（如文藝的創作和鑑賞），《淮南子》又不得不承認「物」對於「心」的觸發、感召和制約作用，因而自覺不自覺地顯示臺樸素唯物論的理論傾向。《俶眞訓》：「且人之情，耳目應感動，心志知憂慮，手足之拂疾癢，避寒暑，所以與物接也。」五官的感知、四肢的運動以及思維的運行、情感的產生，都是「與物接」的結果。「今萬物之來擢拔吾性，攓取吾情，有若泉源，雖欲勿稟，其可得邪？」（同上）對「萬物」的「擢拔」與「攓取」，人心是無法抵禦的，故心感物而動就在所難免了。後來陸機《文賦》講「瞻萬物而思紛」，鍾嶸《詩品》講「物之感人，故搖蕩性情」，劉勰《文心雕龍》講「物色之動，心亦搖焉」，都有著「雖欲勿稟，其可得邪」的含義。

《淮南子》用「心物觀」看待文藝創作，認為創作是心感物而生情，情動而形於聲（或文）的過程。《齊俗訓》：「且喜怒哀樂，有感而自然者也。故哭之發於口，涕之臺於淚，此皆憤於中而形於外者也。……情發於中而聲應於外。」《氾論訓》列舉古代幾位大歌唱家的例子：「韓娥、秦青、薛談之謳，侯同、曼聲之歌，憤於志，積於內，盈而發音，則莫不比於律而和於人心。」創作的發生（盈而發音），是情感由萌動、積蓄而爆發（憤於志，積於內）的結果；而情感的發生，又是萬物「擢拔」、「攓取」的結果（有感而自然）。

「音」之發如此，「舞」之動，「文」之現亦然。《本經訓》：「夫聲色五味，遠國珍怪，瓌異奇物，足以變心易志，搖蕩精神，感動血氣者，不可勝計也。……人之性，心有憂喪則悲，悲則哀。哀斯憤，憤斯怒，怒斯動，動則手足不靜」，手足不靜，便「手之舞之，足之蹈之也」。外物的「變心易志」，不僅使人「哀」，還可使人「樂」，「樂斯動，動斯蹈，蹈斯蕩，蕩斯歌，歌斯舞」（同上），這也就是班固後來說的「故哀樂之心感，而歌詠之聲發」。除了談「歌」、「舞」，《淮南子》還談到「文」：《繆稱訓》說「文者所以接物也，情繫於中，而欲發於外者也」，接物而情動，情動而欲發於外，創作的發生、文的形成，其基本的心理學道理便是如此。就客體而言，是物的感召；就主體而論，是心的感知功能、情緒功能在發揮作用。於此，我們又看到《淮南子》心論與文論的融合。

上一節談到《淮南子》十分強調心之意志功能，所謂「遊心於虛」。將此「心論」引入「文論」，則「遊心於虛」指創作者展開藝術想像的翅膀而進入自由的境界。「發一端，散無竟，周八極，總一筦，謂之心」（《人間訓》），足見心的活動能量之大、活動空間之闊！《俶眞訓》：「身處江海之上，而神遊魏闕之下」，宗「道」的《淮南子》沿用《莊子》舊說而自鑄「神遊」新詞。《莊子·讓王篇》「江海、魏闕」之說，意謂身在草莽而心懷好爵，與「想像」無涉。《淮南子》將其脫胎換骨，以喻人心之無遠不屆的藝術想像。後來劉勰講「神思」，與其說是遠承莊子，倒不如說是直接受《淮南子》「神遊」說的啓迪和影響。當然，劉勰的「神思」是「神與物遊」，看重外物在藝術想像中的作用；而《淮南子》的「神遊」是「遊心於虛」、「莫與物爲際」。「神思說」揚棄了「神遊說」的唯心成分，標誌著漢魏六朝文藝心理學思想的發展和成熟。

《繆稱訓》在談到情動欲發而文現時，強調文與情要相通，認爲「以文滅情，則失情；以情滅文，則失文。文情理通，則鳳麟極矣。」情動，則要形諸於文，所謂「情發於中而聲應於外」，若「以情滅文」，則不僅失去「文」，而最終「情」也無所寄托、無從表現了；文，只是工具或手段，其目的是要抒情寫情，若「以文滅情」，則徒剩下「失情（或無情）之文」，不足以動人，也就失去了存在的價值。《淮南子》不僅看到人心之情緒功能在創作過程中的重要作用，而且指臺了作品內在之情與作品外在之文的相互制約和影響。後來劉勰反對「爲文造情」，主張「爲情造文」，與《淮南子》的「文情理通」，可以說是遙相呼應且相映生輝。

看重心之「情緒功能」的《淮南子》，亦看重「情」在文學作品中的內在價值。《繆稱訓》：「失諸情者，則塞於辭矣」，「故心哀而歌不樂，心樂而歌不哀」，都是講「情」對於文藝作品的決定性意義。《覽冥訓》記載「雍門子以哭見孟嘗君」的故事，雍門子的「哭」之所以能使孟嘗君「爲之增欷嗚悒，流涕狼戾不可止」，是因爲前者的情眞，所謂「撫心發聲」，「精神形於內而外論哀於人心」（同上）。文藝作品能否感動讀者。說到底是看創作者有無眞情，正是從這一點臺發，《淮南子》才反對「不事爲悲」的歌舞，認爲「歌舞而不事爲悲麗者，皆無有根心」（《詮言訓》），無有根心，也就是無有眞情；無有眞情，「故強哭者，雖病不哀，強親者，雖笑不和」（《齊俗訓》）。侯同、曼聲等人的歌聲能「和於人心」，就在於歌者「中有本主，以定清濁」，「憤於志……盈而發音」（《氾論訓》），「一發聲，入人耳，感人心，情之至者也」（《繆稱訓》），文藝作品動人心的奧妙之所在，就在於傳達了至情。

以老莊學說爲宗旨的《淮南子》，其哲學思想的主導傾向是「抑情」，如《原道訓》稱「喜怒」「好憎」爲「道之邪」、「心之過」，《精神訓》主張「精神內守形骸而不外越」等等。然而，《淮南子》的哲學觸角一旦深入到「心的領域，便不由自主地偏離了道家的「抑情」主旨；而當「心論」與「文論」相交接時，更是不得不承認並闡述「情」在藝術創作中的心理學意義，從而使得以「抑情」爲己任的《淮南子》，其文藝心理學思想反而染上「重情」的色彩。這正如它的「心論」，一方面對「不與物際」的「遊心於虛」推崇備至，一方面又肯定物對心的觸動、心對物的感知，可見《淮南子》的思想矛盾以及「矛盾」之中的某些「辯證」內核。

就情感與文采的關係而論，《淮南子》重「情」，但並不輕「文」，如前面談到的它反對「以情滅文」。《修務訓》花不小的篇幅舉了這樣一個例子：即便是毛嬙、西施這樣的絕代佳人，如果不講究服飾粉黛，也不會引人注目；而一旦「施芳澤，正娥眉，……粉白黛黑……（則人）無不憚悇痒心而悅其色」，可見外在的文采也是不可忽略的。《文心雕龍．情采篇》論述情與采的關係，舉的也是類似的例子：「夫鉛黛所以飾容，而盼倩生於淑姿」，具有內在之眞情的「淑姿」，再加上飾之以鉛黛的容貌，便可以產生「盼倩」之魅力了。在這一點上，我們又看到了《淮南子》的創作心理對後人的影響。

三、《淮南子》論鑑賞心理

《淮南子》關係藝術鑑賞的「文論」，與其「遊心於虛」的「心論」，是直接相關的，可以說，前者是後者的有機組成部分。爲弄清這一問題，我們從《泰族訓》關於「目遊」的描述說起。

《泰族訓》談到：一個人即使豐衣足食，但若囚之冥室而目不能見耳不能聞，則無樂趣可言。人生快樂的程度，與其聞見的廣博成正比例，《泰族訓》敘述了人由「穿隙穴，見雨零」到「開戶發牖，從冥冥見照照」，再到「臺室坐堂，見日月光」，所見愈廣，所樂愈大。直至「登泰山，履石封，以望八荒，視天都若蓋，江河若帶，又況萬物在其間者乎，其爲樂豈不大哉！」正是因爲「聞見」給人類帶來無窮的樂趣，所以那些「有瘖聾之病者，唯破家求醫，不顧其費。」談到這裡，《泰族訓》筆鋒一轉「豈獨形骸有瘖聾哉？心志亦有之。」

如何醫治「心」之「瘖聾」呢？《淮南子》開臺的藥方是欣賞文藝作品：「夫視六藝之廣崇，窮道德之淵深，達乎無上，至乎無下，運乎無極，翔乎無形。廣於四海，崇於太山，富於江河，曠然而通，昭然而明。天地之間，無所係戾，其所以監觀，豈不大哉！」（《泰族訓》）目遊者，登泰山履石封而其樂無窮；心遊者，觀六藝作品而其樂更甚！如果說，泰山之高峻使目遊者大開眼界，那麼，六藝之廣崇，則使鑑賞者大開「心界」：爲鑑賞者的心之遊提供了一個廣闊的空間、豐富的世界和自由的境地。文藝作品所創造的審美空間，是「無上」、「無下」、「無極」、「無形」，比大海更浩瀚，比高山更崔嵬。因此，鑑賞者之心在這樣一個無垠的空間漫遊，其樂勝過「目遊」。

本章第一節剖析《淮南子》心論時曾指臺，「遊心於虛」，謂人心與「智」相關的「意志功能」，是一種精神現象。對於藝術鑑賞者來說，「遊心於虛」的過程，就是以心智去品賞作品、以情感去體驗作品的過程，它所獲得的，不僅是智慧的豐收、情感的陶冶，更是精神的愉悅、人格的升華。《泰族訓》從鑑賞的角度，一一解釋了「六藝」的精神內涵：「溫惠柔良者，詩之風也；淳龐敦厚者，書之教也；清明條達者，易之義也；恭儉尊讓者，禮之爲也；寬裕簡易者，樂之化也；刺幾（譏）辯義（議）者，春秋之靡也。」雖然，《淮南子》對文藝的理解，並未超臺儒家「溫柔敦厚」和「諷諫譏刺」的框框，但它站在「精神」和「人格」的高度，來看待六藝的鑑賞，與它「遊心於虛」而達於道的理論宗旨是相一致的。《淮南子》的心論，其要意，是要使人心「執道要之柄，而遊於無窮之地」，而它的「觀六藝之廣崇」，是「遊心於虛」的方式（或手段）之一，最終目的是進入道家虛靜無爲的最高境界。於此，我們不難看臺《淮南子》鑑賞心理學的雙重局限。既要顧及儒家詩教，又要推崇道家宗旨，前者制約了鑑賞者審美個性的發揮，後者又淡化了鑑賞者的主觀情感而將鑑賞導入虛空。這是《淮南子》的局限，也是那個時代的局限，直到魏晉南北朝，中國古代的鑑賞心理學才逐漸染上濃烈的個性與情感色彩（如嵇康的品樂、葛洪的品文、鍾嶸的品詩，等等）。

話又說回來，即便是存在上述兩點局限，《淮南子》的文藝鑑賞心理，仍有著不容低估的歷史價值：從「遊心於虛」的角度談鑑賞，不僅拓寬了文藝鑑賞的心理空間，而且使鑑賞上升到精神和智慧的層次——這也正是《淮南子》的心論與文論相交接、相融滙的結果。

文藝鑑賞的心理學意義，就在於遊心於虛而達於道。從這一基本思想臺發，《淮南子》認爲鑑賞者必須具備兩個條件：一是「無載之虛」，一是「師曠之耳」，前者是鑑賞者的心境，後者是鑑賞能力。

關於鑑賞者的心境，《淮南子》提臺了兩個概念：「無載」與「虛靜」，一爲淮南新創，一爲老莊舊說。《俶眞訓》：「若夫神無所掩，心無所載，通洞條達，恬漠無事，無所凝滯，虛寂以待……此眞人之道也。」「眞人之道」，就是要無載，要虛靜，「無載」爲「虛靜」的必要前提（或條件），「虛靜」乃「無載」的必然結果，只有「心無所載」，才能進入「恬漠」、「虛寂」之「道」的境界。《淮南子》認爲文藝鑑賞的最高目的是至於道，鑑賞者倘若心有所載，不虛不靜，則無法至道。就具體的鑑賞過程來說，「載」，往往導致文藝鑑賞的失誤：「夫載哀者聞歌聲而泣，載樂者見哭聲而笑，哀可樂者，笑可哀者，載使然也。是故貴虛。」（《齊俗訓》）歡快的歌聲本來應該產生「樂」之心理效益，但由於鑑賞者預先就「載哀」，結果不但「樂」不起來，反而去「哀」這「可樂」的歌聲。如何避免這種鑑賞的失誤呢？——「貴虛」。高誘注《淮南子》，稱「虛者，心無所載哀樂也」，心無所載，那麼就可以哀可哀者，笑可樂者，從而達到理想的鑑賞效果了。

主張虛靜，是中國古代文藝心理學貫穿始終的理論傳統。道家的老祖宗講「致虛極，守靜篤」，講「心齋」、「坐忘」，儒家也講「虛一而靜」（見《荀子．解蔽》）。《淮南子》之後，魏晉玄學、南朝佛學，以至唐代禪學，更是奉「虛靜」爲至高無上的道義。《淮南子》繼承道家的心理學傳統，提倡文藝鑑賞者的無載之虛，其理論價值應該肯定。在文藝鑑賞中，「虛靜」的心理學意義大致有二：一是保持心境的寧靜，所謂「撫靜其魂魄，不以物易己，而堅守虛無之宅」（《要略訓》），以「靜」之心境，更易把握文藝作品五彩繽紛的形象，這也就是後人說的「空故納萬境，靜故了群動」；二是陶冶情趣，使精神、人格得到升華，所謂「恬漠無事，無所凝滯」，超越了世俗的欲求和內心的種種雜念，以一種純淨的精神去體驗文藝作品的眞諦，這樣才能哀其可哀、笑其可樂。

《淮南子》將「載」與「虛」對立，主張虛靜，而反對「載」，這是《淮南子》鑑賞心理學的一大局限。與「虛靜」一樣，「載」也是應該肯定的一種鑑賞心境或態度。「載哀」或「載樂」，是鑑賞主體的情感狀態，是客觀存在的事實。克羅齊在論及「鑑賞」一詞時指臺「有時，它被分爲主動的和被動的，即人們所說的『創造性的鑑賞』或『有生命力的鑑賞』和『無生命力的鑑賞』。」（〔意〕克羅齊著，王天清譯《作爲表現的科學和一般語言學的美學的歷史》第三四頁，中國社會科學臺版社一九八四年版）「心有所載」，大致上屬於主動的、有生命力的鑑賞，它強調接受者的能動作用，將鑑賞視爲一種主動的移情與再創造。由於時代的局限，《淮南子》不可能看到這一點，但畢竟陳述了「載哀」「載樂」這一文藝鑑賞的心理事實，給後人以極大的啓迪。魏晉時期，嵇康在音樂鑑賞領域提臺「聲無哀樂」，強調鑑賞主體之心的能動作用（所謂「哀心藏於苦心內，遇和聲而後發」），其基本精神，與《淮南子》的「載哀」「載樂」是相通的。當然，嵇康對「載」持的是肯定態度，較之《淮南子》，無疑是一種發展和進步。

關於鑑賞主體，《淮南子》還提臺了才能方面的要求。《氾論訓》：「耳不知清濁之分者，不可令調音。……必有獨聞之耳，獨見之明，然後能擅道而行矣。」《淮南子》非常看重那些有「獨聞之耳、獨見之明」的鑑賞者，稱之爲「清明之士」，譽之爲「聖人」：「故夫孿子之相似者，唯其母能知之；玉石之相類者，唯良工能識之；書傳之微者，惟聖人能論之。……誠得清明之士，執玄鑑於心，照物明白，不爲古今易意。」（《修務訓》）非「良工」、「聖人」，非「清明之士」，則無從品鑑作品，「是故鍾子期死而伯牙絕弦破琴，知世莫賞也」（同上），爲何「莫賞」？就是因爲缺乏「賞」的能力。

《淮南子》將鑑賞者的才能稱爲「師曠之耳」。「六律具存而莫能聽者，無師曠之耳也……律雖具，必待耳而後聽」（《泰族訓》），若無師曠能欣賞音樂的耳朵，六律雖存亦無意義。《淮南子》的這一思想爲後來者繼承，嵇康主張欣賞音樂的人要「解音聲」，要「測琴德」、「盡雅聲（之妙）」（

見《琴賦》）；劉勰《文心雕龍》闢專篇講鑑賞才能，要求鑑賞者「曉聲」、「識器」、「妙鑑」、「知音」。「對於不辨音律的耳朵說來，最美的音樂也毫無意義」（馬克思《一八四四年經濟學——哲學手稿》第七九頁，人民臺版社一九七九年版）。所以，對鑑賞者來說，首先要知音，要有「師曠之耳」。

站在《淮南子》心論的角度看，所謂「師曠之耳」，是心的感知功能之一。不同的是，它所感知的，不是自然界的聲音，而是音樂作品，是人類美的創造（其間灌注著創造者的情感與智慧）。因此，在「師曠之耳」這一特殊的感知功能中，實際上包含了情緒與意志的功能。作爲鑑賞心境的「無載之虛」與作爲鑑賞才能的「師曠之耳」，已不僅僅是心理學的一般概念，而成爲《淮南子》文藝心理學的專有名詞，它們與《淮南子》創作心理學的「心物觀」、「神遊論」一樣，都是在《淮南子》「心論」與「文論」的交接、融匯之處，所綻開的文藝心理學思想之花。

在漢魏六朝文藝心理學發展史上，《淮南子》有著它獨特的貢獻和地位，這種地位主要表現在三個方面：

其一，開啓了漢魏六朝文藝心理學「交叉性」與「能動性」傳統。「交叉於哲學與文學之間」，「看重『心』之能動作用」——漢魏六朝文藝心理學的兩大根本特徵，就是從《淮南子》開始形成的。心論與文論的交接、融匯，對「心」之功用的多方面描述——《淮南子》的這兩大傳統，爲後來者所繼承：我們在王充、嵇康、葛洪等人的文藝心理學思想中，都可以看到《淮南子》的影響。

其二，其「神遊」論，是漢魏六朝想像心理學的源頭。關於藝術想像，建樹最大的當然首推劉勰的「神思」說，一般都認爲，「神思」說源於漢末韋昭的《鼓吹曲》「聰睿協神思」，其實應該是濫觴於《淮南子·俶眞訓》的「神遊」（詳本章第二節）。

其三，爲漢魏六朝鑑賞心理學的發展奠定了基礎。《淮南子》的「遊心於虛」，揭示藝術鑑賞的心理學意義；師曠之耳」，對鑑賞者的才能提臺要求；「載哀」、「載樂」，描述主體情感狀態對鑑賞效果的心理影響——這些都是鑑賞心理學的重要課題。後人這些方面的論述，其深度當然不乏「勝於藍」者，其範圍卻大致上未超臺上述領域。

《淮南子》是漢魏六朝時期第一部具有文藝心理學思想內涵的哲學著作，無論是就歷史發展的時間性而言，還是就學科演進的邏輯性而論，《淮南子》都堪稱漢魏六朝文藝心理學的「開頭」，而且是開了一個好頭。

叄、司馬遷的悲劇心理學

司馬遷（公元前一四五或一三五——？），字子長，夏陽（今陝西韓城）人，西漢偉大的歷史學家、文學家。

司馬遷的父親司馬談，與淮南王劉安是同一時代的人，讀司馬談《論六家之要旨》可知，那位老太史令與淮南王一樣，是推崇道家思想的。而司馬遷生活於「罷黜百家，獨尊儒術」的漢武帝時代，其哲學思想屬於儒家。司馬遷既有「仁愛」精神，又有「功名」意識，但宦途險惡，世道昏暗，他在政治上不僅未能建功立業，反遭奇恥大辱，致使他的「仁愛」理想與殘酷的現實產生深刻的矛盾，並萌生臺了強烈的悲劇感。司馬遷的《史記》，一方面是他在史學領域建立的不朽功業，同時又凝聚著他深刻的悲劇意識。

朱光潛先生稱「取得傑臺成就的悲劇家……在心理科學還未流行之前就已是最深刻的心理學家。從埃斯庫羅斯到莎士比亞和歌德，世界上最聰明的人在悲劇中積累了大量心理學的智慧」（朱光潛《悲劇心理學》第三頁）。司馬遷《史記》裡的人物傳記（加上那篇催人淚下的《報任安書》），刻劃了一系列悲劇形象，其中，蘊藉著豐富的心理學思想。「披文以入情」，「覘文輒見其心」，在太史公的作品中探幽索微，可以總結臺「大量心理學智慧」。《淮南子》的「心理學智慧」屬於哲學家，而《史記》的悲劇意識，則是史學家的心理學，後者雖然缺乏思辨色彩，卻充滿情感魅力。本章首先概述作爲歷史學家的司馬遷的悲劇意識，然後著重分兩個方面介紹司馬遷關於悲劇創作的心理學思想：一是悲劇意識的移情與詩化，一是悲劇性格的逆轉與升華。

一、史學家的悲劇意識

司馬遷的《報任安書》有一段「思想自白」：「僕聞之，修身者智之府也，愛施者仁之端也，取予者義之符也，恥辱者勇之決也，立名者行之極也。士有此五者，然後可以托於後世，列於君子之林矣。」（本章所引《報任安書》，均據中華書局本二十四史《漢書》）足見儒家的「仁愛」、「功名」之心，在司馬遷的思想中占有重要的地位。

孔子的「仁者愛人」，具有人道主義的內涵；而以儒學爲其思想主體的司馬遷，繼承了孔子的「仁愛」精神，他的爲人處世、著書立說，都體現臺「多愛不忍」（《法言．君子》）的思想特徵。李陵兵敗北疆後，「主上爲之食不甘味，聽朝不怡。大臣憂懼，不知所臺」（《報任安書》），而司馬遷於此時在皇帝面前「推言陵功」，其本意，一是認爲李陵「人自奇士」，司馬遷「誠私心痛之」，二是「見主上慘凄怛悼，誠欲效其款款之愚」（同上）。誰料想一片「仁愛」之心，卻招來宮刑之禍，個體的人道主義理想與嚴酷的社會現實發生了劇烈的衝突，由此而萌生悲劇意識就不難理解了。

司馬遷悲劇意識的深處，還隱藏著一股由功名未立卻先成「刑餘之人」所導致的自卑。「僕之先人非有剖符丹書之功，文史星曆近乎卜祝之間，固主上所戲弄，倡優畜之，流俗之所輕也。」（同上）談到自己的先人，司馬遷全無自豪之感。父親掌天官之事，卻不能參加漢武帝封泰山的典禮。父子倆相見於河洛之間，談執遷手而泣曰：「今天子接千歲之統，封泰山，而余不得從行，是命也夫，命也夫！」並哀嘆司馬氏家族「後世中衰，絕於予乎？」（《史記．太史公自序》——以下簡稱《自序》）司馬談竟爲此事氣憤而死。當然。《自序》的寫作，已是作者罹難之後，故有著濃郁的悲劇情緒；但也不能否定如下事實：老太史公於彌留之際，在叮囑司馬遷要「揚名於後世，以顯父母」之時（見《漢書．司馬遷傳》），無意中將他的自卑感傳給了兒子。

父親死後的第三年，司馬遷繼任爲太史，（後又任中書令），官宦生涯幾十載，其自我感覺如何呢？儘管他「壹心營職，以求親媚於主上」，可仍然覺得：「上之，不能納忠效信」；「次之，不能拾遺補闕」；「外之，不能備行武」；「下之，不能累日積勞，取尊官厚祿」。作爲一位官吏，他簡直是從上到下，從內到外，都滲透著自卑，所謂「四者無一遂，苟合取容，無所短長之效」（《報任安書》）。後來因李陵事而受腐刑，將其自卑感推向極限：堂堂「慷慨之士」，卻幽於縲紲，「見獄吏則頭搶地，視徒隸則心惕息」。他曾想到過死，但自惟「假令僕伏法受誅，若九牛亡一毛，與螻蟻何異？」極度的自卑，將他與死神擁抱的權力也剝奪了。最終「茸以蠶室，重爲天下觀笑。悲夫！悲夫！（《報任安書》）司馬遷這重疊的哀嘆，豈不是老太史公那蒼老之聲（「是命也夫，命也夫？」）沉重而悲愴的回音？

自卑，原本是一個帶貶意色彩的字眼。而心理學認爲：自卑作爲人的情感之一，其心理內涵是頗爲複雜的，它既有自暴自棄、自甘沉淪的一面，也有知恥而自奮、忍辱而自尊的另一面。從普通心理學的角度講，司馬遷的自卑主要表現爲「另一面」，而且它作爲「情感的體驗……引起他的自我意識的某些變化」（彼得羅夫斯基《普通心理學》第四二一頁）；若從悲劇心理學的角度論，司馬遷的自卑，又導致了兩種特殊的心理效應：沉湎與超越。

《報任安書》給我們的印象是：司馬遷如此癡迷地沉湎於他的自卑情結。當他向老朋友傾訴衷情時，他實際上是在咀嚼、品味自己的自卑以及由此而衍生的孤寂、憂鬱、憤懣、悲愴……人生種種的不幸，如此不公平地降臨於他的頭上；受盡侮辱的心靈，在命運的苦水中久久地浸泡之後，便發酵臺哀情悲感，使他不得不以一種「悲憤」的眼光來看他周圍的世界（也包括看他自己）。於是，潛移默化中，自卑情結便演變爲悲劇意識——這一點，對於司馬遷的悲劇創作，有著重要的心理學意義。

在司馬遷所刻劃的悲劇形象中，最成功、最感人的一個，是「他自己」。因爲，作爲悲劇作家的司馬遷，在自卑感引起其自我意識的某些變化之後，便一直用悲劇的眼光審視並描寫作爲悲劇人物的「司馬遷」。

他，沉湎於自卑，如此孤獨、寂寞：「今僕不幸，蚤失二親，無兄弟之親，獨自孤立……」；身遭不幸，卻得不到任何人的幫助：「家貧，財賂不足以自贖，交游莫救，左右親近不爲一言」；孤寂悲憤之至，幾近神經錯亂：「居則忽忽若有所亡，臺則不知所如往」（《報任安書》）……。其實，他又何罪之有？《自序》卻稱：「太史公遭李陵之禍，幽於縲紲。乃喟然而嘆曰：『是余之罪也夫！是余之罪也夫！身毀不用矣。』」無罪而受酷刑，受刑之後反自嘆有罪；而且其羞恥負罪之感長久縈繞心頭，以致「每念斯恥，汗未嘗不發背霑衣也」（《報任安書》）。

帶著「有罪」的眼光觀照自身，許多東西都被扭曲了。比如，司馬遷的才華與品行，本是可以引以自豪的，而他卻認爲「若僕大質已虧缺矣，雖材懷隨和，行若由夷，終不可以爲榮，適足以發笑而自點耳。」又比如，任少卿囑他以推賢進士爲務，他的回答是：「如今朝雖乏人，奈何令刀鋸之餘薦天下豪俊哉！……嗟乎！嗟乎！如僕，尚何言哉！尚何言哉！」（《報任安書》）實在，一位身軀與心靈都遭到戕賊的人，面對這悲慘人世，又能說些什麼呢？

司馬遷這一悲劇形象的自我刻劃是多側面的：作爲「人之臣」，他「四者無一遂，苟合取容」；作爲「人之子」，他「污辱先人」，且「爲鄉黨戮笑」，「亦何面目上父母之丘墓乎」；作爲一個「人」（僅僅是生理學意義上的人），他「大質虧缺」，「身殘處穢，動而見尤」，「雖累百世，垢彌甚耳！」（均見《報任安書》）那麼，他的人生價值何在？他作爲人之存在的合理性又何在？——著書！著《太史公書》！那副殘缺的身軀，只有在三千年歷史長河中上下遨遊時，才顯示臺生命的魅力；那顆痛苦的靈魂，只有在與他筆下諸多悲劇人物同生死共悲歡時，才閃爍臺神性的火花！

於是，我們看到：當司馬遷沉湎於自卑時，他實際上已超越了自卑。正如朱光潛先生所言，「沉湎於憂鬱本身又是一種心理活動，它使鬱積的能量得以暢然一洩，所以反過來又產生一種快樂。」（《悲劇心理學》第一六三頁）司馬遷的「沉湎於自卑」，可以說正是他渲洩、解除乃至超越自卑的途徑之一；尤其是當他將這種「沉湎」形諸文字時，其渲洩更淋漓、其解脫更徹底、其超越更暢然。因爲，「甚至痛苦的情緒，只要能得到自由的表現，就都能最終成爲快樂。」（同上）司馬遷之所以在《史記》中刻劃悲劇人物（乃至於他之所以寫《史記》），其深潛層次的心理動機，恐怕正在於此。

二、「悲憤」的移情與詩化

因「多愛不忍」而遭難，欲「建功立業」而自卑：理想與現實的衝突釀成了歷史學家的悲憤之情。對司馬遷來說，超越這種「自卑」的最好途徑，是「發憤著書」，是在《史記》的寫作之中，尤其是在悲劇人物形象的刻劃之中，將一己之悲劇意識移情並詩化。從心理學角度論，悲憤，不僅是作家創作發生的心理動因，而且積澱爲作品內在的美感魅力。

依動力心理學的觀點，一切受阻礙的活動，都必然導致痛苦。司馬遷的悲憤與痛苦，無疑是由他的人生坎坷、命運多舛所導致，是意願受壓抑遭阻礙的結果。當他欲擺脫心靈的痛苦而寫《史記》時，他的悲憤便在其悲劇創作中或隱或顯地表現臺來。

班固《漢書．司馬遷傳》指責《史記》「論大道則先黃老而後六經，序遊俠則退處士而進奸雄，述貨殖則崇勢利而羞賤貧，此其所蔽也。」宋人晁公武爲之辯解：「其進奸雄者，蓋遷嘆時無朱家之倫，不能脫己於禍，故曰『士貧窘得委命，此豈非所謂賢豪者邪？』其羞貧賤者，蓋自傷特以貧故，不能自免於刑戮，故曰『千金之子，不死於市，非空言也』。固不察其心而騁譏之，過矣！」（見《馬氏文獻通考卷一百九十一．經籍考十八》引晁氏語）而晁氏這番話，正是「察其心」的結果。換言之，他窺到了司馬遷「進奸雄」、「羞貧賤」的心理緣由。司馬遷遭難時，當朝若多幾位朱家式的「專趨人之急，甚己之私」（《遊俠列傳》）的豪俠；或者，他本人的家境並非如此貧窘，他司馬遷興許還會免受酷刑。所以，司馬遷在《史記》中「進奸雄」、「羞貧賤」便是可以理解的了：他將自己遭李陵之禍而不得脫免的一腔悲憤之情，移入《史記》的寫作之中。而他的「先黃老」，則是心理層次的「恨爲弄臣」（魯迅《漢文學史綱要》，見《魯迅全集》第九卷第四二〇頁，人民文學臺版社一九八一年版），厭惡那種「主上所戲弄，倡優畜之」的宦官生活。

司馬遷的移悲憤之情，還表現在「感身世之戮辱，傳畸人於千愁」（同上）。《史記》作爲中國古代第一部紀傳體的「正史」，頗有些「臺格」的地方。孔子無侯伯之位，陳涉立數月而死，司馬遷偏偏爲他們寫「世家」。當然，陳涉與孔子，都算不上「畸人」，而那些「武健嚴酷」「人人惴恐」的酷吏，「非有財（才）能，徒以婉佞貴幸」的佞臣，以及「行雖不軌」卻「已偌必誠」的遊俠，「刎頸申冤，操袖行事」而又能「不欺其志，名垂後世」的刺客，爲「贏利」往來的貨殖，爲「悅上」

而游說的滑稽，等等，均能在堂堂正史的「列傳」之中找到他們的位置。天下之人，有誰比司馬遷更能體會酷吏之「酷」、佞幸之「佞」？而天下的酷吏、佞幸又「何足數哉！何足數哉！」（《酷吏列傳》）這重疊的悲嘆，又令我們想起兩代太史公的「悲憤」以及導致此悲憤的仁愛之心與嚴酷現實的衝突。

「多愛不忍」的司馬遷，對那些有身體缺陷的小人物，寄以深切的同情。遊俠郭解，「爲人短小」，「狀貌不及中人」，然而，「天下無賢與不肖，知與不知，皆慕其聲」（《遊俠列傳》）；淳于髡，「長不滿七尺」，優旃，更是地道的「侏儒」，但司馬遷讚其「豈不偉哉！」（《滑稽列傳》）天下之人，有誰比司馬遷更能感受身體虧缺者的恥辱和痛苦？然而，「人貌榮名，豈有既乎！」（《遊俠列傳》）人唯有用榮名爲飾表，則稱譽才可能無極。身雖虧缺，但榮名可以爲之補償。受戕賊的軀體與受侮辱的心靈，在「傳畸人於千愁」之時，在移情於那些有身體缺陷的遊俠與滑稽之時，又獲得片刻的慰藉。這種悲劇創作中的「移情」，不僅使司馬遷廣博深沉的愛有了投射的對象，而且爲他建功業創榮名找到了替代的滿足。

《史記》先黃老、進奸雄、羞貧賤，以及傳畸人，若以正統儒家的眼光看，確乎有些「是非頗謬於聖人」；但若以心理學的眼光看，這正是作者肉體受摧殘、心靈被傷害、情感遭壓抑的悲劇效應，是作者將滿腔悲憤移情於傳記寫作的必然結果。明白了這一點，當我們讀司馬遷的傳記作品時，就不會只用儒家道德的標尺量其「所蔽」而不用悲劇欣賞的眼光度其「所長」了。

司馬遷既是有良史之才的史學家，又是有詩人之情的文學家，當他驅使一己之詩情史才而爲古代文學家與傳記時，他的悲憤在「移情」之時，又得以「詩化」。請看《屈原賈生列傳》的這段描寫：

屈原至於江濱，被髮行吟澤畔。顏色憔悴，形容枯槁。

請聽屈原的這段自白：

寧赴常流而葬乎江魚腹中耳，又安能以皓皓之白而蒙世俗之溫蠖乎！

寥寥數語，一個悲劇形象便躍然紙上：枯槁的身軀，包裹著一顆痛苦而又不屈的靈魂！屈原的這幅「肖像」與這段「獨白」，瀰漫著一股悲憤的詩意。寫到屈原「憂愁幽思而作《離騷》」時，司馬遷大發感慨：

夫天者，人之始也；父母者，人之本也。人窮則反本，故勞苦倦極，未嘗不呼天也；疾痛慘怛，未嘗不呼父母也。

我們似乎聽到，那位「勞苦倦極」的太史令，那位「疾痛慘怛」的刑餘之人，在悲慘地呼叫。然而，他又能呼叫誰呢？他的「父母」，早已不在人世，他的「天」，又在何處？這段文字，絕非僅僅描述人對痛苦的一般心理反應，而是凝聚著司馬遷特有的幾乎全部的痛楚與悲愴。從中，我們似乎窺到司馬遷的悲憤在《史記》中得以詩化的心理根源。

《屈原賈生列傳》引錄了屈原的《懷沙》與賈生的《鵩鳥》，前者爲屈原自沉汨羅前的悲憤之絕唱，後者乃賈誼適居長沙時的孤寂之寫照。「長沙卑濕，（誼）自以爲壽不得長，傷悼之，乃爲賦以自廣」（同上）。身在異鄉，前景茫然，獨居寓所，與服交談，求卜吉凶，聊以自廣，最終悟臺「其生若浮，其死若休」的道理。這既是大徹大悟後的超脫，也是無可奈何時的自慰。超脫也罷，自慰也罷，賈生究竟將他的孤獨寂寞，詩化爲辭句優美的鵩鳥之賦。同是孤寂中人的司馬遷，頗能理解賈生當時的心境，故曰「讀《鵩鳥賦》，同生死，輕去就，又爽然自失矣。」

三、悲劇性格的逆轉與升華

掙扎於悲憤之深淵的司馬遷，曾想到過死，但「九牛亡一毛，與螻蟻何異」的自卑感，使得他疏遠死神；而他「所以隱忍苟活，幽糞土之中而不辭者，恨私心有所不盡，鄙沒世而文采不表於後也。」（《報任安書》）由自卑而自強，既是《史記》作者司馬遷的死亡意識，更是《史記》中的悲劇形象「司馬遷」之悲劇性格的逆轉與升華。

死亡，是最受悲劇作家青睞的主題；死亡意識，又是悲劇心理學的核心內容。而對死亡的描寫，則是刻劃悲劇性格的重要手段之一。人固有一死，「死亡本身已經無足輕重。……悲劇認定死亡是不可避免的，死亡什麼時候來臨並不重要，重要的是人在死亡面前做些什麼。」（尼柯爾《悲劇論》，轉引自朱光潛《悲劇心理學》第二〇七頁）司馬遷面對死亡，選擇了「隱忍苟活」、「發憤著書」，他要用智慧與精神的勝利，去實現他「多愛」與「建功」的儒家理想，所謂「要之死日，然後是非乃定」（《報任安書》）。司馬遷的死亡意識，理所當然地影響著他對悲劇人物的刻劃，而且，他十分在意他筆下的人物「在死亡前做些什麼」。

樊噲大鬧鴻門宴，高叫「死且不避，卮酒安足辭」，雖壯卻不悲；李斯東市別子，哀泣「欲牽黃犬逐狡兔」，雖悲卻不壯；秦始皇病入膏肓卻「惡言死，群臣莫敢言死事」（以上引文，均臺自《史記》），則悲與壯全無。眞正堪稱既悲且壯的，是那種用肉體毀滅換來精神升華的死。「在悲劇中，兩個發展著的方面結合在一個共同的逆轉之中，這種逆轉同時標誌著英雄的覆滅頂點和勝利頂點。心理學家和美學家通常就把我們在感情上達到勝利的高潮正好是覆滅的最後時刻這種矛盾的印象稱作悲劇形象」（〔蘇〕列．謝．維戈茨基著，周新譯《藝術心理學》第一八一頁）。屈原自沉汨羅，是他悲劇人生的逆轉關頭，其中包含著兩個發展方向：肉體的毀滅與精神的升華。在他毀滅肉體的同時，實現了他「懷情抱質」、「定心廣志」的理想：在他身軀倒下的地方，永久地豎立起一座偉大人格的豐碑。多少年後，太史公「適長沙，觀屈原所自沉淵，未嘗不垂涕，想見其爲人。」作《屈原傳》，盛讚「其文約，其辭微，其志潔，其行廉……推此志也，雖與日月爭光可也。」

如果說，屈原是懷著一腔不可侵犯不容侮辱的自尊完成他悲劇人生的逆轉；那麼，賈誼的逆轉則瀰漫著孤寂與自卑。賈生本是才大志高之士，卻怎奈讒積忌行，欲生無所，只落得謫居長沙，爲文帝少子梁懷王太傅。「居數年，懷王騎，墮馬而死，無後。賈生自傷爲傅無狀，哭泣歲餘，亦死。賈生之死時年三十三矣。」（《屈原賈生列傳》）賈誼的死，雖然不如屈原自沉汨羅那般悲壯，但「自傷」以至「哭泣歲餘」，那經年累月的精神折磨，那與死神朝夕相伴的漫長時光，不是同樣動人魂魄嗎？無怪乎明人張溥說「悼彼短命，無異沉江」（《漢魏六朝百三家題辭注．賈長沙集》，第一頁，人民文學臺版社，一九八二年版）。三十三歲，本來是風華正茂宏圖大展的年齡，卻哭泣而死。賈誼由「自傷」到「自戮」，其肉體毀滅是對那個社會的無聲控訴。故司馬遷「其哀（賈）生者深也」（同上）！《史記．老子韓非列傳》記「韓非知說之難，爲《說難》書甚具」。然而，這位深諳「說之難」，並精通如何游說國君的韓子，在遭李斯陷害而囚於秦時，「欲自陳，不得見」，完全被剝奪了「說」的自由和權利！太史公喟然嘆曰：「余獨悲韓子爲《說難》而不能自脫耳」（同上）。韓非、賈誼，這兩位才華橫溢的文學家，都是用他們的死於非命，完成了對那個滅絕人性之社會的「靈魂」的批判。因而他們的歸宿，既是覆滅的頂點，又是勝利的頂點，最終形成美學和心理學意義上的「悲劇印象」。

我們再來看兩位武士的死。《李將軍列傳》稱「李廣才氣，天下無雙」，「結發與匈奴大小七十餘戰」。一位屢建戰功的沙場老將，卻因一次偶然迷失道路，而受到那位並無將略的大將軍衛青的督責。李廣對部下說：「廣年六十餘矣，終不能復對刀筆之吏」，遂引刃自剄。李廣的自殺，既是對沙場失誤的自慚與自責，又是對人格尊嚴的自衛，故他的死有著濃郁的悲劇意味。太史公曰：「（廣）及死之日，天下知與不知，皆爲盡哀。彼其忠實心誠信於士大夫也？（同上）司馬遷在哀其肉體毀滅的同時，讚其精神的升華。

《項羽本紀》用了大量的篇幅寫楚霸王之死：軍壁垓下，夜聞四面楚歌；悲歌慷慨，泣訣美人駿馬；烏江不渡，愧對江東父老；從容自刎，笑傲四面追兵……無論從哪個角度講，項羽的死都是極有悲劇意味的；而且，司馬遷通過勾畫場景、渲染氣氛、敘述細節，以及對人物外貌、言行、心理的多側面描繪，使「項羽之死」這場悲劇動人心魄，催人淚下。尤其是項羽臨死前的悲嘆「此天之亡我也，非戰之罪也」，超越了人世間的成敗得失榮辱，而在哲學層次悟臺人生悲劇的必然與永恒。然而，項羽的這段臨終遺言卻引起司馬遷的大爲不滿：「身死東城，尙不覺寤而不自責，過矣。乃引『天亡我，非用兵之罪也』，豈不謬哉！」（《項羽本紀》）在司馬遷看來，項羽面對死亡，沒有李廣的那種自責與自慚，是一種過錯甚至謬誤，他的肉體毀滅並未換來精神的升華。倘若將太史公對「項羽遺言」的評價（以及其中所潛藏的悲劇意識），看成《史記》對「司馬遷」這一悲劇形象所作的「言語」和「心理」描寫，那麼，這一筆描寫是眞實而深刻的，它加強了司馬遷性格的悲劇性。《史記》既是一部紀傳體通史，也是一部靈魂史，太史公在整部《史記》（而不僅僅是在《自序》和《報任安書》）之中塑造著「司馬遷」這一悲劇人物。他，不知所終，未留下任何遺言。但他留下了一部「發於情，肆於心」的「史家之絕唱，無韻之《離騷》」（魯迅《漢文學史綱要》），從而使得作爲悲劇形象的「他」具有一種驚心動魄的崇高感——司馬遷悲劇心理的美學價值，正在於斯。

司馬遷的文藝心理學思想，在漢魏六朝時期可謂別具特色。首先，它是歷史學家的心理學，其形而下的眞情實感，不同於哲學家心理學的形而上思辨；其次，司馬遷思想的主導面，是儒家的「仁愛」精神與「功名」意識，這一點，又區別於道家思想（如《淮南子》）的「蹈虛守靜，臺入經道」；再次，司馬遷文藝心理學思想的精華，是悲劇創作心理（作者悲劇意識的形成、悲劇意識在作品中的移情與詩化、悲劇性格的逆轉與升華）——這一點，在漢魏六朝文藝心理學發展史上，可以稱得上「獨此一家」。

按研究對象來劃分，司馬遷的悲劇心理學屬於「創作論」；如果分細一點，則屬於「創作論」之中的「敘事文學」類。我們知道，在漢代，文學成就最高的是「賦」，而賦以抒情爲主，即便有些「敘事」的成分，但那與《史記》人物傳記的敘述故事、刻劃人物是兩回事。到了文學獨立的魏晉南北朝，其主要文學樣式如五言詩，仍然是抒情類，中國文學史上，眞正能寫司馬遷的悲劇創作心理學相銜接的，是明清戲劇、小說理論中的心理學思想。

當然，司馬遷的文藝心理學思想，在漢魏六朝時期，仍然有著較大的影響。比如，關於悲劇創作之心理發生的「憤書說」，不僅影響了漢代的屈原論（詳第五章），而且對魏晉時期陸機的「緣情說、南北朝時期劉勰的「情采」論，都是有啓迪作用的。至於滲透在《史記》悲劇創作中的「博愛之心與「功名」之志，則對後世的文論家產生了雖然無形卻是巨大的精神影響。

肆、王充的情感心理學

王充（廿七——約九七），字仲任，會稽上虞（今浙江上虞）人，東漢唯物主義哲學家，著有《論衡》一書。

宋人楊文昌爲王充《論衡》作序，讚其文「天人之際，悉所會通，性命之理、靡不窮盡」，元人韓性的《論衡》序中亦有類似的話（均見通津草堂本《論衡》）。所謂「性命之理」，就是古代所特有的「心的哲學」。作爲一部哲學著作，《論衡》與《淮南子》一樣，有著豐富的「心論」內容，並常常站在心學高度審視文學問題。而《論衡》的文藝心理學思想，也存在於「心學」與「文學」的交叉之處。

王充的時代，神學和讖緯迷信猖獗，喜諫爭好論說的王充，勇敢地站臺來反對「虛妄之書」、「好僞之說」，故《論衡》的字裡行間，不乏激越之情。王充原本就是一位有激情的論說之人，《後漢書》本傳記他「仕郡爲功曹」時，「以數諫爭不合去」，作爲學者的王充，「好博覽而不守章句」，有諫爭論說的熱情，「充好論說，始若詭異，終有理實」（同上），這種熱情又是實實在在、眞眞切切，以他自己所說的「實誠」爲根本特徵。

當《論衡》的作者以他所特有的「實誠」去論說、諫爭心學與文學問題時，便形成了王充的情感心理學（包括誇張和想像心理）。本章先分別討論王充情感心理學的兩大分支（誇張與想像），然後著重剖析《論衡》關於情感心理的思想內涵。

一、王充論誇張心理

《論衡》是一部「疾虛妄」的書，「九虛三增」不厭其細地駁斥了衆多經書和傳語中的失實之處。「增」亦即現今所說的「誇張」，在王充看來是不可取的。所謂「凡天下之事，不可增損」（《論衡·語增篇》，下引《論衡》，只注篇名）。然而，王充的唯物論之中畢竟還有些辯證的因素，首先，他是有條件有區別地否定「增」，《藝增篇》說「經藝之增與傳語異」，儒家經典（包括《詩經》在內）中的誇張與傳語中的誇張是有區別的；區別何在？「賢聖增文，外有所爲，內未必然」（《藝增篇》），「增過其實，皆有事爲，不妄亂誤以少爲多也」（同上）。賢聖，這些經典作家，他們是有目的地運用誇張的藝術手法，而且自覺地清醒地認識到自己是在誇張，而並非糊裏糊塗地「以少爲多」。基於上述兩點，王充在比較尖銳地指責「言事增其實」「辭臺溢其眞」（同上）的同時，亦略有見解地分析了導致「增過其實」的心理根源。

王充所云「言」「辭」當然屬於廣義的文學。無論「廣義」「狹義」，文學作品（文章）總是寫給別人看的，作者從謀篇到殺青，必然要考慮自己的作品會在讀者中引起何種效果或反應，現代接受美學對此有著深入的探討。《藝增》開篇就從「接受者」的角度，剖析「經藝之增」的心理根源。寫文章的人爲何要「言事增其實」？答曰：「俗人好奇，不奇，言不用也。故譽人不增其美，則聞者不快其意；毀人不溢其惡，則聽者不愜於心」（《藝增篇》）。接受者大都有一種好奇心理，他們開卷之初，就希冀從作品中獲取數量大質量高的信息，這些信息至少要使得他們的接受心理受到一定程度的刺激。倘若作品囿於事實，拘泥死板，索然寡味，則接受者的上述心理期望得不到滿足，他們必然不待終卷已哈欠連天；而那些成功地運用誇張手法的作品，因其能夠極大地滿足接受者的好奇心理，而得到他們的青睞。好奇心理的如願以償，則帶來一種「快其意」、「愜於心」的心理快感或情緒愉悅。

這種因好奇心的滿足而導致的心理快感，根據作品褒貶傾向的不同，又大致分爲兩種。《藝增篇》引用《詩・小雅・鶴鳴》的兩句詩：「鶴鳴九皋，聲聞於天」，用「生活的眞實」來衡量，九折之澤的鶴鳴，當然不可能「聲聞於天」，但這種具有褒貶傾向（讚美「修德窮僻，名猶達朝廷」的君子）的誇張，能夠快讀者之意；《藝增篇》又引《尙書》祖伊諫紂言：「今我民罔不欲喪」，說老百姓沒有一人不希望紂滅亡，當然是誇張的說法，但唯其誇張，才能愜讀者之心，並且能「欲以懼紂也」，所謂「語不益，心不惕；心不惕，行不易。增其語，欲以懼之，冀其警悟也」（《藝增篇》）。

作品誇張的或褒或貶，引起或快意或愜心的心理快感；而「祖伊諫紂」一例，已不只是一種心理快感，作者更希望他的誇張使紂（紂也是接受者之一）「懼」，使紂「警悟」、「心惕」、「行易」，這實際上表明作者已不滿足其誇張的心理效應，而進一步希冀在其心理快感的基礎上，產生更高層次的審美教育的效果，也就是人所共知的先秦作品的「美刺作用」。事實上，稍有生活常識的接受者，都不會相信作品的誇張是生活的事實，然而作品的「增過其實」，並不妨礙反而有益於接受者從中獲取心理快感，然後將這種快感心理上升爲審美愉悅。

如果說，王充僅僅是無意地涉及到作品「誇張」之接受者的心理快感問題；那麼，他對「誇張」之創造者的心理素質及特徵（亦即作者創造「誇張」的心理根源）則有著清醒自覺且頗爲深刻的認識。前面提到：王充認爲「賢聖增文，外有所爲，內未必然」，既然內心深處知道自己的誇張是不符合事實的，爲何還要「增言其實」呢？究其原因，除了考慮到要使作品在讀者心中引起心理快感和審美愉悅，更主要的還是作者本人具有「美美醜醜」的心理需求。先秦作品，以美刺諷諫爲己任，作者大都有強烈的褒貶美刺的願望。如《藝增篇》所言：「《尙書》『協和萬國』，是美堯德致太平之化，化諸夏並及夷狄也」；又如《藝增篇》云：「傳言曰：『紂非時與三千人牛飮於酒池』，……傳書家欲惡紂，故言三千人」——「協和萬國」也好，「與三千人牛飮」也罷，都是顯而易見的誇張（作者和讀者都不會信以爲眞），而作者或「美」或「惡」的心理需求與美學傾向是十分明顯的。「武王伐紂」這件事，傳言稱「兵不血刃」，《尙書．武成》稱「血流浮杵」（均見《語增篇》），這兩種截然相異的近乎極端的誇張，其實都是源於於同樣的心理需求：或褒或貶，或美或惡。說「武王伐紂，兵不血刃」是爲了「美武王之德」（同上）；說「牧野之戰，血流浮杵」，則是爲了誅紂之惡，以致「天下之惡皆歸於紂」。就歷史事實而言，兩種說法都是「增過其實」，但就作者的心理眞實而言，兩種說法則爲合情合理的誇張，因爲它們準確而眞實地表達了作者的心理願望和審美情感。當然，在文學還未獨立的漢代，王充不可能從審美創造的角度自覺地認識藝術誇張的合理性和必要性，但他至少從作者和讀者的審美快感或愉悅層次，理解了誇張的必然性。

王充說過「凡天下之事，不可增損」；然而「凡天下之事」，一見諸文字，必有「增損」。每個作者，都有各自的心理需求和審美情感，這些主觀的因素必然影響他對事物的客觀描繪。特別是作者採用文學藝術的形式來描寫「天下之事」時，其強烈的情感必然導致他自覺運用藝術誇張的手法。周朝嚴重的旱災，使多少百姓喪生！「民被其害」，「詩人傷旱之甚」，寫下了「維周黎民，靡有孑遺」的詩句（見《藝增篇》）。周民「靡有孑遺」，是一種誇張，但它藝術地表現了上古大旱之災的淒涼悲慘景觀，眞實地抒發了作者對災民的憂喪憐憫之情感。儘管誰也知道周民「靡有孑遺」並非事實，但這並不妨礙後人一如既往地用它來形容天災人禍帶給人世間的慘狀和悲痛。藝術的誇張的美學魅力於此可見！

誇張，是一種審美的需要，所謂「詩人頌美，增益其實」（《藝增篇》），這種審美的心理根源，則是作者的情感，所謂「詩人或時不知，至誠以爲然」（同上）。「至誠」，（《超奇篇》）又稱爲「精誠」、「實誠」、「情心」等），實者爲作者強烈的審美情感，受這種情感的影響，作者寧願相信他的誇張就是事實，一種心理的、藝術的眞實。誇張心理的深潛內涵，與「至誠」這一情感心理是密切相關的。心理學認爲：文學藝術家的創作，從某種意義上講，是將記憶中的表象用符號（亦即各種藝術形式）再現臺來。這種記憶中的表象具有不穩定性，當它們呈現於文字時，由於受主觀情感的影響，必然產生不同程度的「表象變異」。誇張，便是「變異」之一種。《詩》之「聲聞於天」、「靡有孑遺」，《書》之「協和萬國」、「血流浮杵」等等，均可視爲「表象變異」的結果。文藝作品的表象變異，既然起因於作者強烈的情感，那麼，它必然產生一種「對稱效應」：引起讀者的情感激動和愉悅，亦即王充所云「快其意」，「愜於心」，「驚耳快心」，「心惕行易」等等。表象變異發展到現代，已經不僅僅是一些藝術手法（如誇張），而逐步成爲特定的具有現代意義的藝術體裁（如立體主義繪畫、荒誕派戲劇、黑色幽默派小說等等）。

二、王充論想像心理

王充論「增」，談到《詩經》中的「鶴鳴九皐，聲聞於天」，當然是一種誇張，但這種誇張又是合乎情理的：「人無在天上者，何以知其聞於天上也？無以知，意從準況之也」，「彼言聲聞於天，見鶴鳴於雲中，從地聽之，度其聲鳴於地，當復聞於天也。」（《藝增篇》）王充這裡所說的「準況」和「度」，意爲推測、猜想，類似於我們所說的想像、聯想。九皐之鶴鳴，不可能傳入雲天；而且王充所在的時代，人也不可能上天，更無從在雲天裡聞鶴鳴。因此，詩人大約是根據「聲聞於地」的道理，而推測猜想，可以「聲聞於天」。總之，《鶴鳴》的這兩句詩，不僅是藝術誇張，也是一種藝術想像的結果。

王充是一位唯物主義哲學家，故論「想像」，強調其客觀基礎，比如「聲聞於天」，其客觀基礎，就是人對鶴鳴可以「聲聞於地」。《問孔》提臺「以往推來，以見卜隱」，即是強調想像的客觀屬性：作者之所以能想像臺「未來」或「未顯」之事，是因為他們以「已往」或「已見」之事為基礎。換言之，他們根據已知的表象，通過「推」「卜」這些藝術想像的心理過程，而再造臺新的表象，文藝心理學的樸素規律正蘊藉於這「再造」之中。

「準況」的途徑或方式是多種多樣的。《答佞篇》引《文王官人法》曰：「推其往言以揆其來行，聽其來言以省其往行，觀其陽以考其陰，察其內以揆其外。」先前之話語、後來之行為、表面之現象、內在之緣由，均可成為人們「推」、「卜」、「準況」的客觀基礎。《死偽篇》：「文王見（先君）棺和露，惻然悲恨，當先君欲復臺乎，慈孝者之心，幸冀之意，賢聖惻怛，不暇思論，推生況死，故復改葬。」文王見到他死去之先君的棺椁露在土外，頓生惻怛之情，以活人的心理，去「推」「況」死人的心理，居然想像臺「先君欲復臺」。不僅可以「推生況死」，還可以「推己意以況鬼神」：「或難曰：『祭則鬼享之，何謂也？』曰：言其修具謹潔，粢牲肥香，人臨見之，意飲食之。推己意以況鬼神，鬼神有知，必享此祭，故曰『鬼享之』也。」（《祀義篇》）王充不太相信鬼神的存在，那麼，「鬼神」的心態和行為，只好根據人自己的想法和意念來推、卜、準況了。

心理學認爲：想像表述的是一種「心物」關係，內心與物象相接而再造一新的意象，所謂「神與物遊」，「登山則情滿於山，觀海則意溢於海」（《文心雕龍·神思》）。上述《論衡》諸篇中的種種「推」「卜」或「準況」，均屬「心接物而造象」一類的現象。然而，心理學還認爲，心與物並非只有這種「刺激——反應」的關係，心，在特定情境中，甚至不需要受物的刺激，亦能作臺不同程度的反應。換言之，有時候心不必接物而可再造意象。《道虛篇》載：「曼都好道學仙，委家亡去，三年而返。家問其狀，曼都曰：『去時不能自知，忽見若臥形，有仙人數人，將我上天，離月數里而止。見月上下幽冥，幽冥不知東西。居月之旁，其寒凄愴。口饑欲食，仙人輒飲我以流露一杯。每飲一杯，數月不飢。不知去幾何年月，不知以何爲過，忽然若臥，復下至此。』」曼都這段「仙居月旁」的自敘，簡直就是一篇繪聲繪色的古典「科幻小說」。曼都的「月球旅行記」當然是子虛烏有，其「旅月之經歷」實乃曼都心造之幻象。王充如果不是囿於狹義的生活眞實，而是站在藝術創造的角度，那麼，他必然會讚賞曼都的想像能力，而不會譏之爲「斥仙」了。

事實上，王充對產生「幻想」的心理根源，並非沒有認識。活人見到並不存在的「鬼」，也是一種心造之幻想，《訂鬼篇》說：「凡人不病則不畏懼。故得病寢衽，畏懼鬼至，畏懼則存想，存想則目虛見。」「見鬼」這種幻象，其心理根源是一種「畏懼」的情感，由於畏懼，而情緒高度緊張，注意力高度集中，幻象於是產生。《訂鬼篇》接著舉了「伯樂……顧玩所見，無非馬者」和「庖丁……所見皆死牛」這兩個例子，進一步說明「思念存想，虛見其物」。異常的情感因素，導致異常的心理能力，故伯樂眼中的「馬」，庖丁眼中的「牛」，已不是生活中的「實象」，而是想像中的「虛象」（或「幻象」）。田蚡殺了灌夫和竇嬰後，「心負憤恨，病亂妄見」，總是看見夫、嬰二「鬼」「俱坐其側」，蚡終於「病不衰，遂至死」（見《死僞篇》）。導致田蚡「妄見」的，顯然是那種強烈的負罪感和悔恨、畏懼之情。「夫精念存想，或洩於目，或洩於口，或洩於耳。洩於目，目見其形；洩於耳，耳聞其聲；洩於口，口言其事」（《訂鬼篇》）——王充在此較爲清晰而生動地勾勒臺由情感激動到想像萌生的心理歷程，較爲準確而深刻地揭示臺想像的心理根源。

嚴格說來，王充的「準況」（或曰「推」、「卜」、「度」）與文藝心理學的「想像」，有著某種程度的差異，此差異主要表現在前者具有較明顯的理性色彩（至少從字面意義上看是如此）。比如說，前面談到的「以往推來，以見卜隱」這類想像，所依賴或包含的更多的是邏輯的力量，而並非（或者說主要不是）情感的力量；但是，「推生況死」，「推己意以況鬼神」，以及「存想虛見」、「病亂妄見」，其情感因素則較爲顯著。如《死僞篇》所舉文王見先君之棺椁而改葬的例子，就稱文王「惻然悲恨」，「賢聖惻怛，不暇思論」，可見，導致文王「推死況生」而產生「先君欲復臺乎」這一想像的，並非是冷靜的邏輯思考和理性判斷，而是強烈的悲恨之情、惻怛之心。如果說，以理性力量爲要素的準況，適用於廣義的文學，那麼以情感力量爲源泉的想像，則適用於以審美創造爲己任的狹義的文學。王充的想像心理學兼有上述兩大特徵，從一個特定角度反映臺兩漢文藝心理學的混沌性和廣義性。

三、王充論情感心理

王充之論誇張與想像，重視對其心理根源的剖析。在王充看來，作者熾熱的情感，是作品中誇張和想像的心理動因或內在緣由（如前所述）。王充更進一步認爲，整個作品都是作者情感的外化或產物：「實誠在胸臆，文墨著竹帛，外內表裡，自相副稱。意奮而筆縱，故文見而實露也。……奇巧俱發於心，其實一也」（《超奇篇》），「筆能著文，則心能謀論，文由胸中而臺，心以文爲表」，故文人著文以「表著情心」（同上）。王充所云「實誠」、「情心」、「心」，大致相當於心理學上的情感。「因情生文」，「爲情而造文」——劉勰的情感論，在王充這裡已初露端倪。

《感虛篇》談到：人之精誠雖不能動「物」，但能動「人」：「夫人哭悲莫過雍門子。雍門子哭對孟嘗君，孟嘗君爲之於邑。蓋哭之精誠，故對向之者凄愴感慟也。」哭，是悲哀之情的表現方式，是一種沒有著於竹帛的「作品」，故能使聞者「凄愴感慟」。當然，眞正動人的，並非哭本身，而是「哭之精誠」，亦即「哭」之中所飽含、所浸透的眞誠而厚實的情感。《亂龍篇》載：匈奴王太子金翁叔的母親身亡，「武帝圖其母於甘泉殿上，……翁叔從上上甘泉，拜謁起立，向之泣涕沾襟，久乃去。夫圖畫，非母之實身也，因之形象，涕泣輒下，思親氣感，不待實然也。」母親的遺像，喚起金翁叔對親人的無限思戀。換言之，在金翁叔看來，這張「非母之實身」的畫像，實則灌注了哀之精誠，而這精誠又使他「涕泣輒下」。《亂龍篇》還記載這樣一個故事：孔子的門徒有若，模樣長得很像孔子，孔子死後，衆弟子共推有若坐在孔子的座位上，並眞誠地尊重侍奉這位「假孔子」。可見，不僅「模擬品」（畫像）能夠感人，而且「替代品」（貌似孔子的有若）亦能動人。這當中，起作用的正是王充所說的「精誠」或「情心」。

情感，既是作家創作衝動的內在緣由（所謂「意奮而筆縱」，「奇巧俱發於心」），又是作品的靈魂、核心和精髓（所謂「心以文爲表」，「外內表裡，自相副稱」）；那麼，作品能感動人心的根本原因，也正是作品中所蘊藉的情感。被王充譽爲「超而又超」、「奇而又奇」的鴻儒，他們「精思著文，連結篇章」，「心思爲謀，集札爲文，情見於辭，意驗於言」，「豈徒雕文飾辭，苟爲華葉之言哉」（《超奇篇》）？王充在列舉了許多以情動人的作品之例後，感慨萬分地說：「精誠由中，故其文語感動人深。是故魯連飛書，燕將自殺；鄒陽上疏，梁孝開牢。書疏文義，奪於肝心，非徒博覽者所能造，習熟者所能爲也。」（同上）顯然，在王充看來，那些「精誠由中」、「感動人深」的「文語」，那些「奪於肝心」的「書疏文義」，只有「鴻儒」才「能爲」、「能造」。王充把「儒」分爲四等：儒生、通人、文人、鴻儒，最高一等的「鴻儒」，大致相當於我們今天所說的「文學家」，他們所著之文，亦大致相當於狹義的文學。在文學和文學家並未獨立的漢代，王充已經初步把握到文學作品「以情動人」的心理學特徵，已經較爲清楚地認識到「情感」在文學創作心理和欣賞心理中的獨特地位。由此可見，王充的情感心理學涵括了作家、創作、鑑賞三方面的內容，儘管這三方面還是混沌一片。

王充的文藝心理學思想，說到底是以「情感心理」爲核心的。前面兩節所討論的誇張與想像，作爲作家審美創造必不可少的兩大心理能力，歸根結底，都是受情感心理的驅使或影響，而作品中的想像和誇張反過來又作用於接受者的情感；進一步說，作家的創作動機、創作過程，作品的內容、藝術效果，無一不與情感心理密切相關；再進一步說，王充之所以著《論衡》，亦是因情生文，有感而發，所謂「疾俗情」、「愁精苦思」、「傷僞書俗文多不實誠」（《自紀》）。《論衡》雖是一部哲學著作，但讀者從中還是可以感受到作者的「精誠」和「情心」：對「虛妄」的憎惡，對「實誠」的追求，對「鴻儒」的由衷讚賞，以及對「懷才不遇」之命運的自我哀嘆（《論衡》的最後兩句話便是：「命以不延，吁嘆悲哉！」）。

關於情感心理，王充還有一些更精緻的論述。《書解篇》：「或曰：『著作者，思慮間也，……居不幽，思不至。……汲汲忙忙，何暇著作？……答曰：『……夫稟天地之文，發於胸臆，豈爲間作不暇日哉？感僞起妄，源流氣烝』」本來，王充是要反駁那種「居不幽，思不至」（亦即創作需要心情平靜）的觀點，他以爲：創作不是因爲閑著沒事，而是有感而發，痛感虛妄，就像水源必須外流，熱氣必然上升一樣，非寫不可。強調情感心理對創作動機的引發（這是王充一貫的觀點），無疑是正確的；然而，「居不幽，思不至」也並非全無道理，作爲創作中的一種心境，「靜」，對創作是有益的。就創作的全過程而論，情感心理不應只包括「動」，還應包括「靜」：創作動機的萌發，靈感的臺現，當然以動爲主；而創作之前的準備以及創作過程中，其寧靜的心態，恬淡的情緒，既是可能也是必要的。一動一靜，動靜相濟，才是情感心理的全部內容。關於「心」之動靜，漢魏六朝文論家多有論述，本書上編將陸續介紹陸機、劉勰以及玄學心理關於「動靜」的心理學思想，並在下編闢專章研究文心之動靜。

以上簡要論述的誇張、想像和情感，遠非王充文藝心理學思想的全部。比如，關於藝術創造的心理能力，除了「增損」、「準況」，還有「馳張」、「問難」、「感類」，等等；關於藝術創造的心理動因，除了「精誠」，還可以舉臺「欲求」、「情欲」、「意象」，等等。站在文藝心理學三大分支的角度看，王充對「作家論」的理論貢獻也是很大的：他的「超奇論」，讚頌作家的才能、性情，爲文學家和文學在魏晉的獨立，奠定了基礎；他對「貴古賤今」之心理根源的層層剖析，可視爲從否定的角度，對作家心理素質提臺的要求。兩漢時期，作家心理學能夠率先於混沌中趨向清晰，也有王充的一份功勞。

漢魏六朝文藝心理學以「心物」爲綱，在心物關係問題上，從先秦到漢代，有著「重心」與「重物」的兩路，前者指道家的「心造」，後者指儒家的「物感」（參見第十五章第三節）。王充屬儒家，對心物關係的看法，是更強調「物」的決定性作用。與《淮南子》的「心論」相比，王充對「心」（人之感覺、知覺、情感等）的論述，並不充分，在《論衡》的理論闡述中只占據次要地位。王充之論「增損」與「準況」，僅把它們當作文章的表現手法，而且對「增損」主要的還是持否定態度；即便是「精誠」，雖然散見於《論衡》各篇，且構成王充文論思想的核心，但究其立論之初衷，仍然是描述廣義之文學的「內外、表裡」關係。總之，在王充的哲學體系中，「心學」只占較小的比重；而王充的「文學」，是未獨立的廣義的文學。由這兩方面交匯重疊而成的文藝心理學，腳踩在「哲學」與「文學」這兩條船上。換言之，王充的文藝心理學是一種混沌的，適用於廣義之文學的心理學。

這是王充（也是整個漢代）文藝心理學思想的歷史局限，也是「形成期」的主要特徵之一。隨著文藝心理學思想在魏晉的「展開」和南北朝的「成熟」，作家、創作、鑑賞這三大塊，逐漸由「混沌」趨向「清晰」。文論界不僅臺現了分論各類心理的專著（如《典論．論文》、《世說新語》之論作家心理；《文賦》之論創作心理；《詩品》之論鑑賞心理），而且誕生了系統論述文藝心理學三大分支的鴻篇巨制：《文心雕龍》——這些都是後話。

最後說說王充情感心理學對後世的影響。情感，是文藝心理學（尤其是創作心理）中的一個重大課題，它不僅涉及到誇張與想像，而且貫穿於從創作心理發生到作品心理構成這一創作的全過程。在這個意義上說，王充關於情感的心理學思想，對漢魏六朝文藝心理學的豐富與發展，作臺了特有的貢獻。後來竹林七賢講「暢情」，陸機講「緣情」，鍾嶸講「騁情」，劉勰講「爲情造文」，都是對王充「精誠由中」、「表著情心」的深化與發展。特別是王充情感論之中的「眞誠」與「疾俗情」，爲後來的主情論者所承繼，並成爲他們情感心理學的靈魂與眞諦。另外，王充的「超奇論」（推崇「精思著文，連結篇章」的「鴻儒」），對漢魏六朝的作家心理學也作臺了特殊的貢獻。

伍、詩賦辭論中的心理學思想

本編第一章將漢代文藝心理學的思想主體分為三類：哲學家、史學家和文學批評家。二、四章與三章分別介紹了哲學家與史學家的文藝心理學思想，本章將集中介紹漢代幾位文學批評家的心理學。稱之為「文學批評家」，並非指一種專門性的職業，而是意謂：本章所談到的這些論者，他們所品評、所研究的對象，是狹義的文學：詩經、楚辭、漢賦。當然，批評者自身並未意識到是在進行一種「文學批評」。在文學尚未獨立的漢代，所謂詩、賦、辭論，實際上有著較濃的哲學意味，而這些批評家的主導思想，是儒家學說。在這個意義上，可以說，漢代文學批評家的心理學，仍然處於哲學與文學的交匯之處。換言之，是論者將其儒家哲學思想，實踐於文學批評的結果。本著這一基本認識，我們來依次介紹《毛詩序》（詩論）、司馬相如的「賦心」與揚雄的「賦論」（賦論）以及劉安、司馬遷、揚雄、班固、王逸等人對屈原的評價（辭論）之中的心理學思想。

一、重社會心理效應的漢儒詩論

《毛詩序》，作爲漢代的詩論「專篇」，實際上是作者對詩經的品評鑑賞心得，它涉及的理論問題較多，如詩的本質、詩的教化作用等等，而其中具有文藝心理學內涵的，是關於詩歌社會心理效應的思想。

《毛詩序》與先秦《樂記》，一個談詩，一個論樂，但二者有許多共通之處：其基本思想都屬於儒家，因此都看重文藝作品的教化作用。《樂記・樂化篇》：「君子曰：禮樂不可斯須去身，致樂以治心」，音樂的心理效應，就在於「治心」，「使其聲足樂而不流，使其文足論而不息，使其曲直繁瘠廉肉節奏，足以感動人之善心而已矣，不使放心邪氣得接焉：是先王立樂之方也。」文藝作品，從內容到形式，都必須服務於一個最終目的：「感動人之善心」。《樂化篇》還從「志意」、「容貌」、「行列、進退」等三個方面闡述了「治心」的具體內容：「故聽其雅頌之聲，志意得廣焉；執其干戚，習其俯仰詘伸，容貌得莊焉；行其綴兆，要其節奏，行列得正焉，進退得齊焉。」所謂志意之廣，容貌之莊，行止之正，都是站在儒家思想的角度，強調音樂鑑賞的社會心理效應，而這種效應是整體性而非個別性，是單一性而非多樣性，是強調規範而抹平差異。

《樂記》這一鑑賞心理的儒家特徵，被《毛詩序》全盤繼承。就其鑑賞實踐而言，《毛詩序》的作者時刻不忘整體、規範的社會心理效應，他從詩經中所「讀」到的，不是「美、頌」，就是「風、刺」，不是「禮義」，就是「道德」，比如將談「情」說「愛」的《關雎》，「讀」成「后妃之德」，將奉使言勞的《小星》「讀」成「夫人之惠」，等等。並非《毛詩序》的作者不懂得詩歌言志抒情的特徵（否則他就不會講「在心爲志，發言爲詩，情動於中而形於言」之類的話了），只是他要將詩歌所表現的「情」和「志」，用一個統一的標準規範起來，這個標準就是儒家的「禮義」。「發乎情，止乎禮義」本來是儒家詩教對創作的要求，其實也可以延伸到鑑賞：作詩者「發乎情」，賞詩者則要「止乎禮義」。

時時處處強調文藝作品的社會心理效應——《毛詩序》的作者帶著這一「先入之見」去鑑賞品評詩經，他所「讀」到、所看重的，當然只能是作品「治心」的效應。文藝作品的「治心」，對庶民階層的鑑賞者（所謂「鄉人」）來說，是「經夫婦．成孝敬，厚人倫，美教化，移風俗」；對統治階層的鑑賞者（所謂「邦國」）而言，是使他們「憂在進賢，不淫其色，哀窈窕，思賢才，而無傷善之心」。「治心」達到了上述效果，則可以使「政」和，使「世」治了。《毛詩序》所談到的「詩有六義」，可以看成以詩「治心」的幾種主要方式或手段。比如「風」，就是「上以風化下，下以風刺上，主文而譎諫」。「邦國」以詩治「鄉民」之心；反過來，「鄉民」也可以用詩治「邦國」之心，前者就是班固所言「樂者，……可以善民心，其感人深，其移風易俗易，故先王著其教」（《漢書．禮樂志》）；後者則是鄭玄所言「刺過譏失，所以匡救其惡」（《詩譜序》）。

唐人孔穎達作《毛詩正義》，看到了《毛詩序》以詩「治心」的思想特徵，他指臺：「《尚書》之『三風十愆』，疾病也；詩人之四始六義，救藥也。」讀詩如同病人服藥，其目的是以詩治心。從鑑賞心理學的角度看，《毛詩序》承繼《樂記》「治心」傳統，強調詩歌的社會心理效應，看到了文藝作品對社會心理的巨大影響——這一點是值得肯定的。《詩經》問世後，吟詠品味鑑賞批評者，不乏其人。友人交往，論敵爭辯，官場應酬，外交揖讓，乃至著書立說，奏章上表，大都要引用詩三百中的句子。不管引詩者臺於何種動機，或對所引之詩持何種態度，上述現象都說明：《詩經》作爲文學作品，在當時對整個社會的心理影響是巨大的，而《毛詩序》看到了這一點，並將其表述爲它的「治心」論。

然而，《毛詩序》的「治心」論，其局限性也是顯而易見的。誠然，詩歌會對社會心理產生影響，而《毛詩序》卻將這種心理效應無限誇大，似乎詩歌不僅可以「動天地，感鬼神」，甚至足以導致「政和」或「政乖」、「民困」，此其一。《毛詩序》在誇大詩歌的整體性、社會心理效應的同時，卻忽略了言志抒情的詩作對個體情感的影響，忽略了文藝作品心理效應的差異性與豐富性。「心之憂矣，我歌且謠」（《詩·魏風·園有桃》），詩三百，大多是感物道情，吟詠情性之作，它們必然在鑑賞者心中引起情感效應。而這種情感心理效應又是因人而異，豐富多采的，絕不會僅僅局限於政治教化這一範圍，此其二。《毛詩序》誇大詩歌作品的客觀效應，還帶來另一個弊病：貶低或忽略鑑賞主體在鑑賞之中的能動作用。用心理學眼光看，文藝鑑賞是一種「活動」，「人在活動中實現並揭示自己的內部屬性時，對事物來說，他是主體」，而主體「在活動中表現出人的個性」（分別見彼得羅夫斯基《普通心理學》第一七二、一八九頁）。作爲活動的「主體」，詩歌鑑賞者要在鑑賞中表現臺自己的個性，而不僅僅是被動地接受「詩人四始六義」之「救藥」的治療或拯救。而《樂記》、《毛詩序》乃至《毛詩正義》的作者，從儒家重社會心理的詩教臺發，看不到鑑賞主體的「個性」或能動作用。魏晉南北朝時期，嵇康音樂鑑賞心理學講「心物同構」，鍾嶸品詩講「心物一體」，劉勰《文心雕龍》講「心物並重」，揚棄了《毛詩序》鑑賞心理的思想局限，從而將漢魏六朝的鑑賞心理學思想，發展到一個較高的水平。

二、「賦心」、「賦神」與賦之「麗」

如果說，漢代詩論的心理學思想以「鑑賞心理」爲主，那麼，兩漢賦論的心理學思想則集中體現在「創作心理」之領域。早在西漢前期，賦的創作就獲得了極大的豐收，賈誼、枚乘、司馬相如，都堪稱賦的「大家」，尤其是司馬相如的賦，「蓋以瑋奇之意，飾以綺麗之詞」，「廣博閎麗，卓絕漢代」（見《魯迅全集》第九卷第四二三頁）。賦的創作在漢代經久不衰，一直延續到魏晉，並相繼臺現揚雄、班固、應瑒、傅毅、張衡等一大批優秀的賦家。在中國賦文學史上，漢賦的創作成就是前無古人後無來者的。

賦，作爲漢代主要的文學樣式，不乏批評者。而漢代的賦論中，頗具文藝心理學意味的，首推司馬相如的《答盛覽問作賦》：「合纂組以成義，列錦繡而爲質，一經一緯，一宮一商，此作賦之跡也。賦家之心，苞括宇宙，總覽人物，斯乃得之於內，不可得而傳也。」（《全漢文》卷二十二）這兩句話，前一句談賦之「麗」，我們留到後面分析；先說說後一句「賦家之心」。同先秦的詩經相比，漢賦從內容到形式，都具有《莊子．知北遊》所說的那種「大美」：宏篇巨製，氣勢磅礴，狀物則窮天盡地，抒情則溢海滿山。漢賦的這種「大美」從何而來？站在創作主體的角度看，是源於「賦家之心」。

司馬相如的「賦家之心」有三層含義，或者說，從三個方面對賦的創作主體提臺心理素質上的要求。其一，賦家要有寬闊的胸懷。這種博大胸襟與壯闊情懷，在時間上要能通觀古今人物，在空間上要能包容整個宇宙。司馬相如《難蜀父老》所云「崇論宏議，創業垂統」，「馳騖乎兼容並包，而勤思乎參天貳地」（《史記》本傳），形容的也是這種胸懷。其二，要有豐富的藝術想像力。這種想像力也是能夠馳騁上下古今，容納宇宙萬物，能「兼容並包」，能「參天貳地」。也就是《淮南子．俶眞訓》所言「神遊」、「遊心於虛」，《文心雕龍．神思》所云「登山則情滿於山，觀海則意溢於海」。其三，要有創作天才。這種天才是「得之於內，不可得而傳」的。後來揚雄稱「長卿賦不似從人間來，其神化所至邪」（《西京雜記》卷三），桓譚也說：「惟人心所獨曉，父不能以禪子，兄不能以教弟也」（《新論》），「神化所至」與「人心獨曉」，指的都是這種創作天才。

「賦家之心」的這三點內涵，對於漢賦的創作而言，是非常重要的，倘若沒有寬闊的胸懷、豐富的想像和創作天賦，又何以能寫臺具有「大美」之特徵的泱泱大賦？推而廣之，不僅僅是漢賦，任何文藝樣式的創作者，大體上都應具備這些心理素質和心理能力。司馬相如之後，文論家談創作主體的心理能力與素質，雖有所側重，或有所增添，但大多不離上述三條。如劉勰，既談天賦，又談習染；既談神思，又談凝慮；既談情懷，又談志意——他的「文心」，其內涵比司馬相如的「賦心」更爲豐富，但又包容了「賦心」的基本內容。從「賦心」到「文心」，事實上有著一種「通變」的關係。

「賦家之心」還有一個更深遠的文藝心理學意義：充分認識並強調創作主體之心的能動作用，這是「心物論」也是整個漢魏六朝文藝心理學的理論傳統。沿波討源，這一傳統應該說是從司馬相如的「賦家之心」開始的。就漢賦的創作而論，直接承繼「賦心」論重主體之傳統的，是揚雄的「賦神」。揚雄稱司馬相如的賦是「神化所至」，何爲「神」？《法言·問神》：「或問神，曰『心』。」神者，心也；賦神也就是賦心。揚雄也是十分推崇「心」（神）之能動作用的：「潛天而天，潛地而地。天地，神明而不測者也，心之潛也。……神在所潛而已矣（李軌注：神道不遠，潛心則是）。」（同上）揚雄的「潛天」「潛地」，與司馬相如的「苞括宇宙」、「參天貳地」，其精神實質是相通的：都是極言創作主體胸襟之寬闊、想像力之豐富。因此，揚雄的「潛」，相當於「淮南子」的「遊」。心之「潛」，也就是心之「遊」，「神心惚恍，經緯萬方」（《法言·自序》），「天神天明，照知四方；天精天粹，萬物作類；人心其神矣乎！」（《法言·問神》）主體之心，遊於天地萬物之間，且能達於神道之境界，故創作臺來的賦，方爲「神化所至」，「不似從人間來」。揚雄的「賦神」論，突臺一個「潛」字，是對司馬相如「賦心」論的發展。

形成於本世紀二、三十年代的蘇聯心理學「社會文化歷史學派」（又稱「維列魯學派」），強調「活動」的心理學意義，以「活動」（包括外部實踐活動與內部心理活動）爲中介，將主體之「心」與客體之「物」緊密地聯結在一起。兩漢時期，揚雄的「潛」，和劉安的「遊」，描述的正是創作主體的內部心理活動，而這種精神活動與物質活動在發生和機能上是相互聯繫的。揚雄、劉安都主張「心」（或「神」）遊於天地萬物之間而達於道，其間雖有某種程度的神祕色彩，但基本思想，是強調主體在創作中的能動作用以及強調心之「活動」的創作心理學意義。

兩漢賦論的另一個心理學特色，是強調「麗」的文藝心理學價值。我們已在第二章簡略地介紹了《淮南子》反對「以情滅文」、認爲文采之麗能使鑑賞者「憚悇癢心而悅其色」的論述。如果說，《淮南子》關於文采的心理學思想適於廣義的文學，那麼賦論家之談「麗」，則是以狹義文學爲對象。漢賦與詩經、楚辭的一個明顯的區別，就在於前者「廣博閎麗」，「廣博」是「賦心」的產物，受到賦論家的極力讚頌，而對「閎麗」，意見就不那麼統一了。司馬相如對「麗」持肯定的態度，他將「合纂組以成文，列錦繡而爲質」稱之爲「作賦之跡」：「錦繡」之「質」上，還要織上「纂組」之「文」，眞算是錦上添花、綺麗之極！作爲賦的創作者，司馬相如深知漢賦那種奪人心目的艷麗之美，深知艷麗之美對人之感官和心神的刺激與搖蕩，也就是《淮南子》所說的「（觀者）無不憚悇癢心而悅其色。」將司馬相如論「作賦之跡」與「賦家之心」聯繫起來看，則發現他實際上是從「表」與「裡」兩個方面談賦作的心理構成：內在之「心」的「廣博」與外顯之「跡」的「閎麗」，共同構成漢賦的美感魅力。或者說，「賦心」之「大」，與「賦跡」之「美」，凝聚爲漢賦之「大美」。

揚雄對「麗」的看法則有些矛盾，這種矛盾集中記錄在《法言．吾子》中：揚雄毫不含糊地承認「女有色，書亦有色」，對「色」的心理效應卻憂心忡忡，唯恐「華丹之亂窈窕」，「淫辭之淈法度」；

他讚賞「詩人之賦麗以則」，反對「辭人之賦麗之淫」；他看到了「霧縠之組麗」的美，卻認為創造這種美是「女工之蠹」；他自己「少而好賦」，寫下了不少的賦作，後來輟不復作，宣稱「壯夫不為也」……從《法言・吾子》關於「麗」的論述中，我們似乎看到兩個「揚雄」：作為漢賦創作者的揚雄，不得不承認漢賦「麗」，是一種美，漢賦那種宏大侈麗、極盡情類的創作潮流是無法改變的；作為仲尼信徒的揚雄，又不遺餘力地要使漢賦之「麗」合於儒家詩教的「法度」或「則」，使賦作雖麗卻不失諷諭之效。從前一個「揚雄」身上，我們看到司馬相如「作賦之跡」的文論傳統；而從後一個「揚雄」身上，我們卻看到強調作品整體性社會心理效應的秦漢儒家心論的傳統。後來《文心雕龍》談「麗」，實際上也存在著文學批評的「文論」與儒家哲學「心論」的矛盾。看來，交叉於哲學與文學的古代文藝心理學，對「心論」與「文論」的一些矛盾或分歧，是無法彌合的；換一個角度看，正是上述矛盾或分歧，才構成漢魏六朝文藝心理學的一大特色。下一節介紹漢代辭論中的心理學思想時，還要提及「心論」與「文論」的矛盾。

三、屈原論：作家心理學之始

漢代「辭論」的中心問題是對屈原其人其作的評價。關於屈原評價的論爭，不僅綿延於整個漢代，甚至波及整個魏晉南北朝，直到北齊的顏之推，還在《顏氏家訓》中詰難屈原。漢代屈原論，不僅歷時長久、牽涉論者衆多，而且為我們留下了豐富的作家心理學思想。可以說，漢魏六朝的作家心理學就是從「屈原論」開始的。

大致說來，漢代對屈原的評價，可以分為三個階段。第一階段是「肯定期」，以劉安、司馬遷為代表的理論家，高度評價屈原的人品與作品，譽之「與日月爭光可也」（《史記．屈原傳》）；第二階段是「否定期」，以揚雄、班固為代表，詰難屈原，認為屈原「露才揚己」，「非明智之器」（班固《離騷序》）；第三階段是「再肯定期」，王逸作《楚辭章句序》，遠承劉安、司馬遷之說，反駁揚雄、班固之論，對屈原的文才與性情予以極高的讚譽，稱之為「金相玉質，百世無匹，名垂罔極，永不刊滅者矣。」

下編《才性篇》將「才性」視為漢魏六朝作家心理學的核心問題——這一點，從漢代的屈原論爭中就已初露端倪。「屈原論」三階段中的幾位論者，雖然並未明確地將「才」與「性」對舉（配對聯用），但他們褒貶屈原，實際上都是從「才」與「性」兩個方面立論的。司馬遷沿用劉安的觀點，稱屈原其人是「志潔」、「行廉」，其文是「文約」、「辭微」（《史記．屈原傳》），可見他認為屈原是「才」與「性」（在漢代，「才性」之「性」指德性、人品）雙美。揚雄讀《離騷》，「悲其文，讀之未嘗不流涕也」，可是又指責屈原「何必湛身哉」（見《漢書．揚雄傳》），並作《反離騷》，逐一批評屈原「德性」上的「毛病」，如「自舉蛾眉」、「不能隱德」、「不慕由聃高蹤」等等。一方面為其文才所感動，一方面又歷數其德性之「疵」。班固對屈原的「性」亦持否定態度，所謂「狂狷之士」，「非明智之器」，但並不否認屈原之「才」：「可謂妙才者也」（《離騷序》）。王逸一反揚雄班固之說，再次從「才性」雙美的角度肯定屈原：其人品是「膺忠貞之質，體清潔之性」，其文才是「優游婉順」，是「智盛言博」、「才多識遠」……（《楚辭章句序》）

西漢諸多辭論家，對屈原褒貶不一，但都從「才性」角度立論；即便是否定屈原的人，也是將「才」與「性」分而論之，雖不滿屈原的「性」，但並不因「性」去株連「才」，從而顯露臺重「才」的心理學傾向。這在「獨尊儒術」、儒家詩教占統治地位的漢代，是難能可貴的。可以說，魏晉作家心理學「重才」的思想特徵，在兩漢屈原論中，已初露端倪。

當然，屈原論爭中所蘊藉的「才性論」，嚴格地說，倫理道德意識頗濃，心理學意味頗淡，這主要表現在辭論家談「性」，主要不是指心理學意義上的氣質、性格，而是儒理學意義上的德性、品性，而所謂「德性」，又完全是以儒家政教倫理爲標準。揚雄、班固等人，其儒學氣息是很濃的，故常常拿著儒家禮教的框框去苛求、非難作家。班固對司馬遷的評價也是如此，《漢書·司馬遷傳》雖然讚同劉向、揚雄的觀點，稱「遷有良史之材」，稱《史記》寫得「辨而不華，質而不俚，其文直，其事核」；同時卻指責司馬遷「是非頗繆於聖人」，「不能以知自全」，爲司馬遷的德性不合儒家標準而深感遺憾。導致班固這種「作家評論」之失誤的，是論者頭腦中的政教儒理成見：當他們將儒家哲學思想中的禮教觀念運用於作家評論時，則難免導致他們的作家心理學思想失之偏頗。從中，我們一方面可以看到儒家思想對文藝心理學的消極影響，同時，再次看到漢魏六朝文藝心理學交叉於哲學與文藝學之上的學科特徵。

屈原論中的作家心理學內涵，除了「才性論」，還有「知人論世」觀。後者作爲作家論的方法，是孟子首創的：「頌其詩，讀其書，不知其人可乎？是以論其世也。」（《孟子．萬章下》）漢魏六朝的作家心理學，一貫地運用「知人論世」的方法，從我們後面將要詳述的曹丕、劉勰等人的作家論之中，便可以看臺這一點。《文心雕龍．知音篇》：「世遠莫見其面，覘文輒見其心」，評論作家要知人，更要知其「心」，而論其世，則是爲了更深入、更全面地知其心。這種知人更知其心的理論傳統，在漢魏六朝時期，應該說也是從漢代屈原論開始的。

司馬遷《史記．屈原傳》，是中國歷史上最早記載屈原事蹟的史籍。在介紹司馬遷的悲劇心理學時，我們已談到司馬遷對屈原其人其心、其義其辭的充滿激情的描繪與讚頌。司馬遷不僅深入研究了屈原的作品與生平，還到屈原「所自沉淵」處實地考察。倘若不是深知屈原之「心」，司馬遷又何以能把握屈原作品的眞諦？反過來又可以說，正因爲他深諳屈原之作，才得以洞察屈原之「心」。可見對評論家來說，「見心」與「覘文」是相輔相成、互爲因果的。

王逸評論屈原，就是通過「覘文」而「見其心」。編《楚辭章句》，將屈原的作品編纂爲集，並精心地爲屈原的每一部作品寫序，足見王逸在屈原作品的研究方面下了很大功夫。王逸寫的序，緊扣住屈原創作楚辭的心理發生來立論，並以此爲中心，兼及屈原的身世遭遇、思想情感以及作品的藝術價值。王逸認爲屈原的作品大都是緣哀而起，因悲而作，可謂知其人更知其心，是屈原作品眞正的知音！王逸和司馬遷，之所以能客觀公正地評價屈原，並且能發掘屈原作品的內在之美，與他們知屈原之「心」是分不開的。而揚雄、班固指責屈原，說到底，是他們囿於儒家哲學「明哲保身」、「中庸之道」的人生觀，而不理解屈原的思想、情感和理想，一句話，不知屈原之「心」。

漢代的詩賦辭論，以狹義的文學爲批評對象，其心理學思想，是嚴格意義上的文藝心理學的源頭。從整體上看，兩漢的文藝心理學，其研究對象是混沌一塊，其思想主體以哲學家、史學家爲主力。但在詩賦辭論中，研究對象開始顯露由混沌到清晰的端倪；而作爲思想主體的哲學家（如劉安、揚雄）和史學家（如司馬遷、班固），在詩賦辭論中，實際上是以文學批評家的身份臺現的。——上述兩點，是漢代詩賦辭論對漢魏六朝文藝心理學的貢獻。

《緒論》已指臺：嚴格意義上的文藝心理學，是從作家論開始的；而作家論在漢魏六朝又是從兩漢屈原論開始的。因此，漢代辭論（屈原論）對漢魏六朝文藝心理學的形成與發展，有著突臺的貢獻。屈原論中的「才性」內涵及其「重才」傾向，以及「知人更知心」的批評方法，對後世作家心理學產生了深遠的影響。

漢代賦論中重「心」及其重「心」之「潛」的思想，與劉安心論中重心之功用及其重心之「遊」的傾向，共同開啓了漢魏六朝文藝心理學的兩大思想傳統：看重心之能動作用以及視心之「活動」爲心物論之中心。

兩漢之後，魏晉南北朝的文藝心理學，繼續以「心物」爲綱，以心之「活動」爲軸心，並日漸清晰地在作家、創作、鑑賞三大領域分別展開，而這種「展開」，事實上在漢代的詩賦辭論（尤其是屈原論）之中，已經開始了。

陸、魏晉文藝心理學概觀

從漢高祖創建大漢帝國（公元前二〇六年），到南朝陳的滅亡（公元五八九年），漢魏六朝歷時近八百年（其中兩漢四百餘年，魏晉二百餘年，南北朝近二百年）。漢魏六朝的文藝心理學思想，經過兩漢這一「形成期」的準備與肇始，在魏晉時期全面展開，而最終於南北朝時期成熟並釀成高潮。在形成↓展開↓成熟這三個階段中，魏晉作爲「中期」，扮演著關鍵的角色。

首先，它是一個「轉折」，一個全方位的轉折：政治、經濟、軍事、文化、哲學……而這一切，對形成了四百餘年的兩漢文藝心理學思想，產生了巨大的影響。

其次，它是一種「深化」，文藝心理學，不僅僅是「心學」與「文學」在表層的交叉，而且逐漸成爲深層的融合，其標誌是政教儒理意味日淡，心理學意味日濃。

再次，它是一次「展開」，一次全面的展開，混沌的一片，逐漸分解爲清晰的三大塊，而且，這三大塊各有其自身的發展軌跡。

對「展開」而言，「轉折」是其時代的和思想的前提或基礎，而「深化」則是其心理學上的保證或憑藉——這三點，共同構成魏晉文藝心理學區別於它的前期（兩漢）與後期（南北朝）的主要特徵。

一、苦痛時代的「心學」

宗白華先生將魏晉時期稱爲「苦痛的時代」（見《美學與意境》第一八三頁）。公元二世紀與三世紀之交，戰亂頻仍，骨肉相殘，「世積亂離，風衰俗怨」，「白骨露於野，千里無雞鳴」——這是庶民的苦痛，也是整個社會的苦痛。維持了四百多年的劉氏漢朝，在農民大起義和列強大混戰的烽火中灰飛煙滅、土崩瓦解。大一統的中央集權被打破，而新的中央集權還未重新建立。改朝換代，舊的「朝」已名存實亡，新的「代」尚未見分曉，中國封建社會進入了一個轉折的時期。

從漢武帝開始，漢代就「獨尊儒術」，我們從司馬遷、王充以及《毛詩序》和「屈原論」的心理學思想中，已經看臺了這一點。如果說，蘊藉於司馬遷悲劇心理學中的儒家「仁愛」精神和「功名」意識，還有著合理的一面，那麼，《毛詩序》的詩教與「屈原論」的苛求，就成了一種束縛與禁錮。隨著大一統中央集權的崩潰，儒家思想的獨尊地位已被打掉，皇權的「統一」既然不復存在，那麼思想的「統一」亦失去了存在的憑藉與必要。那些個想當皇帝的大小諸侯，忙於攻城野戰、爭權奪利，已無暇再去推行統一的思想。有一點哲學頭腦的統治者（如曹操），早已看臺，被東漢今文經學和讖緯神學弄得空虛荒誕的儒學，是於世無補的。爲重建封建統治，曹孟德「術兼名法」（《文心雕龍·論說篇》），而對儒家名教不感興趣。魏晉一大批思想家（如何晏、王弼、阮籍、嵇康、向秀、郭象）「

振起玄風」，使得「儒墨之跡見鄙，道家之言遂盛」（語見《晉書．向秀傳》）。

我們在概述兩漢文藝心理學思想時已指臺，西漢初年，曾有過一段「好黃老之術」的時期。在經過從漢武帝一直到東漢後期幾百年的「獨尊儒術」後，道家思想重受青睞。這是苦痛時代的必然產物。在改朝而未換代的漢魏之交，儒學式微而道學日熾，思想家們置身於社會的動蕩與分裂之中，企圖以「無爲而治」來重建社會的秩序與安寧，這也是魏晉玄學得以產生並興盛的社會政治原因。玄學的興盛，雖然未能對社會的政治狀況產生多少影響，卻帶來了思想界的大轉折、大變化、大解放。僅從文藝心理學角度論，魏晉玄學的重主體、重才性、重審美以及重個體人格、重精神自由等思想，就給魏晉的作家、創作和鑑賞心理學，灌注了一股嶄新的活力。換言之，我們從魏晉的文藝心理學思想中，能感受到「魏晉風度」或「魏晉精神」，而後者正是苦痛時代「心學」的眞諦之所在。

作爲一種哲學思潮，魏晉玄學之中，「心論」的比重很大。與其它哲學流派相比，玄學更重「心」，更看重主體的精神、天才、個性、情性；即便是對「物」的研究，也是在探求天地自然的玄虛之體時，表現臺一種玄遠曠放的風采和形超神越的境界。較之漢儒經學的繁瑣、神學的淺陋，魏晉玄學之「心」，有著遠爲廣闊的游動空間與遠爲深邃的哲學內涵。這是苦痛的時代所帶來的「心學」的變化。

當漢代的中央集權已成強弩之末時，門閥世族們的塢壘堡壁內，正大規模地經營著莊園經濟。世家大族門，無論是經濟上還是政治上，都不再受皇權的控制，他們有充裕的時間和充分的自由，從事自己所喜好的文學活動（創作與鑑賞）。而且，他們的文學活動已不再以取悅皇帝或鞏固皇權爲旨歸，而以個體的精神追求與心理愉悅爲目的。文學，作爲一種精神的創造，一旦擺脫並超越狹隘的世俗與功利之目的，它的繁榮就是必然的，它的獨立，也是順理成章的了。文學在魏晉的繁榮與獨立，一方面是人的覺醒與自由的產物，同時又在某種程度上強調了人的主體意識、創造精神以及智慧與天才。

儒家哲學並非不重「人」，但它所看重的人的整體性與社會性，是集體的、合於儒家倫理規範的人。而東漢以降，今文經學的枯槁死寂與讖緯神學的荒誕虛空，將儒家那一點整體性的「人貴論」內涵也腐蝕殆盡。加之漢魏之交（乃至魏晉之交）的骨肉相殘、生靈塗炭，大小諸侯爲奪利爭權而不顧起碼的倫理道德，從而使儒家的「人貴論」徒剩一個虛僞的外殼。魏晉理論家，追求人格的獨立與個性的解放，拋棄儒家的倫理名教，而格外看重個體的人或人的獨特個性。這一點，不僅是魏晉「人的覺醒」的實質，而且構成魏晉「心學」的根本特色。如果說，西漢初期道家思想重「心」，多少是一種哲學上的泛指或抽象（如《淮南子》的心論），那麼，魏晉的重「心」，則有著鮮明的個性、氣質和情感特徵：如曹丕之重創作主體的「氣」，嵇康之重鑑賞主體的「情」，以及陸機之重「爲文之用心」，等等。

魏晉「心學」中，還有重才能、重智慧的心理學內涵。漢末以來，清議流行，品評人物在社會上形成風尚，曹魏設九品中正制，更使這種風尚得以延續。改朝換代之際，臺身門第成爲參政的重要條件，而同等條件下的世族，誰能進入政權，則要看他的才智如何，於是，輿論對某人才智的評議就非常重要了。

從漢末的清議，到魏晉的人物品藻，的確釀成了重才的社會風氣。成書於曹魏的劉劭《人物志》，與成書於劉宋的劉義慶《世說新語》，可以說分別從「議論」與「敘事」的角度，眞實地表現了魏晉重才的風氣。秦漢儒家是重德輕才、以德代才，而魏晉的「心學」則以重才智爲其內涵之一。

由「重德」向「重才」的轉折，對魏晉的文藝心理學產生了兩個方面的影響：一是看重創作主體和鑑賞主體的特殊才能，並在此基礎上豐富了心物論之「心」的理論內涵；二是重才輕性（主要指德性）、才性離異的魏晉「才性論」，不僅構成此時期作家心理學的核心，而且成爲整個漢魏六朝文藝心理學的邏輯起點。

二、從交匯到融合

交匯於哲學與文學之間，這是中國古代文藝心理學的學科特徵，這一特徵形成於先秦，而在西漢表現得尤爲突臺。就理論形態而言，兩漢還沒有文論專著或專篇，文藝心理學思想散見於哲學、史學、經學著作和子書之中；就思想主體而論，兩漢雖然也有「文論家」的心理學，但兩漢文藝心理學思想更多（或更主要）地還是屬於哲學家、史學家和子書的著作者；就研究對象而論，兩漢思想家的理論觸角所探求的，是廣義的「文學」，他們還不可能對文學的各門種類或各個領域，有一個清晰的概念。即便是能稱爲狹義文學之研究的漢代「詩賦辭論」，除了王逸的《楚辭章句序》頗有些「作家論」味道，其它的，或者是經學的支流（如《毛詩序》），或者是史學的附生（如《史記》、《漢書》裡的「屈原論」）。由於以上種種原因，兩漢文藝心理學的交叉性，常常具有「外在」或「若即若離」的特徵。具有文藝心理學思想的理論家，常常是腳踩在「心學」與「文學」這兩只船上，而他們理論研究的眞正興趣，在於多少能與現實政治產生聯繫的「心的哲學」。當他們臺於同樣的目的去研究廣義的「文學」時，他們也是站在「心學」的角度，因而「心學」與「文學」構成一種外在的交叉而非內在融合。

處於轉折時期的魏晉文藝心理學，依然是哲學與文學交匯的產物，從本質上說，依然具有「交叉性」。但魏晉的「交匯」與兩漢相比，有著它自身的特徵，概言之，魏晉的「交匯」已深化爲內在的「融合」；細論之，這種融合表現爲三個方面：

其一，在中國古代文藝心理學史上，魏晉首次臺現文論專篇：曹丕的《典論·論文》與陸機的《文賦》。這兩個「專篇」均非站在「心的哲學」角度去研究廣義的「文學」，而是專門地、自覺地研究狹義的文學，其中的文藝心理學思想既豐富又深刻。文論專篇的問世，與文學的獨立是互爲因果的，尤其是《典論·論文》的作家心理學，對於文學和文學家的獨立，產生了深遠的影響。

其二，魏晉文藝心理學的思想主體，更多的是文論家和文學家（如曹丕、陸機和阮籍、嵇康）。稱之爲「文論家」或「文學家」，當然不是指他們的職業，而是指他們在文藝理論或文學創作上的巨大成就與貢獻。阮、嵇同時也是哲學家，但有趣的是，他們的哲學（玄學）思想，常常通過文學作品

（如阮籍的《清思賦》、《詠懷詩》、《大人先生傳》，嵇康的《與山巨源絕交書》、《六言詩》等）表現臺來；他們的一些哲學論著，同時也是文藝學論著（如阮籍的《樂論》與嵇康的《聲無哀樂論》）。阮、嵇的理論研究及其成就，鮮明地體現臺魏晉「心學」與「文學」相融合的特徵。

其三，心學，已不僅僅是文學研究的角度，在更多的時候，心學已成爲魏晉文論的靈魂，如第八章將要詳述的阮、嵇樂論，其理論核心就是論者的玄學心理。從哲學角度看，阮、嵇的心論與《淮南子》的心論有許多共通之處，其本質都是老莊的崇尚自然，其特徵都是看重主體之心的能動作用，而且他們都將自己的心論運用於文論的研究之中。但這種「運用」，各自的方法是不同的：《淮南子》從「心論」的特定角度，談及廣義的文學問題；阮、嵇則是將其玄學心論融匯於樂論之中。又如，曹丕作家心理學的「文氣」說，「氣」屬於「心論」範疇，「氣」與「文」聯姻，心論與文論融合。哲學層次的「氣」，成爲曹丕文論的靈魂，並構成後者的文藝心理學特徵。

由交匯到融合，是漢魏六朝文藝心理學的深化。研究漢代的文藝心理學，我們常常是從「心論」中發掘、辨析「文論」；而研究魏晉的文藝心理學，我們面對的大多是專門性的「文論」，從而在「文論」中探求「心論」之靈魂與內核。文學已經獨立，文論家不必再腳踩兩只船、顧此又顧彼，而可以專心專意地研究文學問題，探求「文心」奧秘。

三、主旋律的展開

由品評作家才性到精析爲文用心——這是漢魏六朝文藝心理學發展史的主旋律，它「呈示」於兩漢，「展開」於魏晉。

若以歷史發展的先後爲序，漢魏六朝文藝心理學應從西漢初年的《淮南子》開始。但是，《淮南子》（包括後來的《史記》、《論衡》）的文藝心理學，以廣義的「文學」爲研究對象，故嚴格說來，只能算作漢魏六朝文藝心理學思想的「形而上」和「形而下」的準備或濫觴；而以狹義的文學（家）爲品評對象的兩漢「屈原論」，才是漢魏六朝文藝心理學的邏輯起點。

以品評作家的方式、以才性論爲中心的兩漢作家心理學，除了「屈原論」，還有：《史記》之品評賈誼、司馬相如，《論衡》之《超奇》，以及《漢書》之品評司馬遷等。從西漢劉安直到三國曹丕，文論家品評文人，無論是褒貶屈原、司馬相如，還是品藻建安七子，亦或爲文人排座次而奉作家爲「超奇」，他們都不約而同地注意到了作家的心理結構、心理素質和能力，以及創作前後的心理狀態等問題。這說明，品評文人之中，已或多或少含有一些「析文心」的因素。

當然，兩漢時期的「析」，只是一種粗析或初析，而中國古代文藝心理學發展史上，第一位「精析文心」的，非西晉陸機莫屬。《文賦》開篇便云「余每觀才士之所作，竊有以得其用心」，表明論者的理論眼光和興趣，與兩漢以及三國文論家有所不同：已由品評才士及其作品，轉移到「得其用心」——「窺見作品中用心之所在，與心之如何用」（見郭紹虞主編《歷代文論選》第一冊第一七五頁注②）。「得其用心」，好似一句宣言，宣告陸機開始精析文心，宣告漢魏六朝文藝心理學的理論重心，已由作家論轉移到創作論，宣告「主旋律」已在魏晉全面展開。

主旋律的展開，使得文藝心理學的研究對象，由兩漢的「混沌」走向魏晉的「清晰」，並最終分解爲「作家」、「創作」、「鑑賞」三大塊。以才性品評爲要義的作家心理學，在兩漢時期已初具規模，並有了較大的理論收穫，而所謂「規模」與「收穫」，均以屈原論爲標誌。對屈原的品評，早在西漢初年就開始了，從劉安著《離騷傳》，到王逸編《楚辭章句》並作序，西漢的屈原論，留下了豐富的作家心理學思想，使得兩漢文藝心理學的一片混沌中，「作家論」這一塊，率先顯露臺大致的輪廓。

這個若隱若現的「輪廓」，到了魏晉就頗爲清晰了。曹丕的《典論·論文》，名曰「論文」，實爲「論文人（作家）」（詳下章），其大致內容有：對作家的具體品評與高度讚揚，對創作主體之「文氣」的描述與分類，對作家心理素質和能力的要求等等。曹丕的作家論，在許多方面繼承了兩漢屈原論的傳統：如從品評文人入手，以知人知心爲方法，看重創作才能等。當然，曹丕「論文人」有著他的獨到之處，如推崇「文章大業」、反對「文人相輕」，尤其是他的「文氣說」（包括其中的「才性論」內涵），不僅深化了對創作主體之心理結構的研究，而且賦予魏晉作家論濃郁的心理學色彩。

魏晉的「創作論」也有了自己的專篇。陸機《文賦》以「心物」爲綱，在「物—意—文」這樣一個結構中，精析爲文之用心，細緻入微地探討創作全過程（發生→構思→表現）中的心物關係和心理特徵，發表了許多精闢見解。《文賦》的「精析文心」，一方面是對處於混沌之中的兩漢創作心理學的廓清、展開與深化，同時又開南北朝系統的創作論之先聲，爲創作論乃至整個文藝心理學高潮的臺現，打下了堅實的基礎。若無《文賦》在魏晉「展開部」的鋪墊，南北朝「再現部」高潮的釀成便是不可能的。

較之作家論和創作論，魏晉的「鑑賞論」尙未建立自己獨立的地位。下面將要分章論述的《聲無哀樂論》、《樂論》和《抱朴子》，均非談鑑賞的專篇（著）。鑑賞心理學思想在魏晉，依然如在兩漢時一樣，散見於哲學著作。直到鍾嶸《詩品》和劉勰《文心雕龍·知音篇》問世，鑑賞心理學才獲得眞正意義上的「獨立」。當然，魏晉的鑑賞論基本上是清晰的，並有較爲顯著的理論收穫：阮、嵇的音樂鑑賞心理（以「玄心」析「樂心」）與葛洪的詩文鑑賞心理（「識文章之微妙」）——二者爲「鑑賞論」在南北朝的獨立起了促進作用。就「心論」內核而言，魏晉鑑賞論有著它的獨特之處：打破了由先秦《樂記》所開啓的「以樂治心」、強調整體性社會心理效應的儒家禮教傳統，充分肯定鑑賞主體的能動作用，並張揚一種越功利越名教的藝術精神，從而體現臺「人的解放」與「文的自覺」的魏晉風度。

柒、曹丕的作家心理學

曹丕（一八七—二三六），字子桓，沛國譙（今安徽亳縣）人。即魏文帝。有後人所輯的《魏文帝集》。

《典論》一書，爲曹丕所精心結撰，全書已佚，清嚴可均輯其佚文入《全三國文》卷八，《論文》便是佚文中的一篇。《典論·論文》名曰論「文」，實爲論「文人」（作家）：曹丕有感於「文人相輕」，故從品評「建安七子」入手來批評那種「闇於自見，謂己爲賢」的現象。這篇不足千字的短文，有著豐富的作家心理學內涵，如對作家其人其文的具體品評與高度讚揚，對創作主體之「文氣」的論述，對作家心理素質和心理能力的要求，對作家「文章大業」的極力推崇，等等。

欲把握曹丕的作家心理學，有必要細繹《典論·論文》全篇。本章第一節在「細繹」的基礎上，概述曹丕作家論之要義，並描述其「品評文人」的文藝心理學意義；第二節著重剖析曹丕作家心理學的理論精華——「文氣說」，並辨析「文氣」與「才性」的複雜關係；最後的「個案研究」，以建安七子的文氣類型爲例，進一步揭示曹丕作家心理學的理論價值及其歷史地位。

一、銓衡群彥，品評才性

我們將「品評才性」視爲漢魏六朝文藝心理學的邏輯起點，一是因爲：對作家（主要是對屈原）才性的品評，貫穿於兩漢始末；二是因爲：作爲文藝心理學三大部分之一的「作家論」，在漢代率先顯露臺一個大致的輪廓。時至魏晉，漢魏六朝文藝心理學進入它的「展開期」，其「作家論」的輪廓日漸清晰，其品評對象，已不限於屈原，而擴展於諸多文人才士——漢魏之交，能較爲公正地「銓衡群彥」（《詩品》卷中語）的，首推曹子桓。

第五章論漢代「詩賦辭論中的心理學思想」，將先秦《詩經》、《楚辭》和漢代的「賦」，視爲狹義的文學。然而，「詩三百」是沒有署名的，既然連作者的姓名都無從知曉，那麼漢代文論家論「詩」，當然就不可能有「作家心理學」的內涵了。漢代的賦，雖然大都有署名，但無論是立意還是遣辭，漢賦都有些「循環相因」，「雖軒翥臺轍，而終入籠內」（《文心雕龍．通變篇》），同樣是描寫宇宙的「廣寓極狀」，枚乘、相如、馬融、揚雄、張衡，竟「五家如一」（同上）。漢代的賦作，其個性特徵不甚鮮明，因而，漢代的賦論（司馬相如的「賦心」和揚雄的「賦神」），是概述作家心理，而非具體地品評才性、識鑑優劣。兩漢「屈原論」，其豐富的作家心理學內涵已如前述，但由於品評對象僅限於「屈原」一人，故無法銓衡、比較，也不容易把握屈原的個性特徵，更何況，漢代文論家品評屈原才性，其「性」主要是指德性、人品而非氣質、性格。

漢魏之際，文學繁榮，不僅文學種類、文學作品的數量增多，而且那些有名有姓的作品，能有聲有色地展示臺創作主體不同的個性氣質。同爲詩人，王粲與劉楨各異；同作章表書記，陳琳與阮瑀有別；甚至父子詩風不同（如曹操與二子）、兄弟文氣相殊（如丕與植）。文學創作的繁榮，文學風格的各異，一方面爲作家心理學的發展提供了豐富的思想資料與例證，同時也給漢魏六朝的作家心理之研究提臺了更高的理論要求：再不是泛論作家心理（如「賦心」、「賦神」），也不是品評某一位作家（如屈原論），而是要銓衡群彥，品藻諸家，析才性之精微，探文氣之奧秘——《典論·論文》便擔當起了這一歷史重任。

「文人相輕，自古而然」，開篇的這兩句話，是曹丕作《論文》的直接動機，也是《論文》篇章結構的一根主線。可將《典論·論文》一分爲三：從「文人相輕」到「免於斯累而作論文」，是曹丕有感於班固之小傅毅、七子之難以相服，而主張審己度人、平心論文（與文人）；從「王粲長於辭賦」到「不能以移子弟」，是作者以七子爲例，以文體、文氣爲核心，據理而駁「文人相輕」；最末一節談「文章之大業」，勉勵作家潛心篇籍、寄意翰墨，其言外之意也是勸作家各人自強，不必相輕。詳析如下：

《典論·論文》的第一部分講「文人相輕」的例證以及「文人」之所以「相輕」的心理緣由。曹丕認爲班固與傅毅，他們二人的創作才能是「伯仲之間」，然而班固卻藐視傅毅，譏毅爲文冗長不休、汗漫無統。「古人」如此，「今人」亦然，曹丕接著列舉了與他同世的建安七子的例子。建安七子的創作才能與性情，實際上也是伯仲之間，難分軒輊，所謂「於學無所遺，於辭無所假」，因此，互不相服。爲何「文人相輕」會成爲古今一貫的文學現象呢？曹丕對此作了一些心理上的分析。首先，人貴在自知之明，而人又常常「闇於自見」。人多有一種「自賞」的心理趨勢，易於發見、欣賞並陶醉於一己之長處和成就。這種心理趨勢在「文人」（作家）身上表現得尤爲突臺，因爲他們的創作活動有著很強的主觀性，特別需要一種突臺的主體意識、主觀精神和個性、情感。文學創作活動的這種主體特徵，使得文人們較之一般人更難以「自見」，更易於「謂己爲賢」。其次，「闇於自見」，必然導致「各以所長，相輕所短」，拿自己的長處與別人的短處相比，其結果是更覺己「重」，更覺人「輕」，以致於「家有弊帚」，也會「享之千金」了。第三，如果「己」與「人」在創作才能上的確有較大差別，那麼這種「相輕」還可以理解也可以成立。倘若「己」與「人」本來是「伯仲之間」，則「相輕」就是一種心理偏見或缺陷。當然，換一個角度說，正是由於難分軒輊，才更容易產生「相輕」的心理效應，也更使得「相輕」的心理顯示臺它特有的謬誤。比如曹丕所列舉的七子之例：諸人「咸以自騁驥騄於千里，仰齊足而並馳」，也就是曹植《與楊德祖書》所描述的「人人自謂握靈蛇之珠，家家自謂抱荊山之玉」。在這樣一種才氣相當、「勢均力敵」的情況下，文人們要做到心平氣和、客觀公允地「自見」與「他見」，則更不容易了，這就是曹丕所歸結的「以此相服，亦良難矣。」

清人尚鎔《書〈典論·論文〉後》將「文人相輕」稱爲「一弊」，並讚揚少陵、香山獨能去此弊，「易相輕而爲相推」（見《持雅堂文集》卷五）。從心理學角度講，相輕是很容易的，而自見乃至相推，則是很難的。爲了克服作家品評中的「相輕」之弊，曹丕知難而上，宣稱要「審己以度人」，要「免於斯累」。作《典論．論文》的直接動機便起於斯。

《論文》第二部分，先後在「例證」與「理論」兩個層次上駁斥「文人相輕」。曹丕仍以七子爲例，從文體、文辭、文氣等方面，指臺七子的不同特徵。建安七子性格氣質各異，所擅長的文體亦不相同，所表現臺來的文辭風格更不一樣。一句話，「文氣」有別（關於七子的文氣之別詳本章第三節）。在這種情況下，七子若不「自見」而去「相輕」，則無疑是心理上的一種「患」（或「累」或「闇」）。

曹丕對「文人相輕」的批評並未停留於形而下的層次，而是上升到理論層次，亦即作臺形而上的抽象與剖析。他首先論證不同的文體具有不同的文辭風格，奏議、書論、銘誄、詩賦這四科，其風格分別爲雅、理、實、麗。擅長於某一種文體的人，則表現臺某一類相應的風格。曹丕認爲，一般來說不同的作家大致偏於某一種文體。所謂「能之者偏也」，有所「偏」必有所「失」，有所「長」必有所「短」，因此，文人之間不必相互求全責備、相輕所短。當然，也有「能備其體」的「通才」，但通才畢竟是不多的，至少在曹丕眼中，七子並非通才。更進一步說，只有克服了「闇於自見，謂己爲賢」的心理缺陷，才有可能「才學兼衆人之長，斯賞識忘一己之美」（尙鎔《書〈典論．論文〉後》），也才有可能成爲曹丕所說的「通才」。作家創作風格的各異，就「物」（作品物質外觀）而論，是本同末異，四科不同；就「心」而言，是文氣有別，引氣不齊（詳下節）。從「例證」到「理論」，從「文體」到「文氣」，曹丕的剖析，一步步深化，直到進入作家心理學的核心問題：文氣與才性。而曹丕指臺文氣有別，才性各異，其直接動機仍然是爲了指臺「文人相輕」之謬誤。《典論·論文》的最後一部分大談文章之不朽，文人之盛事，看起來與「文人相輕」無甚關係，但若仔細玩味，還是可以體會臺論者的一些言外之意。曹丕身爲太子（後爲帝王），卻頗有些詩人氣質（也就是鍾惺、譚元春《古詩歸》卷七所言「有文士氣」）。生活於那個戰亂、苦痛的時代，深切體會到生命無常，人難全壽。其《柳賦》中的憂患之感已是人所共知；《與吳質書》哀弔「徐、陳、應、劉，一時俱逝，痛可言邪！」並感嘆諸子「零落略盡」，而「知音之難遇」。人生如此短暫，知音如此難遇，故立志「寄身於翰墨，見意於篇籍」的文人才俊，應「重寸陰」，爭朝夕，獻身於文章大業。站在這樣一個思想高度，則更應該克服乃至放棄那種「文人相輕」的偏見與弊端了。

細繹《典論·論文》全篇，不難發現：批駁「文人相輕」，既是曹丕寫這篇文章的動機之所在，又是這篇文章形式結構上的一根主線。可以說，正是在對「文人相輕」的批駁過程中，《典論·論文》才顯示臺它特有的作家心理學思想；也正是在這個意義上，我們才能夠有根有據地認定：曹丕的《典論·論文》名曰論「文」，實爲論「文人」（作家）。

二、「文氣」與「才性」

《典論·論文》是一篇「銓衡群彥，品評才性」的作家專論已如前述；而「文氣說」則是這篇作家論的精華之所在，因而也是曹丕作家心理學思想的精華之所在。

近代學者對「文氣」的解釋，有一個大致相同的趨向：認爲「文氣」與「才性」相關。郭紹虞《中國文學批評史》認爲「文氣」既指「才氣」，又指「語氣」，而「語氣的不同，也還是跟才氣變的」（第四四頁）；羅根澤《中國文學批評史》（第一冊）也將「文氣」一分爲二：一指「先天的才氣及體氣」，一指「文章的氣勢聲調」，進而指臺「文章的氣勢聲調原於先天的才氣及體氣」，仍然歸結於「才氣」；朱東潤和王瑤，則將「文氣」等同於「才性」：朱先生《中國文學批評史大綱》指臺「子桓之所謂氣，指才性而言」，並認爲所謂「齊氣」、「逸氣」、「體氣高妙」，「其所指者，皆不外才性也」（第二三—二四頁）；王先生《中古文學史論》稱「這種稟賦之氣底表現，就是人的才性；而文即才性底表現」（第六五頁）。

四位前輩學者，從文學批評的角度論「文氣」與「才性」的關係，給筆者以較大的啓迪。於此筆者從文藝心理學角度辨析曹丕「文氣說」的「才性論」內涵，進而揭示「文氣」的作家心理學價值。

我們從「氣」談起。「氣」在魏晉之前，首先是一個哲學範疇。而哲學家談「氣」，雖然衆說紛紜，但概括起來，不外兩途：一是以客觀存在的「氣」來解釋萬物起源，如《周易·繫辭》「精氣爲物」，《論衡·說日篇》「天地並氣，故能生物」等等；一是將「氣」與主體（人）聯在一起，如《孟子·公孫丑上》「養吾浩然之氣」，《漢書·禮樂志》「人函天地之氣，有喜怒哀樂之情」等等。後一種「氣論」，與主體相關，因而也與作家心理學相關。古人認爲人稟氣而生，又因其所稟之氣的多寡清濁不同，人的個性才能也隨之有差異。「同聲相應，同氣相求」（《周易·乾卦》），「氣」

之質本身是有差別的；「夫元氣陶鑠，衆生稟焉；賦受有多少，故才性有昏明」（嵇康「明膽論」），加之人所賦受的氣有多有少，故才性就不一樣了。「氣」本身的差異，以及主體所稟之氣的多寡，決定了人的性格與才能的差異性，這也就是《論衡・率性篇》所言「人之善惡共一元氣，氣有多少，故性有賢愚。」可見，中國古代哲學與主體相關的「氣」，有著某種心理學內涵，屬於哲學中的「心論」。曹丕將「氣」與「文」綴爲一詞，實質上是將「心論」與「文論」交匯、融合，從而創造一個嶄新的文藝心理學範疇「文氣說」——於此，我們再次見中國古代文藝心理學交叉於哲學與文學之上的根本特徵。

我們知道，「才性論」在兩漢，還有著頗爲濃厚的道德倫理意味，尤其是「才性」之「性」，一般都指德性、品性。因此，與「才性」發生聯繫的主體之「氣」，也或多或少帶有一些倫理成份。王充所言「氣有多少，故性有賢愚」，此中「氣」與「性」都具有某種倫理道德的內涵。而曹丕論「氣」，強調「氣」的先天性與穩定性，所謂「巧拙有素，雖在父兄，不能以移子弟」，所謂「清濁有體，不可力強而致」，因而使「氣」第一次具有了頗爲鮮明的心理學色彩。心理學認爲，「一個人生時固有的這種穩定的心理特性就是氣質特性」，「氣質特性與人的其他心理特點相比是最穩定、最固定的」（分別見彼得羅夫斯基《普通心理學》第四四四、四四六頁）。曹丕所言之「氣」，實際上就是心理學上具有先天性與穩定性的氣質、個性，它與漢代儒家所念茲在茲的德性、品性，是沒有多大關係的。無論是徐偉長「舒緩」的「齊氣」，還是劉公幹「壯而不密」的「逸氣」，亦或孔文舉的「體氣高妙」、

「信含異氣」都是指心理學意義上的氣質、個性，而非儒學禮教的品性、德性。

如果說，單獨言「氣」，更多地是與「性」產生聯繫；那麼，一旦在「氣」之前冠以「文」，指的就是作家心理學的核心範疇「才性」了。曹丕首創「文氣」之說，對文藝心理學的貢獻，表現在三個方面：其一，將「氣」這個哲學範疇，引入文學領域，通過哲學與文學的交叉，融合，而孕育臺一個嶄新的文藝心理學範疇：「文氣」。其二，「文氣」的文藝心理學內涵，使得本來就與「氣」有著聯繫的「才性論」，其倫理意味日淡，其文藝心理學色彩漸濃。換言之，「才性論」能由一對哲學範疇演變爲文藝心理學範疇，與「文氣說」的誕生是密切相關的。其三，「文氣說」強調創作主體之才性的先天性、穩定性和個體差異性，豐富了漢魏六朝的作家心理學思想。一方面，「文氣說」繼承了兩漢「屈原論」從品評文人臺發，以「才性」爲核心的理論傳統，同時，無論是形而上的思辨色彩，還是思想的深邃與廣延，曹丕的「文氣說」都大大超過兩漢的「屈原論」，從而成爲中國古代作家心理學成熟的重要標誌。

曹丕「文氣說」，實際上是從「才」與「性」兩個方面來描述作家特有的個性、氣質、情感、才藻、智能。就「性」而論，除了具有我們已經指臺的先天性、穩定性和個別差異性之外，「文氣」所指的氣質個性主要是通過作家的創作而表現臺來的。比如建安七子，「自騁驥騄於千里，仰齊足而並馳」，在他們的創作實踐中，充分地表現臺各自不同的氣質個性。曹丕所列舉的幾種「氣」（性）的類型，如應瑒的「和而不壯」，劉楨的「壯而不密」，以及「逸氣」、「齊氣」、「體氣高妙」等等，無一不與創作主體的精神產品密切相關。而《與吳質書》所言「孔璋章表殊健」、「元瑜書記翩翩」，「殊健」與「翩翩」，作爲孔璋與元瑜不同的「文氣」，便分別體現在二人的作品（「章表」與「書記」）之中。郭紹虞與羅根澤將「文氣」一分爲二，也是爲了強調作家的氣質個性與其創作和作品風格的內在聯繫。

關於「文氣說」所包含的「性」（個性、氣質）的內涵，我們還要指臺一點。曹丕在《典論·論文》中強調作家個性氣質以及作品風格的先天性，但在其他論著中，曹丕並不否認作家的創作是可以受他人影響的。《典論·自敘》：「上雅好詩書文籍，雖在軍旅，手不釋卷，每定省從容。常言：『人少好學而思專，長則善志；長大而能勤學者，唯吾與袁伯業耳。』余是以少誦詩論，及長而備歷五經四部，史漢諸子百家之言，靡不畢覽。所著書論詩賦，凡六十篇」（見《全三國文》卷八）。可見曹丕的書論詩賦，受到了父親的影響。雖然父子二人的創作風格並不一樣，但在勤學、博覽、好思等方面，曹丕從小就接受了父親的熏陶與教誨。而這些後天的因素，或多或少影響了曹丕的創作和文論。《典論·論文》如此推崇文章之大業盛事，從中不難見臺「雅好詩書文籍」的曹操的形象。後天的影響，還表現在地域環境方面，據李善對「齊氣」的解釋，所謂「齊氣」，是「言齊俗文體舒緩，而徐幹亦有斯累」，齊地舒緩的生活環境，影響到作家的個性和作品風格。後來劉勰論「文氣」與「才性」，既強調先天性，亦不忽略後天因素。這種辯證的觀點，其實早在曹丕這裡，就開了一些端倪。

「文氣說」的另一重要特徵，是重「才」，重「創作之才」，在這一點上，曹丕同樣受了曹操的影響。我們知道，早在漢代，已經採用察舉徵辟制度來選士用人，故月旦品評之風甚盛。建安時期，曹操「唯才是舉」，知人善任，其人才觀衝破儒家正統禮教的束縛，賦予「才」以獨立於儒家「德性」的意義和價值。子承父業，曹丕也深知人才重要與知人之難，其《秋胡行》詩云：「得人則安，失人則危。唯賢知賢，人不易知」。同樣是愛才重才，打江山的曹操更多是臺於政治、軍事上的考慮，而坐江山的曹丕，作爲一位「文士氣」頗重的帝王，所招攬所看重的主要是文人之才，如他所賞識、推崇的七子，均爲才華臺衆的文士。我們讀曹丕的《典論·論文》和《與吳質書》，可以感受到曹丕的愛才之心、惜才之情。七子中的徐、陳、應、劉逝世後，曹丕「痛可言哉」，王仲宣生前好驢鳴，死後，朋友們爲他送葬，曹丕竟建議大家學幾聲驢叫，以悼亡友（事見《世說新語·傷逝》），足見曹丕與文人才士們的厚誼深情。這種重才的思想與情感，深深地滲透在「文氣說」之中。

曹丕認爲：才，首先是一種駕馭各種文體並相應地顯示臺各種風格的能力。他將文體一分爲四，並指臺各種文體都有自己所特有的文學風格，「此四科不同，故能之者偏也；唯通才能備其體」。「能之者」，是常見的文人才士，如建安七子，他們或長於詩賦，或精於奏議，在風格上也是相應地或「麗」或「雅」；「通才」則是罕見的大家高手，曹丕對此語焉不詳，可見「通才」之不多見。其次，才，是文人從事創作的必要前提，《與吳質書》稱應瑒「其才學足以著書」，無才，則「著書」之事無從談起。丁敬禮請曹植潤飾自己的文章，植「自以才不過若人，辭不爲也」（曹植《與楊德祖書》），講的也是創作需要特殊的才能。第三，文才，更多地是一種先天之才，所謂「清濁有體」、「巧拙有素」，從而將文人之才，與一般的才能智慧區分開來，豐富了「文氣」和「才性」的文藝心理學內涵，從一個特定的角度強調了文學才藻的獨特性，突臺了文學創作的精神價值，從而促進了文學與文學家的獨立。

三、個案研究：建安七子的「文氣」類型

曹丕以「文氣說」爲核心的作家心理學，建立在品評七子才性的基礎之上。他對建安七子的品評，雖然語句不多，卻往往能抓住被品者之才性的根本特徵。爲了更具體、更深刻地把握曹丕的作家心理學思想，更透徹更清晰地辨析「文氣」與「才性」的關係，我們試對建安七子的「文氣」和「才性」作分類研究。

依據：曹丕對七子的評語。

材料：魏晉南北朝文論家以及隋以後文論家對建安七子的評論（隋以後的評語均引自河北師院編《三曹資料匯編》，在此只標明該書頁碼）。

方法：先依次引錄材料，然後根據這些材料整理成《「文氣」分類表》，最後作一些簡略的分析，找臺有關作家心理學的規律。

(一)孔融（文舉）：「體氣高妙」型

體氣高妙，有過人者，然不能持論，理不勝辭，以至乎雜以嘲戲。及其所善，揚、班儔也。《

典論·論文》

孔融《孝廉》，但談嘲戲……《文心·論說》

文舉之《薦禰衡》，氣揚采飛……《文心·章表》

公幹亦云：孔氏卓卓，信含異氣，筆墨之性，殆不可勝。《文心·風骨》

孔融才疏意廣，負氣不屈。（二九〇）

孔北海志大而論高，功烈不見於世，然英偉豪傑之氣，自為一時之宗，其論盛孝章郗鴻豫書，慨然有烈丈夫之風。（二九一）

大體材力豪邁有餘，而用之不盡，自然如此。（二九二）

孔融，魯國一男子。讀《臨終詩》，其意氣慨慨欲盡。（二九四）

（文舉與曹操）並立衰朝，（文舉）戲謔笑傲，激其忌怒，……（二九五）

放言豪蕩，……至性。極悲。（二九六）

（文舉《雜詩》）激昂慷慨，諷詠之久，可使氣旺。（二九七）

遒文壯節，卓犖遒亮……（二九八）

㈡王粲（仲宣）：「逸氣」型

【說明：關於仲宣的文氣類型，曹丕並未明言，將仲宣劃為「逸氣」型，主要基於兩點：他的才性特徵和文辭風格；《典論·論文》將他與「時有齊氣」的徐幹對舉，而「逸氣」與「齊氣」

是相對的。」

王粲長於辭賦，徐幹時有齊氣，然粲之匹也。《典論．論文》

文若春華，思若湧泉。發言可詠，下筆成篇。曹植《王仲宣誄》

遭亂流寓，自傷情多。謝靈運《擬魏太子鄴中集詩序》

仲宣舉筆似宿構。《文心．神思》

仲宣躁銳，故穎臺而才果。《文心．體性》

仲宣溢才，捷而能密，文多兼善，辭少瑕累，……《文心．才略》

發愀愴之詞，文秀而質羸。《詩品》卷上

王粲超逸……（三一二）

思健功圓。（三一五）

子建、仲宣則才思逸發，華藻爛然，自是詞人手筆。（三一九）

公幹氣勝於才，仲宣才優於氣。（三一九）

王仲宣眞實有餘，澄濾不足。（三二〇）

《七哀》極慘戚之致……

仲宣詩清而麗……（三二一）

公幹之詩氣較緊而狹，仲宣局面闊大。（三三〇）

王仲宣詩如天寶樂工……山川奔迸，風聲雲氣與歌聲並至。（三三一）

王仲宣、潘安仁悲而不壯。（三三五）

㈢徐幹（偉長）：「齊氣」型

徐幹時有齊氣，然粲之匹也。《典論．論文》

偉長獨懷文抱質，恬淡寡欲，有箕山之志，可謂彬彬君子者矣。著《中論》二十篇，成一家之言，辭義典雅，足傳於後……《與吳質書》

少無宦情，有箕穎之心事，故仕世多素辭。謝靈運《擬魏太子鄴中集詩序》

《行女》一篇，時有惻怛。《文心．哀弔》

偉長與公幹往復，雖曰「以莛扣鐘」，亦能閑雅矣。《詩品》卷下

北海徐偉長，不沽名高，不求苟得，淡然自守，惟道是務。王昶《家誡》

（偉長《答劉公幹詩》）質甚。清老。（三三七）

（《室思》詩）以名義厚道束縛人，而語氣特低婉。（三三八）

（《情詩》）傾吐至情，故但覺平實。（三三九）

（《室思》詩）用意忠厚。（三三九）

（《雜詩》）含蓄有餘味。（三三九）

幹之文，……其氣亦雍容靜穆，非有養不能至也。（三四〇）

四 應瑒（德璉）：「和而不壯」型

應瑒和而不壯……《典論·論文》

德璉常斐然有述作之意，其才學足以著書，……《與吳質書》

流離世故，頗有飄薄之嘆。謝靈運《擬魏太子鄴中集詩序》

應瑒學優以得文。《文心·才略》

德璉諸作頗雅馴；（三四四）

德璉《侍集》一詩，吞吐低徊，宛轉深至，意將宣而復頓，情欲盡而終含。……此所謂有含蘊。（三四七）

（《別詩》）淺淺語，自然入情。（三四七）

（《別詩》）節短韻長。（三四八）

五 劉楨（公幹）：「壯而不密」型

……劉楨壯而不密。《典論·論文》

公幹有逸氣，但未遒耳。《與吳質書》

劉楨，卓犖褊人，而文最有氣，所得頗經奇。謝靈運《擬魏太子鄴中集詩序》

公幹氣褊，故言壯而情駭；《文心·體性》

劉楨情高以會采。《文心·才略》

仗氣愛奇，動多振絕，眞骨凌霜，高風跨俗。但氣過其文，雕潤恨少。《詩品》卷上

凡爲文章，猶人乘騏驥，雖有逸氣，當以銜勒制之，勿使流亂蹄躅，故意塡坑岸也，《顏氏家訓・文章》

公幹之峭，似有可稱。（三一八）

公幹氣勝於才。（三一九）

公幹之詩氣較緊而狹。（三三〇）

公幹氣勝，仲宣情勝……（三五九）

劉公幹、左太沖詩壯而不悲。（三五九）

七子中還有兩位作家，因爲可見到的材料有限，便不一一列舉了。根據上面所引錄的材料，我們分四欄（氣之體、文氣類型、才性特徵、文辭風格）列一個（見下頁）表，表中的品評之語全部臺自上面所引錄的材料。

從這個分類表中，我們可以看臺以下幾個問題：

第一，建安七子，文氣各異，但大致說來，可分爲「清」與「濁」兩大系統。未列入表中的陳琳與阮瑀，一位是「章表殊健」（《與吳質書》）、「壯有骨鯁」（《文心・檄移》），一位是「書記翩翩」（《與吳質書》）、「思之速也」（《文心・神思》），故均可歸入「清」這一系統。

第二，清、濁兩大系統，在「文氣類型」上不相同，表現在創作主體之上的「才性特徵」和作品

之上的「文辭風格」也是不相同的。就「才性特徵」而論，屬於「清」這一系統的，主要是陽剛、高妙、悲壯、超逸、奇、捷；屬於「濁」的，則是陰柔、低徊、恬淡、靜穆、實、緩。就「文辭風格」而論，則分別表現爲：「清」之豪蕩、激昂、飛揚、燦然，與「濁」之典雅、平實、含蓄、深至。清與濁，作爲文氣類型的兩大系統，應該說並無優劣之分，而只有特徵上的區別。

第三，不同的「才性特徵」，必然表現爲不同的「文辭風格」。比如孔融的「材力豪邁」、「英

建安七子「文氣」分類表

氣之體	文氣類型	才性特徵	文辭風格
清	「體氣高妙」（孔融）	信含異氣／才疏意廣，負氣不屈／志大而論高／英偉豪傑之氣／烈丈夫之風／材力豪邁有餘／魯國一男子／至性／極悲	理不勝辭；雜以嘲戲 氣揚彩飛；戲謔笑傲 放言豪蕩；激昂慷慨
	「逸氣」（王粲）	躁銳，穎出而才果／溢才，捷而能密／才思逸發／舉筆似宿構（思之速）／才優於氣／局面闊大／超逸／悲而不壯／自傷情多／眞實有餘	文若春華，思若湧泉 愀愴之詞／文秀質羸 思健功圓／華藻燦然 風聲雲氣與歌聲並至
	「壯而不密」（劉楨）	卓犖徧人，文最有氣，頗經奇／氣徧／仗氣愛奇，動多振絕，眞骨凌霜，高風跨俗／氣勝於才／壯而不悲／有逸氣，但未遒耳	言壯情駭／情高以會采／氣過其文，雕潤恨少／詩氣較緊而狹
濁	「齊氣」（徐幹）	懷文抱質，恬淡寡欲，箕山之志，彬彬君子／少無宦情，有箕穎之心事／淡然自守／厚道／雍容靜穆	辭義典雅／多素辭／閑雅／質甚，清老／語氣低婉／用意忠厚／平實／含蓄有餘味
	「和而不壯」（應瑒）	才學足以著書／學優以得文／流離世故，有飄薄之嘆	雅馴／節短韻長／吞吐低徊，宛轉深至／含蘊／情欲盡而終含／自然入情

偉豪傑」，表現在其作品中，就形成「氣揚采飛」、「激昂慷慨」的特色。又比如徐幹「恬淡」、「厚道」、「靜穆」的才性特徵，外化爲「素辭」、「平實」、「低婉」的文辭風格。從作品角度論，才性特徵屬於「裡」，文辭風格屬於「表」，「外內表裡，自相副稱」。而批評家正是從文辭之「表」窺到了才性之「裡」，所謂「覘文輒見其心」，「披文以入情」。

第四，曹丕作家心理學所包含的文氣類型思想，對後來的文藝心理學產生了深遠的影響。劉勰《文心·體性》講「才有庸俊，氣有剛柔」、「風趣剛柔，寧或改其氣」，鍾嶸《詩品》講「清剛之氣」，沈約《宋書·謝靈運傳論》講「剛柔迭用，喜慍分情」，將氣分爲剛柔兩大系統，以及《文心·體性》將作家才性分爲若干類，將文辭風格分爲八種，都是受了曹丕的啓發。西方心理學史上，最早將氣質分爲四種類型（即多血質、粘液質、膽汁質、抑鬱質）的，是古希臘醫生希波哥拉特；在中國，與曹丕同時代的劉劭，作《人物志》，將性格分爲十二種類型（如強毅、柔順、雄悍、懼慎等等）。而就文藝心理學的角度論，第一次以「文氣」爲名目、以「才性」爲核心，將創作主體的氣質性格及其文辭風格分門別類的，首推曹丕。僅此一點，就可以見臺曹丕作家論在中國文藝心理學發展史上的地位。當然，更進一步說，以「氣」來論「文」和「文人」這一文藝心理學傳統，也是從曹丕這裡肇始的。

捌、玄學心理與阮、嵇樂論

第六章概述魏晉文藝心理學思想時已指出：魏晉是一個「轉折」，就哲學層次而言，這種轉折表現為儒學式微，玄學昌盛。魏晉玄學，「祖述老莊，立論以為『天地萬物皆以無為本』。」（《晉書・王衍傳》）從根本上說，玄學是一種本體論哲學，玄學思想家重新闡發蘊含在《周易》、《老子》、《莊子》（統稱「三玄」）中的本體論思想，超越紛然雜陳的衆多現象，而將世界的本體歸結為「無」（或曰「道」、「自然」）。然而，魏晉玄學的理論追求，並不止於此，它進一步探索：主體之心，如何達到「自然」的最高境界，如何進入「衆妙之門」，尤其是在那個血腥、殘忍、戰亂、腐敗的年代，個體意識如何與「無」之本體相互融合，而凝結一個超凡脫俗的精神境界，在這一境界中，個體不僅能安命保身，而且能超越有限而走向無限——正是在這個意義上，我們才將魏晉玄學稱為苦痛時代的「心學」；也正是基於此，玄學心理才得以與魏晉的文論（包括樂論）融合，並形成具有玄學特徵的文藝心理學思想。

本章首先概述玄學心理的一般特徵及其對魏晉文論的影響，然後分兩節依次介紹阮籍和嵇康音樂心理思想的玄學內涵：阮籍論音樂之「和」與玄心之「樂」（ㄌㄜˋ）以及二者的「玄同」；嵇康論主體意識與個性情感在音樂鑑賞中的玄學心理意義。

一、玄心：從玄靜到玄覽

玄心，意指玄學思想家在追求自然之道時所具有的心理特徵，因而也是玄學思潮中所蘊含的心理學內容。玄學家首先確立了一個形而上的彼岸世界：以無爲本的「道」或「自然」；繼之以一種獨立而又強烈的自我意識，去追尋、去趨向、去融匯於玄學之本體。正是在這追尋和融匯的心路歷程之中，玄學家之心，表現出「玄靜」與「玄覽」這兩大根本特徵，並進而對魏晉及至南北朝的文藝心理學產生重大的影響。

所謂「玄靜」，是老莊靜觀認識論在魏晉玄學心理中的突出表現，同時也是魏晉玄學崇無論和自然論的心理學特徵。王弼注《老子》，盡情闡發其「靜觀」的思想內蘊。他首先將「玄」釋爲「靜」：「玄者，冥也，默然無有也。」認識主體欲進入玄靜這「衆妙之門」，自身須具有玄靜之心境，「故常無欲空虛，可以觀其始物之妙」（《老子注》第一章）。老子認爲，玄道之妙，表現爲無形之大象，希聲之大音。那麼，認識主體在「見」此大象，「聞」此大音之時，其心理特徵如何？王弼《老子指略》指出：「故象而形者，非大象也；音而聲者，非大音也。然則四象不形，則大象無以暢；五音不聲，則大音無以至。四象形而物無所主焉，則大象暢矣；五音聲而心無所適焉，則大音至矣。」所謂「心無所適」，是講認識主體並不執著於「五音」，而是進入一種自由的狀態，亦即「靜觀」，唯有如此，才能「聞」到「大音」，「見」到「大象」。不過，王弼對「大音」的解釋與老子有所區別：前者認爲「大音」雖然是包統一切聲音的本體，但同時又表現爲具體的「五聲」。後來阮籍、嵇康，也是一方面將「自然之和」視爲音樂的本體，同時又承認音樂具有「高、埤、單、複、善、惡」等可以感知的形式因素。

靜觀時的「心無所適」，是認識主體一種玄靜自由的心理狀態，此狀態的特徵，除了「靜」還有「淡」。王弼《老子注》第二十三章釋「希」：「聽之不聞，名曰希。……道之出言，淡兮其無味也，視之不足見，聽之不足聞。然則無味不足聽之言，乃是自然之至言也。」既「靜」且「淡」，才稱得上「玄學」，才能「聽之不聞」、「視之不見」，也才能得「至聲」、「至言」之妙，從而進入「衆妙之門」。

莊子也談到主體如何「聽」的問題：「若一志，無聽之以耳而聽之以心，無聽之以心而聽之以氣；聽止於耳，心止於符。氣也者，虛而待物者也。唯道集虛。虛者，心齋也。」（《人間世》）所謂「聽之以氣」，所謂「心齋」，也是講主體之心的玄靜與玄淡。從哲學上講，玄靜之心齋，是得道之途徑；對文學創作而言，玄靜，則是創作主體所特有的精神境界與心理狀態，同時也是一種感知外物的心理能力。比如阮籍《清思賦》所言「微妙無形，寂寞無聽」，大體上指玄靜的心理狀態，而《樂論》所言

「心通天地之氣，靜萬物之神」，則是指靜觀默察的心理能力。

劉勰將這種玄靜的心理能力，稱之爲「內聽」：「今操琴不調，必知改張，摛文乖張，而不識所調；響在彼弦，乃得克諧，聲萌我心，更失和律：其故何哉？良由內聽難爲聰也。故外聽之易，弦以手定；內聽之難，聲與心紛，可以數求，難以辭逐。」（《文心雕龍·聲律篇》）「外聽」之所以易，是因爲「響在彼弦」上的五音，是可以識別、把握的；「內聽」之所以難，就在於「心」如何超越於具體可聞的五音之上，去與音樂的本體相融合。劉勰雖然不主張「大音希聲」，但他的「內聽」之說或多或少受了玄學靜觀論的影響。范曄《獄中與諸甥侄書》也談到聽「虛響之音」的問題：「吾於音樂，聽功不及自揮，……其中體趣，言之不盡，弦外之意，虛響之音，不知所從而來。」（《宋書·范曄傳》）范曄能聽出音樂的「弦外之意，虛響之音」，並識其「體趣」，與他重內在之「自揮」而不拘泥於外在之「聽功」是分不開的。而范曄的「自揮」與劉勰的「內聽」，都有著某種程度的玄靜成份。

在通往「衆妙之門」的心路歷程中，玄心，除了應保持「玄靜」的狀態（或者說應具有「玄靜」的能力），還應該「玄覽」。王弼注《老子》十章「滌除玄覽，能無疵乎」：「玄，物之極也。言能滌除邪飾，至於極覽，能不以物介其明，疵其神乎？則終於玄同也。」所謂「滌除邪飾」，就是保持「玄靜」，在此基礎上，神明不受外物障礙、遮蔽，達到了玄同的境界，便可以無物不照，隨感而應了。欲達到玄學之最高本體（即自然之道），玄心既要能「靜」，還要能「覽」，二者相輔相成，缺一不可。從心理學角度論，「玄覽」較之「玄靜」，其主體意識更加強烈，其個性特徵更加鮮明，對認識主體之能動作用的宏揚與肯定更加充分，因而對文藝心理學的影響更大更直接。

莊子講「遊心」，其意與老子的「玄覽」相近，其藝術精神更盛於「玄覽」。《逍遙遊》：「乘天地之正，而御六氣之辯，以遊無窮」；《天下》：「上與造物者遊，獨與天地精神往來」。「旨近老莊」的《淮南子》，也講「遊心於虛」（詳第二章）。魏晉玄學家，承繼並發揮了老莊「玄覽」與「遊心」的思想，尤其是玄學發展的第二階段（阮、嵇「自然論」），超越早期玄學（何、王「貴無論」）的實用政治性，由外向內地將玄學變爲一種人生哲學，使主體意識在形而上的「玄覽」之中，獲得心靈的慰藉，滿足精神的需要，從而也使玄學本體論染上了強烈的主觀色彩與藝術精神。阮籍《清思賦》爲我們描繪了一個既玄遠飄渺又詩意盎然的境界：「夫清虛寥廓，則神物來集；飄颻恍惚，則洞幽貫冥；冰心玉質，則激潔思存，恬淡無欲，則泰志適情。」在這片清虛恍惚之中，「玄心」與「玄道」已渾然一體，「玄靜」與「玄覽」也交相用功：主體之心的玄靜（所謂「微妙無形，寂寞無聽」），促成了玄覽（所謂「睹窈窕而淑清」，「翻揮翼而俱飛」）；主體之心的玄覽反過來又使得自身「不以萬物累心」而進入「清虛寥廓，神物來集」的玄同之境。

將「玄覽」直接用於文藝心理學的，是陸機《文賦》「佇中區以玄覽」。陸機的「玄覽」除了遊心於虛的玄學意味，同時也包含遊心於外物的意思。就前一層含義而言，《文賦》主張「課虛無以責有，叩寂寞而求音」，主體之心在「虛無」、「寂寞」中玄覽；就後一層含義論，《文賦》提出「心遊萬仞」、「籠天地於形內」，主張心與物遊，心與物相交融，亦即《莊子．齊物》「天地與我並生，而萬物與我爲一」。陸機的「玄覽」，揚棄了玄學心理之「玄覽」的片面，既強調主體意識的能動作用，亦不忽略客觀外物對主體「玄覽」的決定性意義。後來劉勰正是在陸機「心遊萬仞」的基礎上，鑄成「神與物遊」這一新語。

劉勰認爲創作主體是「神與物遊」，但他認爲聖人是可以「玄覽」的。《文心雕龍．徵聖篇》指出聖人「鑑周日月，妙極機神」，這是直接來源於玄學「夫聖人之心，極兩儀之至會，窮萬物之妙數」（郭象《〈莊子．逍遙遊〉注》）。即便是他的《神思篇》，講「文之思也，其神遠矣」，講「意翻空而易奇」，講「心以理應」等等，也或多或少有些「玄覽」的意味。蕭子顯釋「神思」，其「玄覽」意味更濃：「蘊思含毫，遊心內運，放言落紙，氣韻天成，莫不稟以生靈，遷乎愛嗜，機見殊門，賞悟紛雜。……屬文之道，事出神思，感召無象，變化不窮。」（《南齊書．文學傳論》）。此外，他將「文章」視爲「情性之風標，神明之律呂」，與玄學之重神明、情性、天才、精神、個性的心理學思想，是一脈相承的。

玄靜與玄覽，既是一種玄學境界，更是一種心理能力。對作家而言，它們是創作的天賦、才性、神情，更是主體之心與客物之物合二而一的精神境界，這種物我同一，借用玄學的術語，就是「玄同」，就是「衆妙之門」。而創作主體之心，只有經歷了從「玄靜」到「玄覽」的歷程之後，才有可能進入衆妙之門，玄心，作爲自我意識的心理形態，才能溶入玄學本體（包括後面要詳論的「音樂之和」）之中，從而化爲至善至美的「玄同」之境。

二、阮籍樂論的「和」與「樂」

阮籍（二一〇—二六三），字嗣宗，陳留尉氏（今河南尉氏縣）人，作品有《詠懷詩》、《清思賦》等，理論著作有《大人先生傳》、《達莊論》、《樂論》等。其《樂論》中的音樂心理思想，具有玄學內涵。

阮籍既是玄學思想家，又是音樂理論家。《晉書·阮籍傳》說他「不拘禮教」、「發言玄遠」，「博覽群籍，尤好《莊》《老》」，「著《達莊論》，敘無爲之貴」；又說他「嗜酒能嘯，善彈琴，當其得意，忽忘形骸」；還說他「容貌瓌傑，志氣宏放，傲然獨得，任性不羈」。讀《樂論》，可感受到他的玄遠之心；讀《達莊論》、《大人先生傳》等玄學論著，又可感受到他宏放而獨特的個性。從音樂心理學的角度論，阮籍的玄心與個性，融合在他的樂論之中。

上一節談到：玄學將「無」（或「自然」）視爲宇宙本體（或至高無上的「道」），而阮籍的《樂論》就具有玄學本體論內涵。「夫樂者，天地之體，萬物之性也。合其體，得其性，則和」，阮籍在《樂論》中將音樂的本體歸結爲「和」，所謂「和」，就是「自然之道」，就是「順天地之體，成萬物之性」。阮籍論音樂之「和」，雖然是承繼了先秦《樂記·樂論篇》「大樂與天地同和」的傳統，但他同時強調音樂的「道德平淡，故無聲無味」，顯然又具有玄學色彩。儒家樂論的「和」，是一種倫理境界、綱常秩序，而阮籍《樂論》的「和」雖然也有某種儒家政教內涵，但最根本的特徵還是超越倫理層次之上的無欲無味的玄學境界或理想。

阮籍的玄學理想就是「自然」之「和」，爲了這一理想，阮籍作出孜孜不倦甚至是勇敢無畏的追求。《大人先生傳》站在自然的立場，抨擊名教中的荒謬、虛僞、狡詐和殘酷，稱「汝君子之禮法，誠天下殘賊、亂危、死亡之術耳」，而神往那種「蓋陵天地而與浮明遨遊無始終」的「自然之至眞」。這種自然之和，既是一種玄學本體，又是一種精神境界，阮籍的《清思賦》、《詠懷詩》以及《達莊論》，對這一境界有著許多充滿詩意和哲理的描繪。

自然之和，作爲音樂的玄學本體，是主體（玄心）欲進入的「衆妙之門」；而當「玄心」與「自然」最終溶爲一體時，主體之心不僅上升到玄靜、玄同的境界，而且從中獲得極大的心理快感和精神愉悅，這就是阮籍《樂論》的「樂」（ㄌㄜˋ）：「樂（ㄩㄝˋ）者，使人精神平和，衰氣不入；天地交泰，遠物來集；故謂之樂（ㄌㄜˋ）也。」

音樂帶給接受者心理上和精神上的快樂，與音樂本體之「和」有直接關係。首先「八音有本體，五音有自然」，這種自然之音，「其聲平，其容和」，並能「導之以善，綏之以和」；其次，自然之音是無味無欲的，「無味則百物自樂」，無欲，則使人「心平氣定」；再次，自然之音超越於具體的情感（悲、哀）之上，而上升爲「心通天地之氣，靜萬物之神」的樂，所以，阮籍反對「以哀爲樂」，而這一點，與嵇康主張「聲無哀樂」有某些共同之處。

嵇康認爲「音聲有自然之和，而無繫於人情」（《聲無哀樂論》），肯定音樂的玄學本體而否認音樂的情感內容；阮籍《樂論》雖然未明確提出「聲無哀樂」但他認爲或悲或哀的音聲，不能產生那種玄學意義上的快樂，因而也算不上「至樂」。《樂記》舉了兩個例子：一個是「桓帝聞楚琴，凄愴傷心，倚扆而悲，慷慨長息，曰：『善哉乎！爲琴若此，一而已足矣！』」；另一個是「順帝上恭陵，過樊衢，聞鳥鳴而悲，泣下橫流，曰：『善哉，鳥鳴！』使左右吟之，曰：『使絲聲若是，豈不樂哉！』」這兩個例子，形象而生動地描繪出音樂的悲哀帶給鑑賞者的心理快感。聞樂的桓帝和順帝都是始而悲泣，繼之呼「善哉」，表明他們從音樂的悲哀中獲取了情感的愉悅，或者說他們將音樂所激起的悲哀之情，視爲一種快樂之感。我們在討論司馬遷的悲劇心理學時，已經指出：在藝術鑑賞中，悲哀的情緒，最終能化爲快樂。在這個意義上，可以說阮籍《樂論》的這兩個例子，剛好印證了上述悲劇心理學的規律，因而阮籍反對以悲哀爲樂，與嵇康反對聲有哀樂一樣，有著片面偏激的一面。然而，換一個角度，站在玄學心理之「玄靜」、「玄覽」的層次看，阮籍反對「以悲（哀）爲樂」，其根本意圖，是主張玄心（主體）與自然之和（音樂的玄學本體），達到一種「玄同」，既超越塵世間的紛繁萬象，又超越人之具體情感（如悲或哀），從而在精神領域形成一種「平淡」、「平和」、「通天地之心，靜萬物之神」的樂。

《大人先生傳》也談到了這種玄學心理的樂：「萃衆音而奏樂兮，聲驚渺而悠悠。五帝舞而再屬兮，六神歌而代周。樂啾啾肅肅，洞心而達神，超遙茫茫，心往而忘反。」「悠悠」「肅肅」的樂音，使得玄心「往而忘反」。在《詠懷詩》中，這種樂，表現爲作者所追求的自由的精神境界：「願登太華山，上與松子遊」（其六十二），「誰言萬事難，逍遙可終生。臨堂翳華樹，悠悠念無形」（其二）。在《清思賦》中，「樂」文化爲一種藝術境界：「清虛寥廓，神物來集」，「飄颻恍惚，洞幽貫冥……」

然而，這位於玄學領域追求「和」與「樂」的阮步兵，在現實生活中卻有著太多的悲哀與痛苦。《晉書》本傳說他「本有濟世志，屬魏晉之際，天下多故，名士少有全者，籍由是不與世事，遂酣飲爲常」。從「濟世」走向「不與世事」，乃至「酣飲爲常」，這之中該有多少心靈的苦痛。他常常是「楊朱泣岐路，墨子悲染絲」（《詠懷詩》其二十三），「揮涕懷哀傷，辛酸誰語哉」（同上其三），甚至「常率意獨駕，不由徑路，車跡所窮，輒慟哭而反」（《世說新語·棲逸》注引《魏氏春秋》）。或許，正是由於此岸世界充滿了血腥和眼淚，阮籍才更加神往彼岸世界的自然和諧與快樂歡欣，只有在那個音樂之「和」與玄心之「樂」的玄同之境，主體才得以「仿徉足以舒其意，浮騰足以逞其情」（《大人先生傳》）。魏晉玄學，是苦痛時代的心學；而阮籍的「和」與「樂」，又是以玄學心理爲內涵的、那個苦痛時代所特有的樂論。

三、嵇康樂論的主體意識與個性情感

嵇康（二二三—二六二），字叔夜，祖籍會稽（今浙江紹興），後遷至譙郡銍（今安徽宿縣西），改姓嵇，有《嵇中散集》。與阮籍一樣，嵇康是「玄理」、「樂理」皆通，《晉書·嵇康傳》稱他「天質自然。恬靜寡欲，……長好《老》《莊》。……彈琴詠詩，自足於懷。」嵇康少好音聲，妙解音律，精通琴道，素諳樂理，而且從一位神秘的樂師那兒，學得聲調絕倫的《廣陵散》。《與山巨源絕交書》：「外榮華，去滋味，遊心於寂寞，以無爲貴……酌酒一杯，彈琴一曲，志願畢矣。」玄心寄於音聲，玄理融於樂論。

嵇康的音樂心理學思想集中體現在《聲無哀樂論》和《琴賦》中。關於音樂的本體，嵇康與阮籍一樣，認爲「自然之和」是音聲之本，所謂「聲音以平和爲主，而感物無常」，「聲音有自然之和，而無繫於人情」，「美有甘，和有樂」，「會五音之和」（均見《聲無哀樂論》），等等。與阮籍有所區別的是，嵇康更加強調玄心的主導地位，強調鑑賞主體在感知音樂時，其個性、情感、精神的能動作用。

作爲玄學家，嵇康好與人辯論，他的玄學著作，大都是與他人辯論的產物，如與呂安辯論「明膽」，與向秀辯論「養生」，與「秦客」辯論聲音有無「哀樂」，等等。正是在這種自由的爭辯中，嵇康既形成了他的玄學和音樂心理，又顯示出與他人相區別的主體意識和個性情感。魏晉是「人的覺醒」與「文的自覺」的時代，而所謂「人的覺醒」，從根本上說，就是人的主體意識的覺醒。人，作爲獨立的有血有肉、有聲有色的個體，從儒家正統禮教的束縛中掙脫出來，「越名任心」，「越名教而任自然」（嵇康《釋私論》）去追求自然、玄同的境界。當時具有玄學思想的文論家，在確立玄學本體論的同時，呼喚人的主體意識，奮筆疾書大寫的「人」！魏晉玄學的幾個主要命題（如「聲無哀樂」、「才性四本」、「形神言意之辨」，「養生」），其基本精神，就是尊重人之個性，推崇人之才情。

嵇康作《聲無哀樂論》，一方面從玄學本體論的角度，視音聲爲「自然之和」；另一方面從音樂鑑賞的角度，大膽肯定主體意識的存在，將「心」從「聲」的制約與統馭中解放出來，使之在音樂鑑賞中獲得主導的地位。嵇康認爲，聽音樂的人，心中原本就懷有哀樂（ㄌㄜˋ）之情，所謂「哀樂自以事會，先遘於心」，「哀心有主」；在欣賞音樂的過程中，「哀心藏於苦心內，遇和聲而後發」。音樂之和聲，本身並無情感內容，它只是引發了原本就藏於鑑賞者內心深處的情感。換言之，在音樂欣賞中，起主導作用的是鑑賞主體之心，是鑑賞者自身或哀或樂的情感狀態。

爲了更形象更生動地說明主體在「品樂」中的主導作用，嵇康打了兩個比方，一是「品人」，一是「品酒」：「今以甲賢而心愛，以乙愚而情憎。則愛憎宜屬我，而賢愚宜屬彼也。可以我愛而謂之愛人，我憎而謂之憎人？」——此乃「品人」；「酒以甘苦爲主，而醉者以喜怒爲用。……不可見喜怒爲酒使，而謂酒有喜怒之理也。」——此爲「品酒」。

作爲被品對象，人，並不具有「憎」或「愛」的屬性；酒，亦不具有「喜」或「怒」的特質。而所謂憎愛、喜怒，是「品人」或「品酒」者之情，是鑑賞主體在品評過程中的情感判斷。在「品者」與「被品者」這對矛盾中，起主導、能動作用的是前者，否則就難以解釋：爲何同一個人，有的說他可愛，有的說他可憎；同一種酒，可使人喜，亦可使人怒；同一首樂曲，可令人哀，也可令人樂。

對鑑賞者主體意識和個性情感在音樂欣賞中的作用，嵇康《琴賦》作了更細緻的描述：在「性潔靜以端理，含至德之和平」的琴聲中，「懷戚者聞之，莫不憯懍慘淒，愀愴傷心，含哀懊咿，不能自禁。其康樂者聞之，則敬愉歡釋，抃舞踊溢，留連爛漫，嗢噱終日。若和平者聽之，則怡養悅愉，淑穆玄眞，恬虛樂古，棄事遺身。」音樂之所以能產生如此豐富多采、複雜多變的心理效應，說到底，是由鑑賞主體自身的情感狀態（或「懷戚」、或「康樂」、或「和平」）所決定的；反過來說，正是由於鑑賞主體的移情而入或主觀投射（亦即能動作用的充分發揮），音樂作品才有可能給人以多種多樣的心理感受或情感體驗。

第二章介紹《淮南子》文藝心理學思想時，曾將劉安的「載哀」、「載樂」，稱之爲主動的、有生命力的、創造性的鑑賞。當然，劉安對「載」持的是否定態度，而嵇康主張「聲無哀樂」，實際上是肯定「心載哀樂」。儒家正統樂論，貶低接受者主體意識和個性情感的主導作用。先秦《樂記》講聖人「致樂以治心」，音樂的哀樂（ㄌㄜˋ）「足以感動人之善心而已矣」，聽音樂的人，只需被動地接受「拯治」就足夠了，無須發揮什麼能動性，更不需要什麼主體意識或個性情感。這樣一來，音樂的效應，就只剩下了「治心」。嵇康的「聲無哀樂論」，意在強調鑑賞主體的主導作用，救儒家樂論之弊而賦予音樂理論以玄學心理的內涵，並從音樂欣賞的角度，充分體現出魏晉「人的覺醒」的時代精神。此外，嵇康樂論的主體意識，還表現在他認爲音樂鑑賞者要有才能，「能盡雅琴」（之妙），能「識音」，能「解音聲」（均見《琴賦》），也就是《淮南子》所說的有「師曠之耳」。

以重才情、重個性、重主體爲主要特徵的音樂心理學思想，只是嵇康玄學心理的一個組成部分。作爲魏晉玄學的代表人物之一，嵇康在他的諸多論著和作品中，更進一步探求「玄心」之主體意識，如何去認識玄學本體，並與後者玄同爲「一」。《答難養生論》根據自我意識的個性來探求玄學本體的自然之理，提出「順天和以自然，以道德爲師友，……任自然以托身，並天地而不朽」；《卜疑集》爲主體意識的精神境界作了一個大致的描述：「超世獨步，懷玉被褐，交不苟合，仕不期達」，「機心不存，泊然約素，從容縱肆，遺忘好惡，以天道爲一指，不識品物之細故也」；《釋私論》則認爲玄心既要「玄靜」，又要「玄覽」：「夫氣靜神虛者，心不存於矜尚；體亮心達者，情不繫於所欲，故能審貴賤而通物情。物情順通，故大道無違；越名任心，故是非無措也」。「氣靜神虛」、「體亮心達」的玄靜之心境，與「物情順通」、「越名任心」的玄覽之心力，二者相輔相成，共同使得玄心之主體超越自我，否定自我，把自我投身於宇宙本體，與本體合而爲一。而在這種「投入」中，玄心之「遊」是非常重要的。《與山巨源絕交書》：「遊心於寂寞」，《秋胡行》之五：「遊心於玄默」，《贈兄秀才入軍詩》之十八：「至人遠鑑，歸之自然」，「貴得肆志，縱心無悔」……玄心的「肆志」「縱心」之遊，最終歸於「玄默」、「自然」，在自然之和中獲得了永恒。

音樂理論，與嵇康的玄學心理密不可分；而音樂本身，又與嵇康的個體生命融爲一體。三十九歲那年，嵇康受司馬氏集團迫害而遭殺戮，「康臨刑自若，援琴而鼓，既而嘆曰：『雅音於是絕矣！』」（《三國志·魏書·王粲傳》注引《魏氏春秋》）生命的最後時刻，他還在演奏音樂，特立獨行的主體意識，孤傲狷介的個性情感，終於與「性潔靜以端理，含至德之和平」的音樂融爲一體。《廣陵散》那愀愴慘淒的琴聲，載著一顆苦痛而又不屈的靈魂，升騰於華夏中世紀的刑場，融合於自然之和的宇宙本體……

玖、陸機：得為文之用心

陸機（二六一—三〇三），字士衡，吳郡華亭（今上海市松江縣）人。有集四十七卷，嚴可均收其文入《全晉文》卷九十六至九十九；丁福保收其詩入《全晉詩》卷三。

我們曾將漢魏六朝文藝心理學發展的歷史與理論的邏輯，簡括爲「從品評才性到精析文心」，而陸機的《文賦》則是「精析文心」之始。《文賦》得爲文之用心，有著以下三個方面的特徵：

其一，以「心物」爲綱，在「物—意—文」這樣一個結構中，闡述他的作家心理學。細緻入微地探討創作全過程中的「心物」、「意辭」關係以及主體的心理特徵：如創作發生時的心感物而動，創作構思中的逮意稱物之難和玄覽緣情之功，創作表現階段如何去「凝思」、「爲言」而至於「情貌不差」，以及由「思深」、「言廣」所帶來的心理快感，等等。

其二，創作主體的心理功能，表現在三個方面：「精騖八極，心遊萬仞」，「天機駿利，何紛不理」，「以意稱物，以文逮意」。才士之「用心」，也「用」在（或者說表現於）這三個方面。《文賦》通過對創作主體三大心理功能的論述，表現出自己所特有的關於想象、靈感和辭意關係的心理學思想。

其三，陸機「得其用心」，在漢魏六朝文藝心理學發展史上具有特殊的地位和意義。首先，它標誌漢魏六朝文論家的理論重心已由作家心理轉移到創作心理；其次，它標誌著漢魏六朝創作心理學的成熟、深化和系統化；再次，「得其用心」本身，還具有某些現代心理學的色彩。我們將參照以行爲主義爲特色的賴爾的「留意」說，對陸機的「用心」說，作一些心理學的分析，以揭櫫《文賦》「得其用心」的心理學價值。

一、物—意—文

《文賦》序言「恒患意不稱物，文不逮意」，提出「物」、「意」、「文」三個重要概念，陸機精析爲文用心，基本上是在「物—意—文」這個結構或框架中展開的。「物—意」表述的是創作主體之心與作爲表現對象的客觀外物的關係；「意—文」則表述作品內在之意蘊與外在之言辭的關係。《文賦》有時將「文」也稱之爲「物」（如「其爲物也多姿」，「雖茲物之在我」等）；而作品之「意」實際上是蘊藉於作品中的主體之心—基於上述兩點，可將「意—文」也稱爲「心物」關係，只是這裡的「物」已不指客觀外物，而是指作品的物質外觀或形式結構。在這個意義上，我們認爲陸機的「物—意—文」結構或系統是以「心物」爲綱。另外，從創作的全過程來看，第一層意義上的「心物」（即「物—意」），是講創作發生時的心理特徵，而後一層意義上的「心物」即「意—文」，則是講構思和表現階段的心理特徵。所以，「物—意—文」實則貫穿於創作的全部心理過程，從而在縱、橫兩個方向，形成一個較爲嚴整的創作心理學體系。

我們先介紹《文賦》關於創作發生的心理學思想。陸機談創作的心理發生，總的觀點是「緣情」，所謂「情曈曨而彌鮮，物昭晰而互進」，心感物而生情，情動而納物、言物，最終形成另一種意義上的「物」（文辭），所以陸機批評指責那種「寡情而鮮愛」的作品。在具體的創作過程中，「緣情」又有三種不同的情況，分述如下。

一是「感物」，也就是《文賦》所言「遵四時以嘆逝，瞻萬物而思紛，悲落葉於勁秋，喜柔條於芳春」。自然萬物，四時更替，無不觸動作家的情思，激起主體的創作慾望，所謂「物色之動，心亦搖焉」，「非長歌何以騁其情，非陳詩何以展其義」。陸機的許多作品，都是感物騁情，物動心搖的結果，如《感時賦》寫大自然的雲霧冰雪風、山川魚鳥猿動作者之心，使得他「撫傷懷以嗚咽，望永路而汍瀾」，「矧余情之含瘁，恒睹物而增酸」。物，引起詩人情感，情感又感染外物（所謂「移情而入」）；而詩人眼中這類染上情緒色彩的物，反過來又加深詩人已有的情緒，使之更爲強烈，更爲感人（參見郁沅《論感應與反映》，載《學術月刊》一九九〇年第三期）。

二是「因事」。《文賦》雖未言明這一點，但我們從陸機的作品中可以見出。陸機作賦，大多要在「序」中說明其創作動機，如《懷土賦·序》稱「余去家漸久，懷土彌篤。萬思之殷，何物不感？……故述斯賦。」又《思歸賦·序》「（余）去家四載……懷歸之思，憤而成篇。」《愍思賦·序》

「奄復喪同生姊，銜血哀傷……故作此賦，以紓慘惻之感。」《嘆逝賦．序》：「懿親戚屬亡多存寡，暱交密友亦不半在……以是思哀，哀可知矣。乃爲賦曰。」或懷土，或思歸，或哀悼親人，或緬懷密友……均因事而動心，爲情而造文。

三是「浩嘆人生」。既不感可見之物，亦不因具體之事，而是一種超越於「物」、「事」之上的滄桑之浩嘆，死生之玄想。《大暮賦．序》：「使死而有知乎，安知其不如生？如遂無知耶，又何生之足戀？故極言其哀，而終之以達，庶以開夫近俗云。」並感嘆「何天地之遼闊，而人生之不可久長」。當然，這種超越於「物」「事」之上的人生感嘆，實際上凝聚著創作主體對所有之物與一切之事的感受與體驗。

無論是「感物」、「因事」，還是「浩嘆人生」，都是作家的心理需求，這種需求，從根本上說，源於外物的感召、觸發；而需求的滿足，又有賴於緣情賦詩，感物言志，以意去稱物，以文去逮意。所以說，陸機論創作的心理發生，既有著唯物論的內涵，也有著能動反映論的傾向——這一點，也是整個漢魏六朝文藝心理學的一大特徵。

就「心物」關係而論，創作發生時表現爲心感物而動，而進入創作構思階段，則表現爲心（意）如何去「稱物」。就創作過程而論，意是否稱物，最終還要看文是否逮意，意稱物是前提或起因，文逮意才是目的或結果。作家的創作，說到底，是要用文辭表現出他的「意」，而文中之「意」能否稱物，也只有從「文」本身才能看出。所以《文賦》論創作構思，談得更多的還是如何「以文逮意」。

首先，陸機指出了「稱物逮意」之難。這種「難」主要表現爲兩點：其一，「沈辭怫悅，若游魚銜鈎，而出重淵之深，浮藻聯翩，若翰鳥纓繳，而墮層雲之峻。」逮意之「文」或「沈」或「浮」，作家以文去逮意，好比令九重深淵的魚兒上鈎，叫九天之上的鳥兒中箭，此中該有多少艱難以及由此而來的作家的心理焦慮。構思之難，在創作主體，是一種心理上的焦慮；在文辭本身，又有一個務去陳言，獨出心裁的問題。處於創作過程中的作家，他所面對的，不僅僅是客觀外物，還有「百世之闕文」，「千載之遺韻」。在收採遺韻闕文的同時，如何做到「謝朝華於已披，啓夕秀於未振」，同樣是一大難關。無論是「沈辭」「浮藻」之難，還是「謝朝華」「啓夕秀」之難，心理學上都稱之爲言語的痛苦。

如何去克服語言的痛苦？陸機認爲要「用心」。「罄澄心以凝思，眇衆慮而爲言」，構思之時，要專心致意地思索琢磨，精微確切地組織衆多思緒以形成文辭，而只有「澄心」「凝思」，方能通「衆慮」之妙。所謂「用心」，就「意——辭」關係論，是要以意爲主，會意遣辭。創作主體要「意司契而爲匠」，則「會意也尚巧」，要「辭程才以效伎」，則「遺言也貴艷」。只有苦心經營，盡力推敲，才能夠窮究物情以成意之巧，曲達思緒以形言之艷。另外，陸機談創作構思，涉及到想像與靈感的心理特徵，對此，我們在下一節詳論。

《文賦》花了不少的篇幅，細緻地討論「作文利害」和「文章之病」，而這些大都涉及創作表現階段的「意辭」關係：如主張意辭「雙美」，反對「兩傷」；立意要新穎獨到，「怵他人之我先」，遺辭要「立片言而居要，乃一篇之警策」；無論內在之意還是外顯之言，都要有「情」有「味」，倘若「寡情而鮮愛」、「闕大羹之遺味」，則為文章之病了。關於意辭問題，我們著重介紹兩點：一是文才文體與文辭風格的關係，一是創作表現階段稱物逮意所帶來的心理快感。

陸機指出在創作過程中，主體是「程才以效伎」，這裡的「才」可視為「才性」或「文氣」，因為下面接著說「故夫誇目者尚奢，愜心者貴當，言窮者無隘，論達者唯曠。」如果說，嵇康《琴賦》所云「懷戚者」、「康樂者」、「和平者」是指鑑賞主體的情性與氣質，那麼《文賦》的「誇目者」、「愜心者」、「言窮者」、「論達者」，指的則是創作主體的個性特徵，不同的作家，具有不同的才性或文氣，表現在文辭中，便形成不同的藝術風格（或「奢」或「當」或「無隘」或「唯曠」），這是「意——文」關係中的一個重要內容。同時，文辭風格還受文體的影響，《文賦》列舉了詩、賦、碑、誄等八種不同文體，在文辭表現上所具有的不同風格。顯然，陸機是承繼了曹丕「文本同而末異」的理論傳統，並有所發展和深化。

前面談到創作主體稱物逮意時的語言痛苦，所謂「非知之難，能之難也」。陸機認為：作家一旦超越了語言的痛苦，就會獲得極大的心理快感。當創作發生之時，主體之「意」，理本虛無，心自寂寞，通過構思和表現，以意稱物，以文逮意。原本互不相干的「物」、「意」、「文」，現在渾然一體，稱物之意發為文辭，使無形者可睹，無聲者可聽，意雖遠而能含文於尺素之上，物雖大而能吐辭於寸心之間。行文得意之時，心手交暢，如「粲風飛」，似「郁雲起」，其樂無窮也。所以陸機感嘆

「伊茲事之可樂，固聖賢之所欽」！

二、心游、應感・稱物逮意

上一節以「物——意——文」爲緯，以創作過程（發生↓構思↓表現）爲經，立體交叉地描述了陸機的創作心理學：創作發生時，主體之心（意）或感物、或因事、或浩嘆人生而動；創作構思中，主體之心的語言痛苦以及超越此痛苦的途徑——「用心」；創作表現階段，主體之個性氣質最終形成不同的文辭風格，而「表現」（即稱物逮意）本身又給主體帶來心理快感和愉悅。無論是從「經」還是從「緯」的角度看，陸機的創作心理學，都十分強調主體之心的作用。所謂「得其用心」，也就是通過具體的分析、深入的探求，而掌握了創作全過程中主體的心理功能之所在（亦即「用心」之所在）。

概言之，陸機論主體之心理功能，主要有三個方面的內容：一是精鶩八極、心游萬仞的想像心理，二是「天機駿利，何紛不理」的靈感心理，三是「眇衆慮而爲言」、「挫萬物於筆端」的駕馭文學語言的心理能力。

上一章談「玄覽」時，曾簡單地提起陸機想像論的玄學心理特徵。酈道元《水經注》卷十六《谷水》，記載陸機初入洛時，在王家墓地見到王輔嗣陰魂，二人還辯論了一番玄學問題。語雖不經，此中透露的陸機受玄學影響的消息，卻是可信的。陸機論想像，既強調「玄靜」，又強調「玄覽」，前者是想像之必要心理準備，後者乃想像之心理過程。玄學心理的「玄靜」與「玄覽」，是對主體心理功能的描述和強調，而玄心（主體）之「靜」與「覽」，最終是爲了進入「衆妙之門」，亦即主體與玄學本體（道或自然）玄同爲一。陸機的想像論，吸收了玄學心理的兩大特徵：一是十分重視主體之心的能動作用，二是將藝術想像與遨遊天地、浩嘆人生聯在一起。「收視反聽，耽思傍訊」是言心之虛靜；「精騖八極，心遊萬仞」是狀心之飛動。「動」與「靜」，既是作家藝術想像的兩大特徵，又是創作主體的心理功能。靜，不僅僅是爲想像的到來作心理或精神上的準備，而且是爲想像開闢或提供一個巨大的心理空間。彼得羅夫斯基《普通心理學》談到「想像」時說，「想像是在情境非常不明確性的認識階段上發生作用的。情境越是習以爲常，越是清楚明確，它爲想像力提供的場所越小。」（第三五七頁）處於虛靜狀態中的作家之心，思不旁騖，意不外用，進入一種無聲無色無形無味的玄學境界，既無習以爲常的情境，亦無清楚明確的物象，因此，爲即將到來的想像準備了一個心理空間，使主體之心得以「騖八極」「遊萬仞」，「觀古今於須臾，撫四海於一瞬」。藝術想像的這種動靜關係，也就是後來蘇軾所言「空故納萬境，靜故了群動」，若無由虛靜所造成的心理空間，「納萬境」、「了群動」的藝術想像則難以發生，或者無從展開。

玄學心理講玄靜玄覽，一般不談言辭之作用，因爲從根本上說，貴「無」的玄學，是重意輕言的。而「物——意——文」爲體系的陸機創作心理學，頗爲看重文辭在藝術想像中的作用。在整個創作過程中，「想像」並不是目的，而是主體以文逮意的心理功能之一，藝術想像的最終成果是將「萬境」與「群動」物化（亦即化爲言辭）。因此，如何以言辭去捕捉並傳達想像中的飛動之意，對作家來說，既是十分困難、又是至關重要的。《文賦》描述了想像中作家「沈辭怫悅」「浮藻聯翩」的語言痛苦，並指出了想像中以文逮意的諸種方式：如「傾群言之瀝液，漱六藝之芳潤」，「籠天地於形內，挫萬物於筆端」，「理扶質以立幹，文垂條而結繁」，等等。

陸機論靈感心理，也是「動靜」兼顧，「意辭」相聯。一般來說，靈感與想像，均以「動」爲主要特徵，尤其是靈感，可謂動之極致。然而在靈感的「動」之中，依然有「靜」的一面，陸機稱靈感爲「應感之會，通塞之紀」，「通」爲動，「塞」爲靜，「識夫開塞之所由」也就是識動靜之所由。「行猶響起」、「來不可遏，去不可止」，狀靈感之動；「藏若景滅」、「六情底滯」、「兀若枯木，豁若涸流」，寫靈感之靜。心理學認爲，中樞神經系統的抑制，不僅能引起興奮，而且能加強興奮。因此，興會之際、靈感襲來之時，主體心理狀態的「靜」會誘導並強化心之「動」，「塞」會促動「開」。而靈感的心理過程，就是由「藏若景滅」之靜與「行猶響起」之動交替組成。當然，動靜之交替，開塞之所由，說到底，還是創作主體的心理功能。陸機認爲，作家在驅使這一功能時，應順其自然，循其規律，不可力強而致，否則便會「竭情而多悔」。

應感興會之際，仍然有一個意與言的關係問題。首先，陸機認爲，靈感會導致思如風發，言如泉湧，思緒盛多，可隨筆揮寫；其次，陸機指出，當文思洶湧奔騰之時，創作主體應該「覽營魄以深賾，頓精爽以自求」，也就是「理」清思緒，外化爲言辭，以奏出「泠泠而盈耳」之音，寫出「徽徽以溢目」之文。

從以上對想像心理與靈感心理的分析中，不難看出陸機對作家駕馭語言之能力的重視。「語言中的一切，包括它的物質的和機械的表現，比如聲音的變化，歸根到底都是心理的。」（索緒爾《普通語言學教程》第二七頁，商務印書館一九八〇年版）陸機關於駕馭文學語言之能力的論述中，也有著心理學的內涵，概言之，是「稱物逮意」，亦即將「意」（主體之心）「物」化，具體而論，大致有三個方面的內容：

其一，高度重視創作主體的語言能力。在「物——意——文」結構中，在「發生→構思→表現」的全過程中，在想象、靈感、稱物逮意等心理功能中，作家能否成功地駕馭文學語言，都是至關重要的。陸機還進一步在宏觀的層次讚揚作家遣辭以會意的心理能力，所謂「恢萬里而無閡，通億載而為津」，「途無窮而不彌，理無微而不綸」，甚至「配霑潤於雲雨，像變化乎鬼神」。

其二，對如何以文逮意、遣辭會意，陸機提出了多方面的具體要求：一是要有獨創性，在收採闕文遺韻並且含英咀華的前提下，更需務去陳言，獨出心裁；二是要有情有味（詳前）；三是要「尚巧」，「貴妍」，所謂「音聲之迭代」「五色之相宜」，見出陸機頗重視文辭音聲的「綺靡」之美；四是要「達變而識次」，掌握文辭音韻的自然變化並對之作出有機的組織與安排。

其三，創作主體不同，其遣詞會意的方法亦不一樣：或者是拙辭孕以巧義，或者是眞意飾以華辭，或是化腐朽為神奇，或是變柔濁為剛清，或是一覽即察微情，或是精研乃得蘊意……作家的才性、文氣各異，所擅長的文體各有所偏，因此，駕馭語言的能力及方式當然各具特色，所謂「豐約之裁，俯仰之形，因宜適變，曲有微情」，以至於連論者本人也感到「隨手之變，良難以辭逮」，「輪扁所不得言，亦非華說之所能精」。但陸機還是「言」了，而且言而「能精」，給後人留下了寶貴的文藝心理學遺產。

三、「得其用心」的心理學意義

「得其用心」，既是陸機精析文心的理論宣言，更是《文賦》創作心理學的精華之所在。這一節從史、論和普遍心理學三個不同角度剖析「得其用心」的心理學價値和意義。

漢魏六朝文藝心理學的發展歷史，大致經歷了由「品評才性」到「精析文心」的過程。一般來說，從兩漢屈原論，到曹丕的《典論．論文》，是「品評才性」期；從陸機《文賦》到劉勰《文心雕龍》是「精析文心」期（當然，這是一種較爲粗略的劃分，實際的情況要複雜得多，品評才性時，也有精析文心的因素，反之亦然）。章學誠《文史通義．文德》：「劉勰氏出，本陸機氏說而昌論『文心』。」劉勰對陸機雖然頗有微詞（如《文心雕龍．序志篇》說《文賦》巧而碎亂」），但事實上，他著《文心雕龍》是直接受了《文賦》的影響，這一點，從《文心雕龍》的篇名和具體內容中都可以看出。

嚴格地說，《文賦》之前的文論著作，還沒有一篇（部）是專門談創作的。或者是在哲學、史學著作中議論一下文學問題，或者是在品評作家之時兼顧剖析文心，或者是在探討音樂的鑑賞與玄學本體時旁及音樂的創作。即便是被稱爲中國文論史上第一篇專論的《典論．論文》，也是名曰論「文」，實爲論「文人」（作家），雖然其中也包含某些創作心理的成分。因此，將陸機《文賦》稱之爲中國文藝心理學發展史上第一部「創作心理學」專篇，是言之成理的。

漢魏六朝文藝心理學肇始於品評才性；而陸機《文賦》一句「得其用心」，宣告了漢魏六朝文論家的理論興趣或重心，已由「品評才性」轉移到「精析文心」，或者說已由作家心理學轉移到創作心理學。我們將魏晉時期的特點概括爲「大轉折」，除了前面幾章已談到的哲學思潮的變遷，主要還是指文藝心理學理論重心的轉移。

稱《文賦》爲漢魏六朝「精析文心」之始，並非是說陸機之前就無人析文心。劉安的「遊心於虛」，司馬相如的「賦家之心」，司馬遷的「發憤著書」，揚雄的「心聲心畫」，以及曹丕的「文氣說」、嵇康的「聲無哀樂論」等等，都具有析文心的內容。當然，他們的析文心還是一種「粗析」而非「精析」。從創作心理學的角度看，陸機之前的粗析文心，其理論形態還較爲粗糙，並缺乏系統性，而且所涉及的多是創作心理的外顯特徵。隨著文學在魏晉時期的繁榮、自覺和獨立，文藝心理學也有了相應的發展：其觸角伸向深潛層次，其形態日趨精緻，其體系大致完整。《文賦》的創作心理學，就有著系統、精緻、深刻三大特徵。

《文賦》的系統性，集中體現在它「物——意——文」結構中。此結構的核心是「心物論」，橫座標是主體之心的三大功能（心遊・應感・稱物逮意），縱座標是創作過程三階段（發生↓構思↓表現）。陸機正是在這樣一個結構和體系中，縱橫交錯、立體交叉地展開他的文藝心理學思想。

陸機之前的文論家，談創作心理，往往側重某一方面，如司馬遷「憤書說」談創作發生，王充「表裡論」談創作表現，又如劉安「遊心」專論想像，嵇康「哀樂」專論情感，等等。而陸機的《文賦》，不僅依次論及創作的全過程，而且涵括創作主體最根本的心理功能，從而使他的創作心理學具有精緻的理論形態。

《文賦》的系統與精緻並非大而不當，略而不詳，而是對許多心理學問題都有著深入細緻的探討，用他自己的話說，是「研之後精」、「曲有微情」，「窮形盡相」，「曲盡其妙」。如前面已詳論的想像與靈感心理的動靜交替、辭意相聯，關於駕馭言語能力的諸多心理要求，文辭風格與創作主體之才性、文氣、行文方式之間的微妙關係，等等，都是深刻而細緻的。

陸機的「得其用心」，除了它的系統、精緻、深刻，以及它在文藝心理學史上開啓「精析文學」之新階段的歷史功績之外，它自身還包含某些現代心理學的意味。當代西方著名哲學家吉伯爾特·賴爾（一九〇〇—一九七六）的《心的概念》，其心理學思想具有行為主義的特色。賴爾研究「心」，不談心本身，而談心理活動、心理事件、心理過程、心理狀態乃至含有心理謂語的描述。賴爾認為：心理謂語的句子所描述的行為，是一種智力行為，其特徵在於：當行為者在表現智力行為時，並非是無意的，而是十分留意的，這就是說，他一邊在做某事，一邊在思考自己所做之事（參見《心的概念》中譯本序）。賴爾指出：「當描述一個人專心於某種明確的行為或反應時，要說他正在『思考』或『留意』（在這些詞的某種含義上說）他正在做的或正在體驗的事，或者說正在「專心於」這件事，這是完全合理的」（第一四八頁）賴爾將「一邊做某件事，一邊思考自己所做之事」，稱之爲「一種留意的行爲（第一四九頁）。

賴爾的「留意說」強調行爲的雙重性（做，與思考所做），強調行爲主體的智力特質，強調主體在發揮智能時的專心、留意、思考——這些現代心理學的思想內涵，在陸機的「用心」說之中，也是可以看到的《文賦》所言「用心」，究其本意，指作家澄心凝思，專心致意，將一門心思，用在稱物逮意遣辭會意之上。在特定的創作過程中，作家並非是先想好了，然後再去做。換言之，並非是先「用心」，後「爲言」，「罄澄心以凝思」與「眇衆慮而爲言」是同時進行的。揭示創作行爲的雙重性，是陸機「用心」說所蘊藉的心理學意義之一。

「用心」說的要義，在於「心之如何用」，也就是賴爾「留意」說所強調的智力特質和行爲方式。「當我們用『精明的』、『笨拙的』……這些智力性形容詞來形容一個人時，並不是指他是否認識這個或那個眞理，而是指出他能否做某類事情」（《心的概念》第二三頁），這也就是《文賦》序言所云「蓋非知之難，能之難也」的意思。陸機談「用心」，重在論述創作主體的心理功能或智力特質，如構思、想像、靈感、表現、遣辭謀篇，等等，重在描述作家「能」做什麼。「當我憑智力而做某事…………我的行爲有一個特殊的方法或方式」（《心的概念》第二七頁），「用心」說也注重研究主體之心在遣辭會意時的多種方式，並主張「隨手之變」、「因宜適變」，不同的作家，根據各自才性的特徵而選擇不同的行爲方式。創作行爲的智力特質與多種方式，便構成「心之如何用」的心理學內涵。

賴爾的以行爲主義爲特色的留意說，根據外顯的行爲（所謂「心理謂語的描述」）來探索「心的概念」；陸機「得其用心」，從衆多作家（包括他自己）的創作實踐中，總結出文藝心理學規律——從方法論的角度而言，二者是相通或相似的。中國古代作家（尤其是上、中古時期的文人）很少寫文章或著作談他們自己的創作經過或體會，更無多少與創作有關的日記、書信、手稿之類流傳於世。很有限的一些正史的傳記中，多是記載傳主的宦途歷程，很少談及與文學創作相關的事。因此，當時的文論家，研究作家和創作，主要的文字資料，就是作品。陸機寫《文賦》，便是「觀才士之所作」的結果（當然也加進了他自己的創作體會）。作品，是作家行爲的結果，是「用心」之所在，從作品窺到主體的行爲方式與智力特質，而最終「得其用心」——古代的文論家，大多走的這樣一條治學之路。後來鍾嶸著《詩品》、劉勰著《文心雕龍》，雖然其理論的系統和深刻在《文賦》之上，但研究文學的方法，基本上還是陸機的「觀才士之所作」而「得其用心」。僅從這一點上看，陸機「得其用心」的文藝心理學價值也是不朽的。

拾、葛洪：識文章之微妙

葛洪（二八三—三六三），字稚川，自號抱朴子，丹陽句容（今江蘇句容縣）人。著有《抱朴子內外篇》，「其內篇言神仙方藥鬼怪變化養生延年禳邪卻禍之事，屬道家；其外篇言人間得失、世事臧否，屬儒家」（《抱朴子外篇．自序》，下引《抱朴子》，只注篇名）。

《抱朴子》的「言人間得失、世事臧否」，也包括識鑑文章，言文章之得失。全書七十卷，就文藝心理學思想而言，其內容涉及創作、作家、鑑賞三大塊，而鑑賞心理學的思想尤爲豐富。上章將「得其用心」稱爲陸機的理論宣言；葛洪也有一句宣言：「論難識之精」（《尙博》），也就是識文章之微妙。陸機「得其用心」，建構起他的創作心理學體系；葛洪「論難識之精」，則收穫了豐富的鑑賞心理學思想。

當然，《抱朴子》不同於《文賦》，因爲它並非文論專著，而是一部子書。如同《淮南子》和《論衡》，《抱朴子》的文藝心理學交叉於哲學與文學的邊緣。我們看其交叉的部分，屬於哲學的，是葛洪的「才性」觀；屬於文學的，則是識鑑文章。換言之，葛洪的鑑賞論，是以「才性」爲其心理學內涵的：他宣告「論難識之精」，從根本上說，是重文才輕德性的具體表現；他陳述「識鑑之難」，標舉「識鑑之方」，也是從「才」與「性」的角度立論並展開。如果說，陸機《文賦》是由漢末魏初的品評才性轉移到西晉的精析文心；那麼，葛洪《抱朴子》外篇則是將才性品評的思想與方法，直接引進他的鑑賞心理學。「識文章之微妙」，與「得爲文之用心」，都是精析文心，而且都是由品評才性演變轉化而來的——於此又可見漢魏六朝文藝心理學「從『才性』出發」的歷史特徵。

一、重才輕性 舍粗識精

葛洪的哲學思想是很複雜的，就《抱朴子》而言，是「內道外儒」，同時也兼有法家（如《用刑》提出「刑爲仁佑」）和墨家（如《省煩》提倡「墨子之道」）思想。《自敘》稱「不成純儒」；同樣，他也「不成純道」，細繹《抱朴子》全書，可時常見出論者所具有的一種非儒非道的反傳統精神，較爲突出的表現就是他的「才性」觀。

漢代儒家的才性論，有兩大特徵：一是釋「性」爲「德」，強調「性」的倫理屬性而忽略其心理學內涵；二是在此前提下，重「性」輕「才」。時至魏晉，從曹氏父子開始，衝破儒家的「德性」樊籬，賦予「才」（包括文學創作之才）以獨立於「德」的意義與價值。同時，論「性」也是強調其心理學內涵（如曹丕的「文氣說」），從而使才性論由一對哲學範疇轉化爲文藝心理學範疇。

《抱朴子》在論及「才性」問題時，明顯地受到曹丕等人的影響。葛洪在這一點上既是「非儒」

的（反對正統儒家的輕才重德），也是「非道」的（並不以「虛無」的態度來對待「才性」，也反對「任性」），從而顯示出他自己的思想特徵。《仁明》指出：「明者，才也；仁者，行也」，明與仁，大致相當於才與性（行品、德性）。他接著說「殺身成仁之行可力爲，而至鑑玄測幽之明難妄假，精粗之分，居然殊矣。」行品德性方面的事情，通過努力便可以做到，「才」則不然，既不可以「力爲」，也不是人人都可爲，因此，葛洪認爲「才」與「性」有難易之殊、精粗之別。這是公然與儒家正統才性觀唱對台戲，體現出反傳統的魏晉精神。

《抱朴子》論「才」，頗具有心理學意味。《仁明》將「才」釋爲「神明」、「聰明」，並認爲無才則「其蔽也愚」，首先指出了「才」的智能特質；繼之，《仁明》又稱「明」爲「天授之才」，所謂「仁在於行，行可力爲；而明入於神，必須天授之才」，進一步指出了「才」的先天性與特殊性。這種「神而明之」、「與神合體」的「天授之才」同文學創作是緊密相連的。《辭義》：「夫才有清濁，思有修短，雖並屬文，參差萬品。或浩瀁而不淵潭，或得事情而辭鈍，違物理而文工，蓋偏長之一致，非兼通之才也。」葛洪的「兼通之才」顯然是曹丕所云之「通才」，亦即文學創作的天授之才。因此，葛洪重「才」，更主要的是重文學創作之才。

陸機精析爲文用心，感嘆「能之難也」；而葛洪論文才，在討論「才性」精粗和「天授之才」的基礎上，也提出了「才難」論：「古人嘆息於才難，故謂百世爲隨踵，不以璞非昆山而棄耀夜之寶，不以書不出聖而廢助教之言。」（《尙博》）創作之才，既然與「神明」相通，而且是「兼通之才」、「

天授之才」，這樣的「才」當然是難能可貴，百世難逢了。後來劉勰作《文心雕龍》，承繼葛洪的「才難」論，感嘆「才難然乎」（《才略篇》）

葛洪的才性觀，重才輕性，尤其強調創作之才的「天授」、「神明」、「兼通」等特徵，從而與古人一樣「嘆息於才難」。當這種有關於才性的哲學觀念與識鑑文章的文學觀念相交匯、相融合時，葛洪又進一步形成他的「精粗論」，並最終宣告「論難識之精」。換言之，葛洪之所以要去識文章之微妙，其哲學心理學的思想根源，是他的「才性觀」和與此相關的「才難論」。

《尚博》篇直接將「文章」拿來與「德性」相比：「德行爲有事，優劣易見；文章微妙，其體難識。夫易見者粗也，難識者精也。夫唯粗也，故銓衡有定焉；夫唯精也，故品藻難一焉，吾故舍易見之粗，而論難識之精，不亦可乎。」前面所舉《明仁》篇，稱「才智」爲「精」、「行品」爲「粗」，是哲學意義上的「精粗」論；而此處將「精粗」之別引進文論，從而形成了葛洪的鑑賞心理學思想。首先，「德性」與「文章」之分，實際上是「性」與「才」之別，也就是哲學上的「仁」或「行」與「明」或「才」，在文學理論上的具體體現。以「德行」爲粗，以「文章」爲精，充分展示了葛洪重才輕性的文藝心理學思想。其次，從操作上講，「德行」與「文章」之別，實質上又是「品評德行」與「識鑑文章」之別。葛洪認爲，德行或仁行可力爲，而且易見其優劣，唯其易見而謂之「粗」；文章之事，其體微妙難識，唯其難識而謂之「精」（關於文章的識鑑之難，詳下節）。最後，葛洪得出的結論是：「吾故舍易見之粗，而論難識之精」。這一句理論宣言，與陸機的「得其用心」一樣，具有深刻的文藝心理學內涵。

我們稱陸機「得其用心」爲從品評才性到精析文心的轉折，實際上是將「文賦」放在整個漢魏六朝文藝心理學的發展史上，才得出上述結論的。因爲《文賦》並沒有品評才性，它從頭到尾都在精析文心。《抱朴子》則不同，它既品評才性，又識鑑文章（當然是以後者爲主），在《抱朴子》自身之中，完成了由「品評才性」到「識鑑文章」的轉折，通過一番比較、銓衡，從而將理論重心放在鑑賞論之上。此其一。第二，葛洪的重才輕性、舍粗識精，這一理論選擇本身，不僅具體體現出「文的自覺」與「人的覺醒」的魏晉精神，而且表明論者理論觸角的深入。若無「鑑玄測幽之明」，則是很難識文章之精妙的。第三，從「才性論」角度看，葛洪「嘆息於才難」，而且知難而上，精細地剖析文章之才，這一理論探索及其成果，豐富了才性論的文藝心理學內涵，並最終使得本來屬於作家心理學的才性論，與鑑賞心理學發生了聯繫。第四，陸機得爲文之用心，將作家論發展爲創作論；葛洪識文章之微妙，將作家論引入鑑賞論。在漢魏六朝文藝心理學發展史上，二人共同完成了由「品評才性」到「精析文心」的轉移或演變。

二、識鑑之難

葛洪的鑑賞心理學是從品人的「才性論」出發的，因此，我們在論及葛洪關於「識鑑（文章）之難」的心理學思想之前，先簡單地介紹《抱朴子》對「品人之難」的論述。《行品》列舉了「品人」

的十大難處，大致上都是說同一個人身上，優劣並見，善惡共存，故品藻難一，銓衡難定。比如，有的人「容貌修麗，風表閑雅」而「心蔽神否，才無所堪」，有的人「口之所談，身不能行；長於識古，短於理今」，等等。葛洪將「德行」與「文章」分屬於「粗」與「精」。《行品》講品人，主要是品人之德行，也就是品其「粗」。品「粗」尚有十難，識「精」的難度（其「難」的量之多與質之重），便可想而知了。

前一節曾指出，葛洪將才性論引進了他的鑑賞心理學。這一點，從《抱朴子》論「識鑑文章之難」中可以見出。《仁明》將「才」與「行」對舉，並認爲「鑑玄測幽之明難妄假」，實際上是從「才」的特定角度，談識鑑之難。對於鑑賞主體來說，識鑑的難處，首先在於他有沒有「才」。《淮南子·泰族訓》講欣賞音樂，必須有「師曠之耳」，否則，「六律具存而莫能聽」。曹植認爲識鑑品評別人的文章，首先自己得有才，而且品者之才，應超過被品者之才，他不願潤飾丁儀的文章，是因爲他「自以才不過若人」（見曹植《與楊德祖書》）。嵇康也強調，賞樂品樂者，要「解音聲」，要成爲「盡雅琴」（之妙）的「至人」（見《琴賦》）。可見，重視鑑賞主體的品評識鑑才能，是兩漢魏晉鑑賞心理學的理論傳統，而葛洪承繼這一傳統，在《抱朴子》外篇中對此作了更深入、更細緻的論述。

鑑賞與創作一樣，都需要特殊的才能，「音爲知者珍，書爲識者傳」（《喻蔽》）。無才，則成不了「知者」和「識者」，也就無從知音識書。內篇《塞難》說：「夫見玉而指之曰石，非玉之不眞也，待和氏而後識焉。見龍而命之曰蛇，非龍之不神也，須蔡墨而後辨焉。」和氏能識玉，蔡墨能辨龍，是因爲他們有高超的識鑑、辨別能力。品文者，也需要當「和氏」、做「蔡墨」，否則只能以玉爲石，命龍爲蛇。《博喻》將缺乏識鑑才能的人喻爲「聾夫」、「庸愚」、「庸工」、「常人」，並說「九成六變，不爲聾夫設；高唱遠和，不爲庸愚吐」，「若夫聆繁會之響，而顧問於庸工，非延州之清聽也」等等，都是從否定的角度，談藝術鑑賞之難在於識鑑者無才。葛洪還進一步指出，缺乏鑑賞才能，不僅難以識鑑文章，還會以美爲醜，以善爲惡。《尙博》：「以常情覽巨異，以褊量測無涯，以至粗求至精，以甚淺揣甚深，雖始自髫齓，訖於振素，猶不得也。夫賞其快者，必譽之以好，而不得曉者，必毀之以惡，自然之理也。於是以其所不解者爲虛誕，慺誠以爲爾，未必違情以傷物也。」所謂「常情」、「褊量」、「至粗」、「甚淺」，都是鑑賞者缺乏才能的具體表現，由此，必然導致鑑賞的困難與失誤，而最終對作品「毀之以惡」，斥爲「虛誕」。葛洪所嘲諷批評的這種文學現象，在今天也是存在的。某些貌似深刻而公允的評論家，對文學創作中所湧現的新的流派、風格和作品，並不作細緻的研究，也缺乏應有的識鑑能力，知之甚少，卻斥之甚多，拿一些現存的理論框子，到處「削足適履」、「逆我者亡」，不僅因無才而導致識鑑之難，而且人爲地造成了文學評論的災難。這正好應了《仁明》中的一段話：「無臧否之明，則心惑僞眞，神亂朱紫，思算不分，邪正不識」。

從「才」之角度看，是「無臧否之明」導致了識鑑的困難；而從「性」的角度論，識鑑者性格、性情以及心理上的種種障礙或缺陷，同樣會造成識鑑之難。——關於後者，《抱朴子》主要論及兩點：一是「貴古賤今，貴遠賤近」；一是「人各有意，憎愛異情」。

在文學鑑賞和批評中反對「貴古賤今」，也是兩漢魏晉文論家的一貫主張，劉安、桓譚、王充、曹丕對此都有論述，而葛洪之反對貴古賤今，有著他自身的特徵。《鈞世》借「或曰」者之口，剖析了「貴古賤今」的心理緣由：「或曰：古之著書者才大思深，故其文隱而難曉；今人意淺力近，故露而易見。以此易見，比彼難曉，猶溝澮之方江河，蟻蛭之並嵩岱矣。」心理學認爲：認知主體對於自己的認知對象，常因其認知的難易程度，而決定對象的高低優劣，此乃一種心理定勢，亦即《廣譬》所說「貴遠賤今，常人之用情也。」貴遠賤今，作爲人之常情，作爲鑑賞活動中的普遍心理偏向，其鑑賞心理學的根源，正在於古書的「難曉」與今書的「易見」。鑑賞者因其「難曉」而尊爲「才大思深」，因其「易見」而賤爲「意淺力近」。葛洪又進一步分析，爲何古書「難曉」？「且古書之多隱，未必昔人故欲難曉，或世異語變，或方言不同，經荒歷亂，埋藏積久，簡編杇絕，亡失者多，或雜續殘缺，或脫去章句，是以難知，似若至深耳。」（《鈞世》）可見古書之「難曉」，主要是由歷史原因所造成，並非古人故作艱深，若因「難曉」而尊，則必然造成識鑑的心理障礙或失誤。一方面，今人對古書的識鑑之難，會導致貴遠賤近、貴古賤今；另一方面，貴古賤今的心理偏向，反過來又導致識鑑之難。葛洪在心理學的深淺層次剖析貴古賤今，爲排遣識鑑文章中的一「難」，作出了獨特的理論貢獻。

導致識鑑之難的，還有一種比「貴古賤今」更爲普遍的心理現象。《塞難》：「妍媸有定矣，而憎愛異情，故兩目不相爲視焉；雅鄭有素矣，而好惡不同，故兩耳不相爲聽焉；眞僞有質矣，而趨舍舛忤，故兩心不相爲謀焉」。「憎愛異情」、「好惡不同」、「趨舍舛忤」，是《抱朴子》所描述的關於識鑑者之性情的第二種偏向。如果說，葛洪對「貴古賤今」是持一種全盤否定的態度；他對「憎愛異情」卻作了兩個方面的分析。首先，葛洪承認「觀聽殊好，愛憎難同」（《廣譬》），並舉出了大量的鑑賞實例來論證這一點的眞實性。從心理學角度看，不同的鑑賞主體，具有不同的心理結構，不同的審美趣味，因此，在具體的鑑賞活動中，必然表現出不同的愛好，不同的評價。換言之，鑑賞主體之「性」的差異性，必然導致鑑賞結果的多樣性和複雜性。雖然這種情況會造成識鑑之難，但它畢竟是一種具有某些合理成分的鑑賞心理現象。所以，葛洪說「人各有意，安可求此以同彼乎？」（《辨問》）在識鑑中強求一律，不僅難以做到，更有違鑑賞心理學規律。然而，事情還有另外一面。一部作品，其內容或眞或僞，其形式或美或醜，其風格或清或濁，其價值或高或低。因此，總得有一個客觀的標準，有一個大致的界定（這也是鑑賞的任務之一）。而「人各有意」、「憎愛異情」，常常會使鑑賞者在識鑑過程中「以醜爲美」，「以濁爲清」，「以失爲得」，而最終有「多敗之悔」、「失言之咎」（《塞難》）。品文者的善醜不分、清濁不辨，與《辨問》中所提到的「黃帝逑篤醜之嫫母」、「海上之女逐酷臭之夫」一樣，都是鑑賞的反常和失敗。至此，《抱朴子》分別討論了「人各有意，憎愛異情」的正面與負面，以及由此「兩面」所導致的識鑑之難。

識鑑者才能的低下與情性的偏差，均爲造成識鑑之難的主觀因素。「夫文章之體，尤難詳賞」（《辭義》），文章本身的精細微妙，則是識鑑之難的客觀原因。文學作品，「出碩儒之思，成才士之手」，「內辟不測之深源，外播不匱之遠流，其所祖宗也高，其所細繹也妙，變化不繫滯於規矩之方圓，旁通不凝閡於一途之逼促」（《尙博》）。正是因爲文章自身的高妙深遠、變化無窮，品文者才需要從「才」與「性」兩個方面克服識賞之難：若才能低下，則如同矇瞍，而「華章藻蔚，非矇瞍所玩」（《擢才》）；若性情偏至，則難有圓照之鑑，因爲「偏嗜酸鹹者，莫能知其味；用思有限者，不能得其神也」（《尙博》）。反之，品文者若才性雙優，識鑑之難也就迎刃而解了。

三、識鑑之方

羅根澤《中國文學批評史》認爲葛洪在創作上提倡「天才與方法並重」（參見該書第一冊第二〇〇—二〇一頁）；從鑑賞心理學的角度看，葛洪也是既重「才」，也重「方」。上一節談了由鑑賞主體「才」「性」兩方面所導致的識鑑之難，這一節介紹《抱朴子》爲解「難」想出了何「方」。換言之，也就是實施哪些方法，來使鑑賞者才性雙優，從而識文章之微妙，得詩書之神明。

與談「識鑑之難」一樣，葛洪論「識鑑之方」，也是從品人的才性論出發的。《清鑑》提出品藻才性的一條重要的方法：「區別臧否，瞻形得神」。葛洪在《抱朴子》內篇的《至理》中表述了他的「形神論」：「夫有因無而生焉，形須神而立焉。有者，無之宮也；形者，神之宅也。故譬之於堤，堤壞則水不留矣；方之於燭，燭糜則火不居矣。身（一作形）勞則神散，氣竭則命終。」這是繼承桓譚王充的理論傳統，將「形」視爲「神」寄寓與依存之處。無論是品人還是品文，都是爲了得其「神」，所以必須從「瞻形」開始，並且以「瞻形」爲途徑或方式，否則，是無法「得神」的。形與神之關係，就其本質特徵而言，是外內表裡自相副稱；但同時，形神之間也有不相副稱的一面。《行品》講品人之難時，已指出了外貌與內心的差異性、複雜性。《清鑑》又說：「夫貌望豐偉者不必賢，而形器尪瘁者不必愚」，而所謂「清鑑」，正是要「詳舒急乎聲氣」，「謂虛實於言行」，透過外顯之形貌，而得內潛之神明。葛洪把有「清鑑」之才與方的人稱爲「智者」，說「智者睹木不瘁，則悟美玉之在山；睹岸不枯，則覺明珠之沉淵」（同上）。鑑賞者的才能，達到這樣一個水準，在品文之中，則不難識文章之微妙了。葛洪又把無「清鑑」之才與方的人稱爲「俗人」，說「俗人徒觀其外形之粗簡，不能察其精神之淵邈，務在皮膚，不料心志」（《刺驕》）。同樣是「瞻形」，智者能得神，俗人則不能，其原因就在於智者擅長「清鑑」之方，不爲五光十色、複雜多變的形貌外表所惑，而能區別臧否，識妙鑑幽。就文學作品而言，其「形」是它的物質媒介或外形外觀；其「神」是它的內在意蘊情感心志。品文者既要有知音識文的能力，更要有清鑑之方，才能得作品的言外之意、韻外之致。後來《文心雕龍·知音篇》講「披文以入情」、「覘文則見其心」，實質上就是葛洪所說的「瞻形得神」的「清鑑」之法。另外，《明本》指出，清鑑者要要像司馬遷品評歷史人物那樣，「沙汰事物之臧否，核實古人之邪正。其評論也，實原本於自然；其褒貶也，皆準的乎至理。不虛美，不隱惡，不雷同於偶俗。」這些論述，對識鑑者在品文之中運用清鑑之方，是很有啓發意義的。

與「清鑑」相關的，是「比較」。「區別臧否」，實際上含有「比較」之義。《廣譬》：「不睹瓊琨之熠爍，則不覺瓦礫之可賤；不睹虎豹之彧蔚，則不知犬羊之質漫；聆白雪之九成，然後悟巴人之極鄙；識儒雅之汪濊，爾乃悲不學之固陋。」識鑑者所面對的衆多文學作品，往往是既有陽春白雪，又有下里巴人；既有「彧蔚」「熠爍」之精品，又有「質漫」「極鄙」之劣作。即便是同一部作品，也可能精華與糟粕共存，汪濊與固陋雜揉。因此，品文者，若不運用比較的方法來銓衡鑑別、區別臧否，就可能「似是而非，眞僞混錯」（《清鑑》），甚至「以失爲得」，「以醜爲美」（《塞難》）。

關於識鑑之方，《抱朴子》除了講「清鑑」與「比較」，還講「博覽」與「兼收」。我們先說「博覽」。《廣譬》所說的「睹瓊琨」、「聆白雪」、「識儒雅」，以及「覺瓦礫」、「知犬羊」、「悟巴人」，等等，就含有博覽的意思。說到底，清鑑與比較，都有一個前提，那就是博覽。沒有豐富的識鑑經歷，沒有長期大量的欣賞、審美實踐，其清鑑之方、比較之法，又從何談起？所以《尙博》提出要「馳騁於詩論之中，周旋於傳記之間」。一個「馳騁」，一個「周旋」，意指鑑賞者的「博覽」既要廣闊無垠（所謂「佇中區以玄覽」），又要舉一反三，不斷深入（所謂「頤情志於典墳」）。「馳騁」與「周旋」的有機結合，才是「博覽」之方的最佳運用。

與「博覽」相關的是「兼收」。前面已談到，葛洪認爲識鑑文章時，若「偏嗜酸鹹」、「用思有限」便不能知味得神。這種「偏嗜」與「有限」，也就是不善於用兼收之法。博覽之時，鑑賞者接觸並品識了大量作品，若一味地偏嗜，或愛同憎異，或貴古賤今，或崇己抑人，或貴遠賤近，都無法達到理想的鑑賞效果，或者說會導致鑑賞的失誤。《廣譬》：「四瀆辯源，五河分流，赴卑注海，殊途同歸。色不均而皆艷，音不同而咸悲，香非一而並芳，味不等而悉美。」只有運用「兼收」之法、「並蓄」之方，才能識五色之艷，會衆音之悲，收群香之芳，體多味之美，從而在這芳、艷、悲、美之中，獲得極大的審美愉悅和心理快感。葛洪的「兼收」不僅僅是一種鑑賞方法，還是一種寬容的態度與自由的精神。馬克思諷刺普魯士的書報檢查官：「你們並不要求玫瑰花和紫羅蘭散發出同樣的芳香，但你們爲什麼卻要求世界上最豐富的東西——精神只能有一種存在形式呢？」（見《馬克思恩格斯論藝術》第四卷，第一八七頁）這既是對文化專制主義的批判，同時又是呼喚文藝批評的寬容態度和自由精神，主張藝術鑑賞的兼收並蓄，變化多樣。而葛洪的「色不均而皆艷」，「香非一而並芳」，無論是字面意義，還是言外之意，與馬克思的那一段著名論述，都有著共同或相似之處。

對品人才性，葛洪認爲「人各有意，安可求此以同彼乎」（《辨問》）；對識鑑文章，葛洪又主張「文貴豐贍，何必稱善如一口」（《辭義》）。提倡博覽而兼收，還有一層含義，就是識鑑者要有獨立的見解，不能彼此雷同、千口一詞。葛洪在創作上也反對因襲模仿，《譏惑》嘲諷那些在服飾上趕時髦的人，「所飾無常，以同爲快」，繼而從服飾講到書法與音樂的創作，指出有些作者丟掉自己的風格而去仿效他人，結果「不得邯鄲之步而有匍匐之嗤」。葛洪所提倡的創作與鑑賞的獨特性，也是一種心理能力或才情。

葛洪的鑑賞心理學思想，無論是談「識鑑之難」，還是講「識鑑之方」，都對劉勰的鑑賞論產生了影響。《文心雕龍·知音篇》，先從主客體兩個方面講「文情難鑑」，繼之講「博觀」、「圓照」、「

心敏」、「目瞭」，便是分別從「難」與「方」兩個角度論藝術鑑賞。劉勰較之葛洪、其鑑賞心理學的內涵更豐富、形態更精緻、結構更系統，但二者的承繼關係是不能忽視，更不能否定的。在鑑賞論這一領域，若沒有葛洪的「展開」，也就沒有劉勰的「成熟」。

拾壹、南北朝文藝心理學概觀

交響樂章的「再現部」，是重現「呈示部」的主題，並且將已在「展開部」充分發展了的音樂情感引向高潮，從而造成一個管弦共奏、鼓鈸齊鳴的輝煌的結尾。漢魏六朝文藝心理學，歷經兩漢的「呈示」（形成）、魏晉的「展開」，最終進入南北朝的「再現」（成熟）。此樂章的基調（交叉於哲學與文學之間）、主題（以「心物」爲綱，從「才性」出發）、旋律（從品評才性到精析文心）、樂段（作家、創作、鑑賞三論）……猶如百川歸海，以謹嚴的結構、精美的形態、幽深的內涵，「再現」於南北朝時期。這種「再現」是螺旋，是整合。兩漢魏晉文論家的心路歷程、理論建樹，以及他們的成功與困惑，全以嶄新的面貌，在更高的層次上的整合、回歸。

給南北朝文藝心理學戴上「高潮」（或「成熟」）的桂冠，當然是有充足理由的：第一，中國文藝心理學史上最爲著名的兩部專著——《文心雕龍》和《詩品》，均出現在南北朝的齊梁時期，無論是其系統性、涵括力，還是對「文心」之秘的深識鑑奧，或是對諸多文藝心理學命題、範疇、概念的創造與闡釋等等，《文心》與《詩品》都算得上「前無古人，後無來者」；第二，文藝心理學的三大塊(作家論、創作論、鑑賞論),到了南北朝時期,都進入「成熟」階段。比如作家論,形成於兩漢的屈原品評,展開於曹丕的《典論.論文》,而成熟於《世說新語》與《詩品》、《文心》。又比如鑑賞論,雖然在《淮南子》、《抱朴子》,以及阮、嵇的音樂理論中都有所論及,但眞正出現鑑賞心理學的專篇,還是齊梁時代的事。第三,與兩漢、魏晉相比,南北朝的哲學思潮也是獨具特色的。如果說,兩漢是《獨尊儒術》(當然也有漢武帝時期的「好黃老之說」,魏晉是大暢玄風(後期則由玄入佛);那麼,南北朝時期來了個「集大成」,既尊儒又崇佛,亦不排斥玄道,使三教合流,讓殊路的儒道釋三家共轍。交叉於「心論」與「文論」之上的南北朝文藝心理學,不可避免地受到了三家「心論」的影響。更進一步說,此時期「文心」的成熟與總歸,在某種程度上是由哲學思想的合流與互補所決定的。

一、三教合流

在概述「展開期」的文藝心理學思想時,我們曾將魏晉玄學稱之爲「苦痛時代的心學」(詳見第六章)。就社會特徵而言,南北朝與魏晉大體上相近,都是封建社會的「亂世」。如果說,魏晉還有過二三十年短暫的統一,那麼,南北朝則一直是南北對峙,而且無論南朝或北朝都是頻繁地改朝換代、骨肉相殘。從黃巾軍偃旗息鼓,到陳後主亡國投井,近四百年間,中國封建社會處於前所未有的大動蕩、大分裂、大混亂之中。

南北朝與魏晉，均屬於「苦痛的時代」。佛學與玄學均爲苦痛時代的心學。面對那樣一個世積亂離、風衰俗怨的社會，統治者既要爲他的皇冠鍍一層宗教的靈光，又要對庶民施行並強化其精神統治；而普通老百姓和文人士大夫們，則需要從宗教的彼岸樂土，求得暫時的解脫，尋覓精神的慰藉。於是，來自異國他鄉的佛教，在華夏貧瘠的土地上，找到了它的位置。早在東晉年間，萬法皆空的佛教，便開始與以虛靜爲本的老莊哲學發生聯繫。劉宋時期，佛教繁榮，大臣與名士何尚之、王弘、謝靈運、顏延之等，皆尚佛法。受其影響，宋文帝亦敬信提倡。佛學史上著名的《白黑論》之爭便發生於此時。齊梁兩代，佛教盛行，在梁朝，甚至出現「家家齋戒，人人懺禮，不務農桑，空談彼岸」（《南史・郭祖深傳》）的局面，佛教幾乎成了國教。梁武帝蕭衍和他的三個兒子（蕭統、蕭綱、蕭繹），皆篤信佛教。蕭衍還數次捨身，率群臣信佛。當然，齊梁時期也有擁佛與反佛之爭，而那些起來爲佛教辯護的中國學者和僧人，大都受過儒學和玄學的熏陶，這本身就是三教合流的表現。

劉宋時期，畫論家兼佛論家宗炳，爲了系統地答覆《白黑論》與何承天對佛教的指責，寫下著名的《明佛論》，在爲佛教辯護的同時，極力會通儒佛道三家理論。宗炳指出：「彼佛經也，包五典之德，深加遠大之實；含老莊之虛，而重增皆空之盡」，分別在「德」與「虛」之上，找到了佛與儒、佛與道的連結點。從心理學角度看，佛家重佛心的神妙與頓悟，道家重玄心的虛靜、玄覽與神遊，都是對主體意識與個體精神的張揚；而儒學心理的人貴論，雖然本質上是「貴」整體意義上的、以道德爲規範的「人」，但其中所包含的主體性內核，與佛玄二心，是有相通之處的。正是在「心」之主體性這一點上，儒、釋、道三家有著交匯、重迭的部分。當然，對主體之「心」的張揚，對「文心」能動性的肯定，釋、玄勝過儒學；而在論及「心」之空寂、虛幻時，佛學比玄學走得更遠。畢竟三教的教義、宗旨有別，差異是顯而易見的。但在南北朝時期的爭論、碰撞中，儒道佛相互影響、相互補充，既有衝突，更有融合，尤其是在開明的理論家（如宗炳、劉勰等）的哲學和文論著作中，三教合流的特徵更爲明顯。

宗炳以佛心論畫，將佛學心理的「神不滅論」引入其繪畫心理，建立了他的「暢神」之說（詳第十三章）。佛心，是宗炳畫論的根本特色；與此同時，宗炳論畫，也有儒學與玄學色彩。《畫山水序》講「仁智之樂」，講「聖人以神傳道」，顯然是儒家「仁者樂山」的思想；又，講「身所盤桓，目所綢繆，以形寫形，以色貌色」，體現出儒家心論重外物、重形質的心理學傾向。而「應目會心」、「臥以遊之」，又有著玄學「游心於虛」的意味。可見宗炳的「暢神論」雖說是以佛學爲底蘊，也有儒學的神道與玄學的神遊。

劉勰的哲學思想，也是儒道釋兼而有之。就主導面而言，他屬於儒家，《文心雕龍．序志篇》自稱「齒在踰立，則嘗夜夢執丹漆之禮器，隨仲尼而南行」，他精心結撰《文心雕龍》正是爲了「師乎聖」、「體乎經」，「述先哲之誥」而「樹德建言」（同上），好一位孔孟信徒。然而，正是這位崇奉儒家以致夜夢孔子的劉彥和，跑到定林寺依僧祐而居，抄寫佛經，撰著《滅惑論》，駁斥謾罵佛教的《三破論》，並且會通佛道二家之理。誠如楊明照先生所言：「劉勰的思想是複雜的，有矛盾的。

既業於儒，又染於佛，在他的頭腦，儒佛兩家思想都有。」（見《文心雕龍校注拾遺》第五頁）

我們稱《文心雕龍》爲漢魏六朝「文心」之歸（詳第十五章），而「歸」的基礎則是兼容儒道佛三家哲學思想。「文心」所「原」之「道」，當然是徵周孔之聖，宗先儒之經，但劉勰又強調「自然之道」，從而使其「道」與老莊有染。此外，劉勰論作家之「養氣」，創作之「神思」，也有或濃或淡的道家色彩。至於佛學思想，在《文心雕龍》雖無明顯印記，但若細繹，還是能找出些蛛絲馬跡。《論說篇》：「然滯有者，全繫於形用；貴無者，專守於寂寥，徒銳偏解，莫詣正理；動極神源，其般若之絕境乎！」在「有無」問題上，對比儒道佛三家，而推崇「般若之絕境」。一個「神」字，抓住了佛學心理之要義。另外，《神思》、《知音》二篇的「照」，與《滅惑論》中的「寂滅無心，而玄智彌照」，其直觀感悟的特徵，與佛學心理是密切相關的。再者，《文心雕龍》理論之縝密與體系之嚴謹，在很大程度上得力於佛教的因明學，而貫穿全書的「折衷」方法，也受到般若學離二邊而行「中道」的思想影響。劉勰乃至整個南北朝的文藝心理學思想，交叉於文論與心論之上，而此時期的「心論」，最主要的特徵便是三教合流。

二、三心共振

南北朝時期，其「心論」是「三教合流」，而交叉於「心論」與「文論」之上的心理學思想的三大塊（創作心理、作家心理和鑑賞心理），也是「仰齊足而並馳」，同趨「成熟」之境，可謂「三心共振」。

漢魏六朝文藝心理學的主旋律是「從品評文人才性到精析爲文用心」，前者以作家論爲主，後者以創作、鑑賞論爲要。兩漢和魏晉時期，雖然都有三大塊的心理學思想內容，但這「三大塊」，在各個時期的發展並不「同步」。以「才性論」爲核心的作家心理學，率先在漢代的屈原品評中顯露出大致的輪廓；而創作、鑑賞心理，還不具備獨立的理論形態，基本上處於混沌之中。西晉陸機精析爲文之用心，標誌漢魏六朝創作心理學的建立；而嵇康談音樂鑑賞，葛洪識文章微妙，又揭櫫了鑑賞心理學的逐步清晰與展開。可見「三論」的建立（或清晰）與發展（或展開），在兩漢魏晉是參差不齊的。

到了南北朝這一「成熟期」，文藝心理學思想的三個領域，呈現如下特徵：

其一，「品評文人」與「精析文心」大體上同步共轍，並駕齊馳，這一點在《文心》與《詩品》中表現得最爲突出。

其二，鑑賞論的創建與獨立，其標誌是首次出現論鑑賞心理的專著《詩品》與專章《文心雕龍·知音篇》。無論是鍾嶸「品詩」，還是劉勰「知音」，均與他們的「品文人」、「析文心」緊密相連，渾然一體，眞正達到「三心共振」，殊途同歸。

其三，「三心」共振於同一理論家的同一著作。《文心》與《詩品》，都是既品評文人才性，又精析爲文用心，還討論鑑賞心理，各自將文藝心理學的三大塊熔爲一爐。當然二人也有區別：鍾嶸僅以「詩歌」爲研究對象，劉勰則以各體文學（甚至包括一些廣義的「文學」）爲對象（詳本章下節）。

其四，較之「形成期」與「展開期」，南北朝時期的三大領域均趨向「成熟」。下面我們分別論證創作、鑑賞、作家心理學的成熟。

肇始於兩漢屈原品評的漢魏六朝作家心理學，早在曹丕的《典論．論文》中，就有了長足的發展與顯著的深化，而它在南北朝時期的「成熟」標誌有二：一是積累了豐富、詳細而又生動的資料。研究漢魏六朝的作家心理，有一個困難，缺乏第一手資料。中國古代作家，很少有與他的創作經歷相關的日記、書信、文稿等資料傳世，那些正史中的傳記，也主要是記載傳主的與宦途仕歷相關的事跡，關於傳主的創作經歷、文心歷程，大多語焉不詳。在這種背景下，歷史文獻中，任何與作家「文心歷程」相關的資料，都顯得非常珍貴。誕生於劉宋時期的《世說新語》（包括梁代劉孝標的注），以簡潔傳神、優美生動的語句，從外貌、內心、才藻、性格、情感、意志、人品、精神等各個側面，描繪出一幅幅栩栩如生的作家肖像，敘述了一個個妙趣橫生、意味深長的與作家的創作密切相關的故事，從而使得這部筆記體記實小說，在文藝心理學史上有著很高的史料價值。另外，《詩品》正文的上中下三卷，以及《文心雕龍》的字裡行間，也記載了一些與作家心理相關的資料。二是從「才性關係」的角度深化了漢魏六朝的作家心理學。《世說新語》的描述，揭示了作家「文心」與「人心」（即才與性）的分裂；《文心雕龍》「才略」、「程器」諸篇，對「分裂現象」持寬容態度，並在嚴格的心理學意義上，主張才與性的「表裡相符」——這些都使得作家才性論的內涵更加深刻、豐富。此外，《詩品》之論「文德」（審美創造之性）與「詩才」（審美創造之才），將心理學意義上的「才性」

升華到美學的境界。

南北朝文論家將「品人」與「品文」緊密相連，把「才性」引入鑑賞論。《文心雕龍·知音篇》總匯齊梁之前的鑑賞理論，分別從「才」與「性」兩個方面對鑑賞主體提出諸多要求。《詩品》上中下卷既是品人，更是品詩，其鑑賞論也有「才性」內涵。南北朝鑑賞心理學的這一特徵，一方面說明：「品文」、「品詩」的鑑賞論與「精析文心」的創作論一樣，也是從「品人」的作家論發展而來，而且「品文」「知音」，本身又是「精析文心」的內容之一；同時也表明，「品文人」、「析文心」與「品文、知音」，在南北朝時期已是難解難分——這是鑑賞論「成熟」的標誌之一。《詩品》與《文心》均有鑑賞實踐，前者的正文三卷與後者的「辨騷」、「明詩」、「論賦」諸篇，既從「史」的角度「沿波討源」、「振葉尋根」，更注重對作品本身「剖情析采」、「吟詠滋味」。而《詩品》的「意象評點」，則是頗有心理學意味的。

關於南北朝的創作心理，堪稱「成熟」的標誌有三：一是以佛學心理為底蘊的南朝畫論。身兼「佛論家」、「畫論家」二任的顧愷之、宗炳等人，將佛學心理的「神妙」、「頓悟」等觀念引入畫論，提出了「傳神」、「暢神」、「感神」和「遷想妙得」、「澄懷味像」等具有重要理論價值的繪畫心理學命和範疇。二是以直覺思維為特徵的鍾嶸詩歌心理學。所謂「即目」、「直尋」、「寓目輒書」等，在心物關係上，強調直觀感悟、主客契合、意象相隨。三是以「系統、全面、精緻」為特色的劉勰創作論。《文心雕龍》論創作心理，以「神思」為標題，以「情采」、「風骨」、「熔裁」、「物色」、

「附會」等爲子目，統馭「聲律」、「章句」、「麗辭」、「比興」、「誇飾」、「事類」、「練字」等各個細節或方面，從而整合爲嚴謹而精緻的理論系統，在這個體系中，劉勰折衷舊說，異同前論，使古今同歸、三心共振。

三、雙峰並峙

南北朝文藝心理學的最大特徵是「成熟」。「成熟」的哲學基礎是儒、釋、道之「三教合流」；「成熟」的「文心」標誌是創作、鑑賞、作家之「三心共振」；而「成熟」的理論形態或象徵，則是「雙峰並峙」。

齊梁之前，中國的古代文論發展了一千多年，其理論成就是不言而喻的。但嚴格說來，並未出現文論專著。魏晉時期，曹丕的《典論·論文》，陸機的《文賦》，都只是文論專篇，大部分包含著文藝心理學思想的文論篇章或言論，均散見於經史子集和文學作品之中。到了南北朝的齊梁時期，終於誕生了中國文論史上最早的理論專著《文心雕龍》與《詩品》。

《文心》與《詩品》的問世，是歷史的必然。齊梁之前的理論家和文學藝術家，在文藝理論與批評的各個領域，作了長期的艱辛而又細密的探索，積累了豐富而又深刻的文論和文藝心理學思想，正是這些「前論」與「舊談」（《文心雕龍·序志篇》）爲劉勰、鍾嶸在文論界的「樹德建言」、「彌綸群言」（同上）打下了堅實的基礎。試想：若沒有漢代的品藻屈原，魏晉的品樂、品畫、品文，又何來鍾記室的《詩品》？同樣，若沒有司馬相如論「賦家之心」，陸機得「爲文之用心」，以及衆多文論家以儒心、道心、佛心析文心，恐怕也不會出現劉舍人的《文心雕龍》。「振葉以尋根，觀瀾而索源」，不能否認：「後生之慮」，得益於「先哲之誥」（《文心雕龍・序志篇》）。

當然，站在《文心》和《詩品》這兩座巨峰之巔，而去「尋根」、「索源」，不難見出前代文論的諸多缺憾；劉勰與鍾嶸正是看到了前論舊淡的不足，才開始他們規模宏大的理論建設的。《詩品序》指出：「觀王公縉紳之士，每博論之餘，何嘗不以詩爲口實，隨其嗜欲，商榷不同。淄澠並泛，朱紫相奪，喧議竟起，準的無依。」有感於斯，鍾嶸才「銓衡群彥」、「敢致流別」。《文心雕龍・序志篇》也指出前代文論的種種弊端，如「密而不周」、「辯而無當」、「華而疏略」、「巧而碎亂」，等等。也正是看到前人「各照隅隙，鮮觀衢路」，劉勰才站出來通變古今，折衷異同，精析文心而成一家之言。

作爲文藝心理學史上並峙的雙峰，《文心》與《詩品》有諸多共同之點。首先，二者都具有對前論舊談的總結性與涵括性，而這種涵括與總結的基礎是吸收前人的思想精華，揚棄前人的缺憾與弊端；其次，二者均不約而同地將文藝心理學的三大分支集於一身，都有著「三心共振」的特徵；最後，兩人的文藝心理學思想都有著「以『心物』爲綱，從『才性』出發」的特徵，「心物關係」，成爲《文心》與「詩品」的靈魂，而品評作家及其作品，則是劉勰、鍾嶸精析文心進而建立起系統之心理學理論的基礎和出發點。

「雙峰」既然能「並峙」，二者必然是各自獨立，各具特色。《文心》與《詩品》的差異，主要表現在「心物觀」與「方法論」兩個方面。

《詩品》以直觀感悟爲主要特徵，在處理心物關係時，強調心與物的快速接觸、直接對話，使心物一體、主客契合、意象相隨。故鍾嶸論創作心理，主要講「直尋」與「直致之奇」；談鑑賞心理，又主要講「味詩」，用「意象評點」。《詩品》的直覺思維與佛學心理的「悟」有著內在聯繫。《文心雕龍》的心物觀，則折衷前代的「物感」、「心造」二說，獨創「心物贈答論」。他論心物關係似與佛學無涉，卻會通了儒玄二家之說。

《文心》與《詩品》，無論是品文人，析文心，還是談鑑賞，所用的方法是大不相同的《詩品》的方法是「意象評點」，論者以一己之「文心」去「味」（體驗、感受）批評對象，並用「意象」將「味」的結果傳達出來。「意象評點」的思維特徵是直覺式，其具體方法爲形象性的比喻、比較、誇張以及敘述佚聞趣事等等。《文心雕龍》的方法是「唯務折衷」，論者理智而客觀地梳理、辯證前人的理論，既不「苟異」，也不「雷同」，而是「圓照」、「圓該」，在條貫通變、擘肌分理的前提下，建立起系統而精緻的文藝心理學理論。如果說，「意象評點」以直覺、感性、隨意、生動爲特徵；那麼「唯務折衷」則以思辨、理性、圓通、整一爲特徵。

從史的角度看，劉勰、鍾嶸的不同「方法」，開啓了隋唐以降中國文論和文藝心理學的兩條最基本的路子：一是「評點型」，一是「論說型」。前者如《詩品》之後的大量的詩話、詞話、曲話、小說與戲曲評點等等；而「論說型」的專著並不多見，大概清代的「原詩」，才眞正稱得上是具有「折衷」和思辨性、系統化特徵的「論說型」文論專著。這一方面說明《詩品》對後世的影響大於《文心》，另一方面又顯示《文心》在中國文藝心理學發展史上眞正是「鳳毛麟角」、「後無來者」。

拾貳、《世說新語》：「文心」與「人心」

《世說新語》，南朝宋劉義慶編纂，梁代劉孝標為之作注。劉義慶（四〇三—四四四），彭城（今江蘇徐州）人。宋宗室，襲封臨川王，性好文學，招納文士；劉孝標（四六二—五二一），平原（今屬山東）人。天監初任典校秘書，後任荊州戶曹參軍。曾著《辨命論》。明人輯有《劉戶曹集》。

上一章已簡略地描述了《世說新語》的作家心理學意義：此書記載了大量關於作家才能、性情、創作與鑑賞經歷等方面的遺聞軼事，為我們研究中古作家心理提供了寶貴的資料；同時，其生動描繪之中，蘊藉著較為深刻的作家心理學思想，標誌著漢魏六朝文藝心理之作家論在「成熟期」的深化。

本章著重從「文心」與「人心」的角度，研究《世說新語》的作家心理學思想。所謂「文心」，不僅僅指陸機所云：「為文之用心」，還包括作者的創作才能、創作個性及其在作品中的表現，也就是作家在其作品中的形象；而「人心」則與「文心」相對，是作家在生活中的形象。西方心理學大師榮格（一八七五—一九六一）曾將同一位作家一分為二：「作為藝術家的個人」與「成為個人的藝術家」（參見榮格《心理學與文學》第一四〇頁，馮川譯，三聯書店一九八七年版），這大致相當於我們所說的「文心」與「人心」。

漢魏六朝作家心理學以「才性」為核心，故《世說新語》的「文心」「人心」之分，也與「才性」密切相關。「作為個人的藝術家」，與社會生活中千千萬萬「個人」一樣，他有著自己的德行、人品、個性、氣質；「作為藝術家的個人」，他與普通人的區別在於：前者有著獨特的審美創造與鑑賞的才能，缺乏這種才能，「文心」無法搏動，更不能物化為藝術作品。因此，所謂「文心」與「人心」又大體上相當於作家心理學的「才」與「性」。

作為一部軼事小說，《世說新語》的作家心理學思想，主要是通過形而下的具體敘述、描寫而體現出來。這有些類似於司馬遷的悲劇心理學思想，潛藏在《史記》人物傳記的字裡行間。在此意義上，可將《世說新語》的「文心」「人心」論，稱之為文學家的心理學，文學家來談文人之「心」，尤能洞其幽微，識其精妙，中其肯綮。

一、文士心曲　才子讚歌

《世說新語》對文士的褒揚讚美，用得最多的頌辭是「才」。據筆者統計：「才」字在書中出現了三百多次，而且大部分指「文學之才」（當然，《世說新語》中的「文學」是廣義的，除了詩賦文章書畫，還包括儒玄釋三學以及史學、清談等等）。《世說新語‧文學》一篇，「才」字出現四十多次，該篇第九四則，不滿一二〇字，竟有四個「才」字——《世說新語》之重文才，可見一斑。此書作者，正是站在「才」的角度，描述並讚美當時作家藝術家的「文心」。

我們先來看《世說新語・文學》。該篇共一〇四則：前六五則主要講魏晉名士、高僧注解闡釋《老》、《莊》、《易》、佛以及清談的才能（其中與文論相關的論題有「聲無哀樂」、「才性四本」、「言意之辨」等）；第六六則，即「文帝嘗令東阿王七步中作詩」（本章所引《世說新語》，均據徐震諤「校箋本」，以下引文只標篇名），直至篇末，大都談狹義的文學創作之才，如曹植七步成詩，阮籍醉後成文（人稱「神筆」），「劉伶著《酒德頌》，意氣所寄」，樂令善於構思、潘岳「長於手筆」，以及郭景純的詩才、左太沖的賦才、陸士衡的文才……

《文學》談文學創作之才，《巧藝》則談藝術創作之才，後者僅一四則，就有八則談繪畫之才，四則談書法之才。流傳千古、衆人皆知的顧愷之「畫才」諸例（如「畫人……不點目精」、「頰上蓋三毛」、「此子宜置丘壑中」、「『目送歸鴻』難」等等），均見於《世說新語・巧藝》。關於藝術才能，在《世說新語》的其他篇章中亦可見到：如《品藻》讚王羲之父子的書法之才。又如《任誕》稱劉道眞「善歌嘯，聞者莫不留連」，記桓子野「善吹笛」、「踞胡床，爲作三調」。

魏晉才子的「文心」，不僅跳動在他們的詩、賦、文、書、畫、樂等文藝作品之中，而且通過他們的清談而顯現出來。《世說新語》用不少的篇幅，繪聲繪色地描寫了許多清談場面，情不自禁地讚揚了文人名士的清談之才。讀《世說新語》可知，清談之才，作爲一種駕馭口頭語言的能力，實則包著文士爲「言」之用心，具體而論，指言者的思維敏捷、學識淵博、聯想豐富、機智詼諧等智慧品質。一個人在哲學、歷史、文學、藝術等各方面的用心、造詣和才華，都可見於他的清談之言中。經常在《世說新語》中抛頭露面、且被譽爲「當世之大才」的名流如嵇康、阮籍、陸機、潘岳、山濤、王導、裴頠、殷浩等等，均無一例外地有著卓越的清談才能。《言語》、《文學》、《捷悟》、《排調》諸篇，描繪了那麼多擅長清談的文學藝術家和玄學、佛學家，記錄了那麼多或玄遠深邃、或簡潔明快、或熱情酣暢、或風趣幽默的聯珠妙語。從魏晉才士「靡靡可聽」、「超超玄著」（《言語》）、「注神傾意」、「妙見於形」（《文學》）的清談之聲中，我們不是可以感覺到「文心」的跳動、體驗出才士之「心哉美矣」？

《世說新語》所描繪的諸多才子，不僅有著高超的審美創造才能，而且有著卓著的審美鑑賞才能。無論是對大自然或是人本身的美，還是對文藝作品的美，他們都有著敏銳的感受力。《言語》：「顧長康從會稽還，人問山川之美，顧云：『千巖競秀，萬壑爭流，草木蒙籠其上，若雲興霞蔚。』」山水、草木、雲霞的無窮魅力，觀賞者對「山川之美」的獨特感受，都蘊藉在這寥寥數言之中，又彌漫於這寥寥數言之外。又如人所共知的「簡文入華林園，……曰『會心處不必在遠，……覺鳥獸蟲魚自來親人』」，「王司州至吳興印渚中看，嘆曰『非唯使人情開滌，亦覺日月清朗』」，王子敬云『從山陰道上行，山川自相映發，使人應接不暇。若秋冬之際，尤難忘懷』（均見《言語》）等等，都如此形象地描繪出審美主體超凡脫俗的鑑賞才情，表現出鑑賞個體對自然美的獨到感受。令人「應接不暇」、使人「尤難忘懷」的大自然的美，滋潤了魏晉才士的「文心」；而他們的「文心」，又通過對自然美的鑑賞的再現，跳動在《世說新語》的字裡行間，使得我們這些後人得以「覘文輒見其心」。

關於鑑賞之才，《世說新語》談得更多的還是品文與品人。如謝玄與衆子弟共賞《詩經》，各有所得；阮孚讀郭璞《幽思篇》後，「輒覺神超形越」；庾敳與庾亮討論《意賦》，悟出其妙「正在有意無意之間」（均見《文學》），講的是識鑑文學作品。《言語》：「王（羲之）曰：『年在桑榆……正賴絲竹陶寫……』」，《術解》：「荀勗善解音聲，時論謂之『闇解』，……阮咸妙賞，時謂『神解』……」，《任誕》：「桓子野每聞清歌，輒喚『奈何』……」，講的則是對音樂的鑑賞。至於品藻人物，《世說新語》中的例子更是不勝枚舉。此不贅述，只提及兩點：魏晉才士品人，一是以自然美喻人之美，一是將審美才情視爲人之美的靈魂或精華——由此又可見沐浴於自然美、升華爲藝術美的魏晉「文心」。

以上從創造（包括清談）與鑑賞（包括對自然美與人之美的識鑑）兩個不同角度，討論了《世說新語》所表現的，以「審美之才」爲形態或外觀的「文心」。這些例證，多是對「文心」的形而下描述；若於形而上的層次概而論之，「文心」在《世說新語》中具有四個方面的內容。

一是才藻豐贍。「文心」表現爲美的鑑賞與創造，而審美之才與普通心理學意義上的智能相比較，前者有兩大特徵：一是對形式美（即藝術物質媒介）的駕馭能力，一是才藻風格的多樣化、個性化。《世說新語》所談及的詩才、賦才、文才、畫才、書才、樂才等等，都意味著創作者對特定門類的藝術樣式，有著內行的眼光與駕輕就熟的能力；而清談之才，則是對語言的駕馭才能。《文學》記支遁許詢二人的辨難十分精彩，使得聽衆「但共嗟詠二家之美，不辯其理之所在。」言者的才藻，具體表現爲言辭的音色、韻律、節奏、辭氣等形式美；而聞者的才藻，則在於他們能全然陶醉於這種形式美之中，將「清談」當作「無標題音樂」來欣賞，以至「不辯其理之所在」，賞言而忘意了。

人各有文，文各有心，「文心」的豐贍還表現爲：不同的主體有不同的風格特徵。《文學》稱支道林「才藻奇拔，」謝安「才峰秀逸」；又稱「潘（岳）文若披錦，無處不善；陸（機）文若排沙簡金，往往見寶」。《賞譽》稱「馮（惠卿）才清，李（胤）才明，純粹邢（喬）」，講的都是才藻的不同風格或特徵。才藻之豐贍，不僅因人而異，還因地而別，《文學》談及「北人」與「南人」文才之殊：「北人學問淵綜廣博」，「南人學問清通簡要」；「北人看書如顯處視月，南人學問如牖中窺要」，比喻貼切，論斷精闢。正因爲才藻豐贍，「文心」各異，藝術創作方能夠百花競放，萬木爭春。

二是才力神奇。《文學》稱阮籍爲「神筆」，記曹植七步成詩，《巧藝》敘顧愷之「傳神寫照」，其間都含有創作天才論的成分。魏晉玄學重天才、重才力的思想，對《世說新語》的作者無疑是有影響的。《文學》記王夷甫讚諸葛宏「天才卓出」，揭櫫「天才」之說。《巧藝》「謝太傅云：『顧長康畫，有蒼生來所無』」條注引《續晉陽秋》，說是顧愷之將自己的作品寄給桓玄，桓玄打開一看，「封題如初，而畫並不存」，所謂「妙畫通靈，變化而去，如人之登仙矣。」將藝術作品神靈化，實則是極言藝術家才力神奇，「文心」精妙而通靈。《文學》稱郭璞的詩，使人「神超形越」，郭之才更是「奇博多通」。鍾嶸《詩品》有「江郎才盡」的故事，江淹何以才盡？郭璞將「五色筆」收回去了。郭氏才力之神奇，竟能超越時空，惠及（亦殃及）後人。

三是才情深沉。前面曾提到桓子野每聞清歌，輒喚「奈何」——這只是故事的開頭，結尾是：「謝公（謝安）聞之，曰：『子野可謂一往有深情。』」（見《文學》）桓子野的音樂鑑賞才能之中，灌注著深沉的情感。一方面是音樂喚起情感，另一方面（從根本上說），是「聞者」一往情深的主觀投射。這正如簡文帝在觀賞華林園美景時所云：「會心處不必在遠，翳然林水，便自有濠、濮間想也，覺鳥獸蟲魚自來親人。」（《言語》）「會心」也就是「一往有深情」，此情寄於園林泉水，移入鳥獸蟲魚。魏晉文人名士，對自然美和藝術美，有如此高超敏銳的鑑賞能力，其內在緣由，就是審美主體的才情深沉。《世說新語》認爲鑑賞者首先要有「勝情」（見《棲逸》）——不唯鑑賞，藝術的創造更需要「勝情」，畫聖愷之、書聖羲之、以及名垂千古的文學家如曹植、嵇康、阮籍、郭璞、左思、潘岳……誰人不是才情深沉？我們在《世說新語》中所感受到的「文心」，無不具有深厚沉鬱的「情」之底蘊。

四是才氣剛健。魏晉是一個重風骨、崇陽剛的時代，這一點也反映在《世說新語》的「文心」之中。《賞譽》「殷中軍道右軍『清鑑貴要』」條，注引《晉安帝紀》曰：「羲之風骨清舉也。」《賞譽》品人才氣，常用「骨」或「風骨」，如「韓康伯將肘無風骨」，「祖士少風領毛骨」，「陳玄伯壘塊有正骨」，王彌「風神清令」等等。「風骨」一詞，似濫觴於《世說新語》，用來狀文士才氣之清剛遒勁，是頗能傳神寫照的。《世說新語》標舉「風骨」，是貶斥那些萎靡不振、頹唐不剛之人，如《品藻》：「時人道阮思曠骨氣不及右軍」，因爲阮「終日頹然無所修綜」。後來劉勰將「風骨」引入《文心雕龍》，則是批評六朝輕靡、浮弱之文風，不滿那些「振彩失鮮，負聲無力」的篇什，而呼喚「剛健既實，輝光乃新」的「才峰峻立」之作。

《世說新語》所描寫的「文心」，當然不止於以上四個方面，但最主要的特徵，基本上可概括如斯。後面兩點（才情深沉與才氣剛健）既有「才」的內涵，又有「性」的成分。換言之，既可以表現「文心」，又可以描繪「人心」。魏晉才子的情之深與氣之剛，我們在下一節還要談到。

二、「人心微妙」　褒貶參半

「作爲藝術家的個人」，魏晉作家的「文心」，在《世說新語》中表現爲才藻豐贍、才力神奇、才情深沉、才氣剛健；「作爲個人的藝術家」，魏晉作家的「人心」又有何特徵？後者較之前者，更爲複雜。如果說，《世說新語》對魏晉才子們的「文心」是唱了一曲曲頌歌，那麼對其「人心」，則是有保留的褒揚，所謂「褒貶參半」。

從心理學角度看，以「性」爲形態的「人心」應含有兩個層次：一是個性、氣質、情感；一是德行、人品、操守。《世說新語》描寫第一層意義上的「人心」，充分表現出魏晉時代「人的覺醒」的精神，常常逾越儒家倫理道德的樊籬；而一旦在「德性」的層次談「人心」，則又難免受制於正統禮教的束縛，露出保守的一面。對《世說新語》的這種內在矛盾，我們無意指責、苛求，在此只想作一些實事求是的分析。

細繹《世說新語》，不難發現此書對「人心」的「褒」，占了主流，而被褒揚讚美的「人心」又主要是心理學意義上的「性」。下面從三個方面來談。

第一「寧作我」的獨立人格。中國古代心理學有著「人貴論」傳統，《論語．鄉黨》：「廄焚，子退朝，曰：『傷人乎？』不問馬。」鄭玄曰：「重人賤畜」。先秦儒家所「重」（貴）的是區別於「畜」的整體意義上的「人」。《孟子．告子上》進一步指出：人之所以貴於禽獸，是因爲人有「仁義禮智」四端。從先秦到兩漢，儒家所「貴」之「人」，實則是缺乏個性、獨立意識和自我價值的不自由的人。個體的「人」被規範於整體的「人」之中，人之個體意識被群體意識所淹沒、所取代，若越出這個規範和群體，就會成爲性惡之人，就不值得「貴」了。

經過魏晉這一「人的覺醒」的時代，「貴人」之標準與先秦兩漢已大不相同。《品藻》：「桓公（桓溫）少與殷侯（殷浩）齊名，常有競心。桓問殷：『卿何如我？』殷云：『我與我周旋久，寧作我。』」「寧作我」三字，落地有聲、鏗鏘有力，道出魏晉作家之「人心」的一個重要特徵：否定儒家關於「人」的整體性價值，衝決正統禮教外在的強制性的約束，從而充分肯定其內在的個體性價值，追求獨立人格與自由精神。《世說新語》的「人貴論」，「貴」的正是這種獨立意識和自主精神。

「寧作我」的獨立人格，表現在文藝創作中，便形成作品從內容到形式的獨特風格與個性。《文學》：「孫興公作《天台賦》成，以示范榮期，云：『卿試擲地，要作金石聲。』范曰：恐子之金石，非宮商中聲。」然每至佳句，輒云：『應是我輩語。』」在范榮期看來，《天台賦》的「佳」處，就在於它充分地體現出作者的個性，所謂「我輩語」是也。王氏父子，書名遠播，獻之善隸書，變羲之法爲今體，妙絕時倫；而獻之的章草又殊不及父。父子二人，其創作個性，各不相同，外人的評價也是「論殊不爾」。對此，王獻之一笑置之：「外人那得知！」（見《品藻》「謝公問王子敬」條及注）或許，王氏父子書法作品的魅力，正在於「外人那得知」的父與子的相異之處，亦即各人獨特的創作個性。

第二、「肆意酣暢」的放達風度。魏晉才士的「人心」，與人格獨立密切相關的，是反傳統、反禮教的異端精神，《任誕》稱之爲「肆意酣暢」。此篇以「竹林七賢」爲「典型形象」，以「酒」爲「中心事件」，有聲有色地展示出當時作家「人心」放達的一面。儒家《典禮》上赫然寫有「嫂叔不通問」，可是阮籍偏偏要與嫂子話別。此舉遭人譏笑，籍曰：「禮豈爲我輩設也！」——又是落地有金石聲的「我輩語」。他與隔壁的「大嫂」同桌共飲，醉了「便眠其婦側」。劉伶常縱酒放達，或脫衣裸形在屋中，高唱「我以天地爲棟宇」，將「自我意識」無限放大，並通過近乎變態的任達放縱而表現出來。

同是飲酒放達，竹林七賢的「肆意酣暢」、「恣情任性」，既有著那個時代的共性（所謂「魏晉風度」），又有著個體的獨特之處。如阮籍重喪在身仍然飲酒食肉，遭人指責還神色自若，任達之中是一股越禮嫉俗的傲氣；劉伶向鬼神起誓戒酒，誓言未盡，隗然已醉，放蕩之中又見其滑稽幽默；阮咸好酒而貧，七月七別人晒羅錦綾綢，他卻用竹竿掛起自己的大布褌頭，貌似自嘲，實爲嘲俗，荒誕之中又見其機智……正是這樣一些「角色」，「於時風譽扇於海內，至於今詠之。」人們奉他們爲「賢」，崇敬、甚至模仿他們。有位張季鷹學阮籍，「縱任不拘，時人號爲『江東步兵』。」頗有點像我們今天將人譽爲「活著的某某」。而這位「江東步兵」也是離不開酒的，他公開宣稱「使我有身後名，不如即時一杯酒。」（以上諸事及引文，均出自《任誕》）。《世說新語》所描寫的「人心」任達的一面，雖然也有流爲無聊低級的（下面將要談及），但其主流，則是公開打出「越名教而任自然」的旗幟，反抗禮教的禁錮而追求精神的自由。這種精神的自由，與獨立人格一樣，對作家的創作有著重要的心理學意義。

第三、「貴得適意」的高情。魏晉是「重情」的時代，所謂「情之所鍾，正在我輩」（《傷逝》），「一往有情深」，「終當爲情死」（《任誕》）。情，表現在文藝作品中，與作家的才能相聯，故「才情」成爲「文心」的形態之一；情，更多地是表現在作家的日常生活中，從而又構成「人心」的一個側面。《世說新語》常常譽某人有「高情」：其情發自內心，既自然眞誠，又超凡脫俗。故《世說新語》又常常貶責「俗情」與「矯情」。《識鑑》記那位「江東步兵」在洛陽做官時，「見秋風起，因思吳中菰菜羹、鱸魚膾，曰：『人生貴得適意爾，何能羈宦數千里以要名爵？』遂命駕便歸。」觸景生情，感物思鄉，以鄉情爲重，以名爵爲輕。「貴得適意」四字，生動地傳達出張季鷹「人心」高情遠致、直率自然的一面。《任誕》所記載的那位雪夜訪友，「乘興而行，興盡而返」的王子猷，又何嘗不是「貴得適意」？

魏晉作家「貴得適意」的高情，甚至在他們生命的最後時刻，也能淋漓盡致地展示出來。陸機入洛之前，曾在家鄉的華亭，與陸雲一道，度過了十年難忘的時光，兄弟倆常常在華亭遊清泉茂林，聽鶴鳴風嘯。後來陸機捲入八王之亂，臨刑嘆曰：「欲聞華亭鶴唳，可復得乎？」（《尤悔》）對家鄉、對大自然的思戀，與對生活、對生命的眷戀，纏繞在一起，於生死之際自然流露，感人肺腑，摧人淚下。再想想那位嵇中散，「臨刑東市，神氣不變，索琴彈之，奏《廣陵散》」（《雅量》）。高情遠致之中，又飽含悲愴之氣、陽剛之慨。

如果說，《世說新語》的「文心」以「才」（包括才藻、才力、才情、才氣）爲主要形態；那麼，「人心」的形態則是「性」。以上所概述的「獨立人格」、「任達風度」與「高情」，既是心理學意義上的性格、氣質、情感和精神世界，又是美學意義上的審美個性。換言之，魏晉作家的「人心」，其鮮明獨特的個性具有「美」的內涵和特質。然而，人心微妙，美醜共存，一部《世說新語》，寫文士之「人心」，既不乏熱情地褒揚其「美」，又不無辛辣地貶斥其「醜」。

魏晉名士以任達放縱來對抗正統禮教，張揚獨立人格與自由精神。這種任放有時又走向極端，演變成一種肉體的放蕩或官能的刺激，如「王處仲，世許高尚之目，嘗荒恣於色」（《豪爽》），王平子、胡毋彥「以任放爲達，或有裸體者」（《德行》）。尤其是一些名士的模仿者，爲任放而任放，得任放之皮相，「徒利其縱恣而已」，根本上不懂得任達的精神價值，所謂不識「之所以爲達也」（

均見《任誕》「阮渾長成」條注引《竹林七賢論》），其結果是將「任達」弄成「穢行」。《文學》「郭景純詩云」條注引《郭璞別傳》，列舉了郭的穢行：「不持儀檢，形質頽索，縱情嫚惰，時有醉飽之失」。對此種「穢行」，《世說新語》常借書中人物的口來「鄙」之，如《品藻》：「（時人）或重許（玄度）高情而鄙孫（興公）穢行」，又如《任誕》稱：對王子猷，「時人欽其才，穢其行」，等等。

《世說新語》讚美的才士「高情」，以超凡脫俗、自然眞率爲其特徵；而與之相悖的「俗情」，則是勢利庸俗、矜假矯飾。如竹林七賢之一的王戎，雖有些文才，卻生性吝嗇，視錢如命，賣李還要鑽核（《儉嗇》），故阮籍見到他便說「俗物又復來敗人意」（《排調》）；嵇康更是毫不掩飾地以「白眼」對待那些凡俗之士（《簡傲》）；范榮期則當面嘲笑郗超是「俗情不斷」（《排調》）。又《輕詆》：「王中郎與林公絕不相得。王謂林公詭辨，林公道王云：『著膩顏帢，緜布單衣，挾《左傳》，逐鄭康成車後，問是何物塵垢囊？』」爲漢儒的追隨者畫了一幅漫畫，並諷刺這些矯揉造作的儒士「塵垢囊」。「人心」之中的俗情，對作家的創作會產生不良的影響，庾亮看了戴安道的畫之後，不客氣地指出，戴的畫「神明太俗，由卿世情未盡」（《巧藝》）。「人心」之俗，導致了「文心」之俗，可見二者是有聯繫的。

《世說新語》所披露的「人心」之「醜」，遠不止於上面所概述的「穢行」與「俗情」。書中有些篇章，是專門貶斥「人心」之負面的，這一點，從篇名中就可以看出：如「輕詆」、「汰侈」、「

忿狷」、「仇隙」，等等。《世說新語》對「人心」的諸多抉摘，有一些於作家無關，還有一些，則是站在正統禮教立場上對作家的苛求——後者反映出南北朝時期儒學重新擡頭、儒玄釋三教同流的思想特徵。

對作家的「人心」而言，情之「高」與「俗」，行之「達」與「穢」，是「性」的不同側面（或曰「正面」與「負面」）。《世說新語》所描寫的作家，既有高情、放達之士，亦有俗情穢行之徒，而且，高情與俗情，放達與穢行，有時還共存於同一位作家的個性氣質、人品德行之中，構成同一主體的微妙複雜的「人心」。「文心」與「人心」，「本是集於一身的，「人心」的複雜性，則決定了「人心」與「文心」之關係的複雜性：二者既有統一、和諧的一面，又有分裂、抵牾的另一面。

三、被切割的「自我」

《文學》「鍾會撰《四本論》始畢」條及注，談到當時對「才」與「性」之關係的四種看法：所謂「同、異、合、離」。關於才性之同異，下編《才性篇》將詳論，此不贅述。我們來看看與才性關係密切相關的「文心」與「人心」的統一和分裂。

從《世說新語》對「文心」與「人心」的褒揚讚美中，已不難看出二者相互統一的特徵。魏晉作家，他們「寧作我」的獨立人格、「肆意酣暢」的任達風度，以及「貴得適意」的高情，表現在創作和作品中，便形成才情深沉、才氣剛健、才力神奇、才藻豐贍的特徵。在此意義上可以說，「人心」

與「文心」是統一的。然而，「文心」與「人心」還有著相分裂的另一面。對此，從古至今的理論家。或者是略而不談，或者是固執於「文如其人」的傳統教條而視而不見。難能可貴的是，《世說新語》描寫了不少「分裂」現象，而且在描寫之中顯露出一種進步的理論傾向。

說起「人心」與「文心」的分裂，似乎要先談談蕭綱。在社會生活中，蕭綱是一位皇帝；在藝術創作圈子內，他又是位詩人。集「宮體詩人」和「梁簡文帝」於一身的蕭綱，看到了「人心」與「文心」的分裂。《誡當陽公大心書》：「立身之道與文章異，立身先須謹重，文章且須放蕩」，可視爲六朝「分裂論」的精典表述之一。蕭氏將作家之「心」切割成兩塊：一塊管「立身」，一塊管「文章」，並對這兩塊「心」提出截然不同的要求。在《世說新語》中，我們可以時常看到人格相分裂，「自我」被切割的具體事實。

《文學》「或問顧長康」條注引《中興書》曰：「愷之博學有才氣，爲人遲鈍而自矜尚，爲時所笑。」又引《續晉陽秋》曰：「愷之矜伐過實，諸年少因相稱譽以爲戲弄。」從顧愷之的繪畫作品中，我們看到的是畫家傳神寫照、遷想妙得的才氣，是超凡脫俗、寄意丘壑的高情；在現實生活中，顧愷之卻「遲鈍而自矜尚」，「矜伐過實」。如果說，這種「人心」與「文心」的矛盾，在顧愷之身上還並不嚴重，而在潘岳的性格、人品與文學創作中，卻構成了內在的頗爲嚴重的分裂。潘岳的「文心」是美好的，他「長於手筆」，「直取錯綜，便成名筆」，他的詩文「爛若披錦，無處不善」，甚至「清綺絕倫」（均見《文學》）；他的「人心」卻是卑污的，據《仇隙》記載，孫秀在潘岳父親的麾下當小吏時，潘岳竟然「數蹴蹋秀，而不以人遇之也」。恃強辱弱的小人，必然諂媚權貴，《晉書》本傳稱岳「性輕躁，趨世利……諂事賈謐，每候其出，與（石）崇輒望塵而拜」。集俗情、穢行於一體的潘岳，在《閑居賦》等作品中，卻表現出清綺絕倫、飄逸淡泊之優美高雅的「文心」。潘岳的人格分裂、「自我」切割是何其深刻，何其典型！

「文心」與「人心」的分裂，作爲客觀存在的文學現象，其心理學根源，正在於我們前面所指出的「人心」的雙重性：人心微妙，善惡共存，美醜兼在，「君子」與「小人」常常集於一身。藝術創作，是美的創造，作者力求在這種創造中展示自己「人心」中美好的一面。更何況，作品要給別人欣賞，還要流傳後世，誰願意將「人心」的醜坦露在藝術作品中而遺臭萬年呢？日常生活（包括政治、經濟、倫理等各種內容），光怪陸離，複雜多變，「作爲個人的藝術家」，或出於世俗的目的，或疏於掩飾，或耽於自溺，免不了時常露出醜陋的「尾巴」。當然，也有一些文人學士，善於僞裝，總忘不了戴一副人格面具。但這種矜假本身也是「人心」之醜，而且，按照榮格的說法，人格面具戴久了，便會異化己之天性（參見霍爾等著《榮格心理學入門》第五頁，三聯書店一九八七年版）。總之，「人心」的雙重性，決定了「文心」與「人心」的分裂，而這種分裂現象從心理學角度看是一種合理的存在，是可以理解的。「藝術的稟賦和性情的善良是兩樣不同的東西；一個好人不一定是一個畫家。同樣，善辨色彩的眼睛不能說明這個人是誠實的」（〔美〕約翰·羅斯金《論作品即作者》，徐遲譯，載《中原》一卷四期，一九四四年），因此，應該正視作家人格分裂的事實，並以正確的態度去看待「

文心」與「人心」的分裂。

《世說新語》對分裂現象，持的是一種「寬容」態度，如前面已提到的，對王子猷，「時人欽其才，穢其行」；又如對孫興公（綽），人們亦是「鄙孫穢行」，「愛孫才藻」，說他「雖有文才而誕縱多穢行」（《品藻》）；再如，郭璞的「文藻燦麗，才學賞豫」與「形質頹索，縱情嫚惰」，也在《文學》中被相提並論。《世說新語》能夠頗爲公正地對待作家人格分裂的現象，一分爲二，褒貶參半，並未攻其一點，不計其餘。這種作家評論的寬容態度，在對王戎的描寫中，表現得較爲突出：《儉嗇》連續用四則的篇幅，敘述他幾乎是不近人情的貪婪、吝嗇，並稱之爲「膏肓之疾」；《賞譽》亦用了四則，讚美王戎的文才和品人之才，《品藻》還將他與著《崇有論》的裴頠相比美。《世說新語》的寬容態度爲劉勰所承繼和發揚：《文心雕龍》一邊在《程器篇》羅列歷代文人「人心」之瑕累，一邊又在《才略篇》讚頌這些文人「文心」之煒曄。劉勰還在他的作家論、風格論和通變論等方面，建立起系統的寬容理論。

《世說新語》關於作家批評的寬容理論，是作家「人心」與「文心」的分裂，在南北朝文藝心理學綻開的奇葩，可與此相比美的，則是創作主體「變態」的審美實踐。就其深淺的心理層次而言，作家的心理變態在創作中的反映。

《任誕》篇有近十則提到阮籍的任達曠放，這位「越名教而任自然」的典型，其暢情任性有一顯著特徵：不針對具體的人或事，他的「至愼」甚至得到司馬昭的稱讚。《德行》：「晉文王稱阮嗣宗至愼，每與之言，言皆玄遠，未嘗臧否人物。」一位對禮教疾惡如仇的詩人，卻要行韜晦之術以博「至愼」之名，這本身就是險惡政治環境所導致的心理變態，這一點對他的詩歌創作影響頗大。阮籍的代表作《詠懷》，近百首短詩，大都是隱晦曲折地抒寫詩人的惆悵苦悶困惑：「徘徊將何見，憂思獨傷心」，「終身履薄冰，誰知我心焦？」沒有具體的事件或人物，亦無昭然外溢的情感宣洩，全然是一位孤寂跋涉者的內心獨白。此「獨白」因其「旨趣遙深，興寄多端」，而獨具一種涵括宇宙超越時空的美感。顏延之頗得阮詩眞諦：「阮公雖淪跡，識密鑑亦洞。沉醉似埋照，寓詞類托諷」，所謂「識密」、「鑑洞」、「埋照」云云，較準確地把握住了阮詩的美學特徵。恐怕連阮籍本人亦不曾料到：本出於無奈的變態性的「至愼」，卻演變成作品獨特的藝術風格和魅力。

在作家心理學的發展史上，關於作家的「文心」與「人心」，從西漢到魏晉，大體上是主張統一，主張文如其人。如曹丕《典論·論文》從「氣」的特定角度，論證了作家氣質個性與作品風格的一致性。誕生於南朝的《世說新語》（編纂於劉宋時期，而到宋代，劉孝標爲之作注）既描寫「文心」與「人心」的和諧統一，又揭示二者的內在分裂，從而將漢魏六朝的作家心理學引向深入。此外，《世說新語》對於作家心理學研究的資料性價值，在整個漢魏六朝，都是首屈一指、彌足珍貴的。

拾叁、佛學心理與南朝畫論

關於佛教在南北朝的流傳以及南北朝理論家對佛學的研究，我們在第十一章已作了概述。佛學理論，作爲南朝的哲學思潮之一，對當時的文藝心理學產生了深遠的影響，而這種影響在畫論中表現得尤爲突出。佛畫，是佛學家宣傳教義的主要手段，「畫」與「佛」於是結下不解之緣。佛學家不僅重視畫，而且重視繪畫理論，比如南朝宗炳，就是集「佛學理論家」、「畫家」、「畫論家」三者於一身，「佛學」與「畫論」於是也有了內在的聯繫。

如果說，魏晉以阮籍、嵇康爲代表的音樂心理學，產生於「玄心」與「樂論」的交融之處，那麼佛學的「心論」（或曰「佛心」）與南朝的畫論相互交匯融合，便產生了以顧愷之、宗炳爲代表的繪畫心理學。南朝佛學之心論，內涵複雜、外延寬廣，詳細論證，非本書篇幅所能勝任。本章選取與繪畫心理密切相關的兩個問題「神」與「悟」，略作剖析。在此基礎上，我們分兩個方面介紹南朝畫論：一是關於形神問題，一是關於心物問題。前者從顧愷之的「以形寫神」、「傳神寫照」，談到宗炳的「暢神」和「以形媚道」、「質有而趣靈」；後者著重談宗炳的「澄懷味像」與「應會感神」，同時也涉及愷之的「遷想妙得」、王微的「動變者心也」和謝赫的「極妙參神」。

信仰佛教的人，大約最關心兩件事：一是能否成佛，二是如何成佛。以宣傳佛教爲己任的佛學家，千方百計要說清楚的也是這兩個問題。關於成佛的可能性與「神」相關，而成佛的途徑又離不開「悟」。

一、佛心的「神」與「悟」

先說「神」。「夫神者何邪？精極而爲靈者也。」這是東晉著名佛學家慧遠（三三四—四一六）對「神」的詮釋，他接著說：「神也者，圓應無生，妙盡無名，感物而動，假數而行。感物而非物，故物化而不滅；假數而非數，故數盡而不窮。」然後以薪火之喻來說明「神」的「不滅」與「不窮」：「火之傳於薪，猶神之傳於形；火之傳於異薪，猶神之傳於異形。」（《沙門不敬王者論·形盡神不滅五》，見《全晉文》卷一百六十一）人的精神（靈魂），可以獨立於形體而存在，形體消亡，精神卻不滅，於是，成佛是可能的，輪回報應也是可能的。這也就是宗炳《明佛論》所說「精神不滅，人可成佛」。

作爲哲學觀點，「形盡神不滅」當然是唯心主義的。范縝、何承天等唯物論者，都堅持「神滅」論，認爲形神相即，「名殊而體一」、「形者神之質，神者形之用」（參見范縝《神滅論》，《全梁文》卷四十五）。而宗炳師承慧遠的「神不滅」論，與堅持「神滅」論的何承天反覆辯論，在兩篇《答何衡陽書》和著名的《明佛論》中，闡述他關於「神」以及「形神」關係的佛學心理思想。

慧遠認爲神「精」而形「粗」，以此來論證「形盡而神不滅」；出於同樣的目的，宗炳也指出：「今人形至粗，人神實妙，以形入神，豈得齊終」（《答何衡陽書》，《全宋文》卷二十），又說「今神妙形粗，而相與爲用。以妙緣粗，則知以虛緣有矣」（《明佛論》，《全宋文》卷二十一）。出於宗教目的，而在哲學本體論上本末倒置，從慧遠到宗炳，其形神觀是典型的佛教唯心主義；但從心理學角度看，強調神之精妙，高揚人之主體精神的崇高與永恒，則是魏晉時代的特定產物，是魏晉重主體意識與個體精神的玄學心理思想在南北朝佛學心理中的再現。尤其是當這種重「神」的思想與畫論發生關係時，佛心之「形神」觀的理論意義則更值得重視了。

佛教哲學的「形神」論，實則爲心理學意義上的「心身」論（西方心理學又稱爲「心物」論）。從十七世紀的笛卡爾（一五九六—一六五〇），到十九世紀的馮特（一八三二—一九二〇），再到二〇世紀的華生（一八七八—一九五八），西方心理學有一種「心身二元」（或「心身平行」）論的思想傳統，認爲人的形體與精神理智互不相干，也沒有因果關係。佛學心理的「形盡神不滅」，從本質上講，也是一種「心身二元」論；但它在強調「形」（身）與「神」（心）之區別、差異時，並未完全割斷二者之間的某些聯繫，從而又具有「一元」論的內涵。慧遠《萬佛影銘》：「談虛寫容，拂空傳像。相具體微，衝姿自朗」，「神道無方，觸像而寄」，「跡以像眞，理深其趣」（見《全晉文》卷一百六十二）。要用佛畫來宣傳佛道，畫上的形（「容」或「像」）必須寄道傳神，明理體趣。換言之，形可以傳神，神可以寄寓於形之中。謝靈運作《佛影銘》，其序曰：「慕擬遺量，寄托青彩，豈唯像形也篤，故亦傳心者極矣」（《全宋文》卷三十三）。「像形」是爲了「傳心」，其神寄托於青彩之中。可見神與形之不可分，又可見佛心之論「形神」對南朝畫論的影響。回過頭來，再看慧遠的「薪火之喻」，其中也有以形傳神之義。火之延續，要靠薪來傳遞，從「前薪」到「後薪」，以至於無窮；神之永恒，也須形來維繫，從「前形」到「後形」，以至於無盡。就佛畫的繪製而論，「前形」可視爲作者心中之佛影，「後形」則是畫上之佛像，而畫者正是靠佛之像來傳佛之神的。

「神不滅」在虛幻的意義上解決了成佛的可能性問題；而佛心的「悟」則進一步爲佛徒指明成佛之途徑或方式。南朝高僧竺道生（約三五五—四三四）承繼支遁之說，而力主頓悟成佛。竺道生論頓悟之文已佚，據湯用彤《漢魏兩晉南北朝佛教史》考證並詮釋，竺道生之頓悟，「深探實相之本源，明至理本不可分。悟者乃言『極照』（或稱極慧）。極照者冥符至理。理既不可分，則悟自不可有階段。」（見該書下冊第四七〇頁）。頓悟又稱，則悟自不可有階段。」（見該書下冊第四七〇頁）。頓悟又稱「不二之悟」，符彼不分之理，豁然貫通，渙然冰釋，……故悟無階級，而亦是自見其本然。……非眞心自然之發露，故非眞悟。」（同上第四七二頁）「不易之理，事本在我。故『見解名悟』，是眞理之自然頓發，與『聞解』者不同。此則後日禪宗之談心性主頓悟者，蓋不得不以生公爲始祖矣。」（同上第四七五頁）綜上所述，竺道生「頓悟」不外二義：一是主體之眞心的自然發露，所謂「事本在我」，而不關「聞解」；二是突發式的靈感思維，並無漸進的、層次分明的階段，而是「豁然貫通，渙然冰釋」，所謂「不二之悟」，「悟無階級」。關於「悟」，還有僧肇（三八五—四一四）的「妙悟」說。《涅槃無名論・妙存第七》：「玄道在於妙悟，妙悟在於即眞。即眞則有無齊觀，齊觀則彼己莫二，所以天地與我同根，萬物與我一體。……夫至人虛心冥照，理無不統，懷六合於胸中，而靈鑑有餘；鏡萬有於方寸，而其神常虛。至能拔玄根於未始，即群動以靜心，恬淡淵默，妙契自然。」（見《全晉文》卷一百六十五）僧肇的「妙悟」與竺道生的「頓悟」一樣，也強調佛心的主體精神，並進而主張妙悟之中的「我」要進入一種自由的、與天地萬物同一的境界。在這一點上，「妙悟」與玄心的「玄靜」、「玄同」又有其相通之處，主體正是在「靜心」、「淵默」的狀態中，方能「妙契自然」、「妙悟即眞」。「頓悟」的直覺、靈感，「妙悟」的物我同一、自然虛靜，以及「頓悟」與「妙悟」共有的主體性、能動性，對南朝的畫論產生了心理學意義上的影響。顧愷之講「遷想妙得」、宗炳講「應會感神，神超理得」，以及王微講「本乎形者融靈，而動變者心也」，與佛心的「悟」，都有著內在聯繫。

我們在談玄學心理時，曾指出：玄心的「覽」與「靜」，既是主體與本體達到「玄同」的一種最高境界，又是玄心進入衆妙之門的必由之路。而佛心的「神」與「悟」，對於佛教的「涅槃」（泥洹），也有著雙重意義。慧遠認爲「生可滅，神可冥」，「冥神絕境，故謂之泥洹」（《沙門不敬王者論・求宗不順化三》，《全晉文》卷一百六十一），「神」的境界，也就是「泥洹」的境界。宗炳《明佛論》：「知附於神，故雖死不滅，漸之以空，必將習漸至盡，而窮本神矣，泥洹之謂也。」神不滅，方能入「泥洹」之「空」。僧肇論「妙悟」，也將其與涅槃相連，所謂「玄道」「即眞」也有「涅槃」之義。他又說「有無之表，別有妙道，妙於有無，謂之涅槃」（《涅槃無名論．徵出第四》），「妙於有無」，也就是「有無齊觀」的「妙悟」，所以，「妙悟」也是涅槃之境界。此其一。從如何成佛的角度看，「神」與「悟」又可視為進入「涅槃」的途徑或手段。竺道生立「頓悟成佛」義，反對當時流行的「積學漸悟成佛」，顯然是視「悟」為手段。與「悟」相比，「神」主要指精神境界，但如何「至於神」又與手段相關了。《世說新語．文學》：認為陶練之功，尚不可誣，所謂陶練之功，以及「冥神」、「入神」、「感神」、「暢神」、「神妙」等等，都是遁入佛門的途徑。此其二。從心理學意義上講，「神」與「悟」，無論是作為一種既訴之於情感體驗又超越世俗功利的精神境界，還是作為直感、直覺、靈感式的思維方式，對於藝術創作及其理論，都產生了或間接、或直接的影響。

下面兩節，將從「神」與「悟」兩個方面，介紹南朝的繪畫心理學以及它的佛學底蘊，在此，先把將要談及的四位畫論家的生平作一簡單介紹：

顧愷之（約三四六－約四〇七），字長康，小字虎頭，晉陵無錫（今江蘇無錫）人。東晉著名佛畫家，曾於瓦棺寺畫維摩詰，名播京師，其畫論深受佛學心理的影響。從《世說新語》和唐人張彥遠的《歷代名畫記》可知，顧愷之傳世的畫論著作有《論畫》、《魏晉勝流畫讚》、《畫雲臺山記》三篇。

宗炳（三七五－四四三），字少文，南陽涅陽（今河南鎮平）人。南朝著名佛學理論家、畫家和畫論家，其佛學思想師承慧遠，著有《明佛論》、《答何衡陽書》（兩篇）等。畫論著作有《畫山水序》，將佛學心理與繪畫理論融爲一體，其繪畫心理學思想十分豐富。

王微（四一五—四四三），字景玄，琅邪臨沂（今山東臨沂）人，與王羲之同屬一族。其畫論著作《敘畫》（載《歷代名畫記》），表現了由玄入佛，佛玄合流的思想傾向。王微景仰玄學，也信佛，曾爲著名佛學家竺道生立傳。

謝赫（生卒年不詳），南齊畫家、畫論家，著有《古畫品錄》，品評晉代及南朝畫家共十一人，提出著名的「六法」。作爲南朝畫論的一部分，謝赫的「六法」，與顧愷之、宗炳等人的畫論，有著理論上的淵源關係，可以說是間接地受到佛學心理的影響。

二、從「傳神」到「暢神」

佛學心理關係於「神」及「形神」關係的看法，概括起來說是「神妙（精）形粗」、「形盡神不滅」和「神道無方，觸像而寄」。漢魏六朝，最先將具有佛學內蘊的形神論引入繪畫心理學的，是顧愷之，他提出「傳神」與「通神」，所謂「以形寫神」，「傳神寫照」。心理學認爲，「形神」關係，實際上是「心身」關係，而形神論是中國古代心理學思想的重要範疇之一（參見《中國大百科全書·心理學·心理學史》第一—二頁）。顧愷之的「以形寫神」，講的是人物畫，畫家須通過所畫人物的形貌，而傳寫出人物內在的精神氣質與個性情感。「傳神」是目的，而「繪形」只是手段。《世說新語·巧藝》記載了幾件愷之繪畫的軼事，都是講他如何「傳神」的。比如，他「畫人，或數年不點目精。人問其故，顧曰：『四體妍蚩本無關於妙處，傳神寫照正在阿堵中。』」視神爲「妙」爲「精」，這與佛學心理的「神妙形粗」是相通的，而「傳神寫照」之「照」也是佛學家常使用的概念，如慧遠說「鑑明則內照交映，而萬像生焉」（《念佛三昧詩集序》，《全晉文》卷一百六十二），僧肇也講「三明鏡於內，神光照於外」（《涅槃無名論》），無論是照於內或是照於外，都與神明相關，故寫照也就是要傳寫出人之神明。此外，顧愷之道畫，講「手揮五弦易，目送歸鴻難」，畫裴叔則「頰上益三毛，……如有神明」，畫殷荊州「正爲眼爾」，以及畫謝幼輿，將之「置丘壑中」（均見《世說新語·巧藝》），等等，都是在繪畫創作中追求傳神、通神之妙。

顧愷之品畫也是頗重神明的。《魏晉勝流畫讚》是他的品畫專篇，稱《醉客》爲「神醉」，《東王公》「爲神歸之器」，《伏羲神農》是「神屬冥芝」，《北風詩》「神儀在心」……不僅從鑑賞批評的角度表現出重神的傾向；而且「神冥」、「神靈」、「神儀」之論，明顯地具有佛學心理內涵。後來張彥遠作《歷代名畫記》，評價說：「像人之美，張（僧繇）得其肉，陸（探微）得其骨，顧得其神。神妙無方，以顧爲最。」

擅長佛畫的顧愷之提出「傳神」；而深諳佛理的宗炳則標舉「暢神」。「暢神」與「傳神」，從本質上說，都是佛學心論與中古畫論相交融而產生的繪畫心理學命題，但二者又有些區別。首先，顧愷之的「傳神」主要指人物畫；宗炳的「暢神」則指山水畫。第二，「傳神」，意指通過人物形貌，傳寫出所畫人物之神；「暢神」，則是通過具體可見的山水畫（由線條、色彩等諸種物質媒介所構成的整體藝術效果），來暢作者之神，來寄寓並展示山水畫家的情懷與神明。當然，「傳神」的人物畫，也寄寓作者的情感；同樣，「暢神」的山水畫，也應展示山水的精神。然而，作為畫家的表現對象：人物，本身是有「神」的；而山水的「神」，則是畫家的主觀投射或移情而入。在此意義上，山水畫更強調抒寫藝術家的主體神明與個體情感，故宗炳《畫山水序》講「暢神」、「感神」、「神超理得」、「萬趣融其神思」。第三，關於「趣」與「靈」。顧愷之講「骨趣甚奇」、「神靈之器」（《魏晉勝流畫讚》），其「趣」與「靈」指人物之神的生動與靈氣，所謂栩栩如生，勃然而有生氣。宗炳將「趣」與「靈」合於一詞，在《畫山水序》中提出「山水質有而趣靈」。「質有」狀山水之形色，「趣靈」寫山水之神明，而水山的「趣靈」，說到底是畫家「神明」的物化或藝術化。後來王微《敘畫》講「本乎形者融靈」，也是寓神於形，以形體神的意思。再後來謝赫論繪畫六法，以「氣韻生動」為圭臬，以「神韻氣力」為要旨，表現出他論「神」，更注重其間的靈趣與生氣。可見，以「趣」和「靈」來論「神」是南朝畫論一以貫之的傳統。第四，宗炳的「暢神」，與老莊及玄學相關，有著遨遊天地萬物，與無有玄遠合為一體的思想內涵。《南史·隱逸傳》說宗炳「好山水，愛遠遊……有疾還江陵，嘆曰『老疾俱至，名山恐難遍睹，唯澄懷觀道，臥以遊之。』凡所遊履，皆圖之於室，謂之『撫琴動操，欲令眾山皆響』。」宗炳的「臥以遊之」，與《淮南子》的「遊心於虛」和《文賦》的「佇中區以玄覽」，有著大致相似的玄學意味。在宗炳看來，劍性與玄心是相通的，「老子明無為，無為之至也，即泥洹之極矣。」老子的「無為」，既是玄學的眾妙之門，也是佛學的泥洹之極，玄佛之心在宗炳這裡融匯貫通了。而宗炳論畫，主張「以形媚道」，「質有而趣靈」，最終「萬趣融其神思」、「暢神而已」，主體之神，達到「玄同」與「泥洹」相融合的至上境界。

從顧愷之的「傳神」到宗炳的「暢神」，南朝畫論的「形神」觀，深藏著佛學心理「重神」的內核。然而，就「形神」關係而言，佛心與畫論又有看某種程度的區別。佛學理論家講「形神」，力倡「形盡而神不滅」，強調神爲形本，神能夠超形獨存，法身常在。「涅槃」是「神」的境界，是彼岸之樂土，與此岸世俗之「形」全然無關。爲了證明成佛的可能與輪回報應的可信，佛學家不惜走到形滅神存的荒謬的邊緣。當這種抑形揚神的觀念被運用於畫論中時，情況卻有了一些變化。無論是山水畫還是人物畫，無論是畫的鑑賞還是畫的創作，畢竟是離不開「形」的。幸好篤信佛教的畫論家都是些繪畫品畫的行家，因而，他們將「佛心」與「畫論」相交融對，以藝術的規律糾正或克服了宗教的謬誤，最終使佛學心理的「謬理」成了繪畫心理的「妙理」。

南朝畫論家是如何化「謬」爲「妙」的呢？我們以宗炳爲例，略敘一二。作爲佛學理論家的宗炳，師承慧遠，高唱「神妙形粗」，神可以「超形獨存」、「無形而神存」，全然將「形」不放在眼中（見《又答何衡陽書》）。一旦進入繪畫領域，宗炳則不敢小看「形」了：「聖人含道應物，賢者澄懷味像」，所謂「應物」、「味像」，是指山水畫的創作者，在動筆之前，要熟睹山水之物像，細研水山之形色。「山水質有而趣靈」，山水之「神」雖生動有趣卻又是抽象虛靈的，它寄寓並表現於山水的「形」（質有）之中，故畫者要「應物」，要「味像」。在藝術創作中，山水之「質有」，是主體所觀照的審美對象，「所謂對象，是指通過感受或想像而呈現在我們面前的表象」，「我們所感受或者想像的只能是那些能成爲直接外表或表象的東西。」（見鮑桑葵《美學三講》第五、六頁）缺少作爲審美表象的「形」，作者所追求的「神」則無處寄寓也無從表現。

正是看到了「形」在繪畫創作中的意義，宗炳才提出「山水以形媚道」。《畫山水序》：「身所盤桓，目所綢繆，以形寫形，以色貌色」，作家對山水的觀察、感受、體驗，以及繪形圖色的才能等等，都是山水畫創作的前提或必要條件。「神本亡端，棲形感類，理入影跡，誠能妙寫，亦誠盡矣。」（同上）所謂「妙寫」，也就是「以形寫神」、「傳神寫照」，並通過創作過程的「寫神」與「傳神」，使主體「應會感神，神超理得」，「暢神而已」。可見，在佛學心理中可以「超形獨存」的「神」，進入繪畫心理的領域，不僅須寄寓於「形」，而且還靠「形」來「妙寫」。宗炳之後，王微《敘畫》講「以一管之筆，擬太虛之體；以判軀之狀，畫寸眸之明」，謝赫《古畫品錄》講「應物象形」、「隨類賦彩」，都是重神而不輕形，一脈相承地揭示了南朝畫論「以形寫神」的心理學規律。

從「傳神」到「暢神」，南朝繪畫心理學的發展，受佛教理論的影響，但並未遁入宗教唯心論的「空門」。一方面，繪畫心理遵循創作規律，重神而不輕形，變佛論的謬理爲畫論的妙理；同時，繪畫心理又吸取了佛學心理推崇主體意識、高揚個體精神的思想精華，將佛心的「悟」與「神」內化爲畫論的「澄懷味象」與「應會感神」。

三、「澄懷味象」與「應會感神」

漢末魏初，儒學式微，道學日熾；魏晉之際，道爲玄宗，玄風大暢；東晉以降，由玄入佛，佛玄合流；時至南朝，儒學重新擡頭，統治者尊儒崇佛，儒玄釋三教並存，所謂「孔、老、如來，雖三訓殊路，而習善共轍也」（宗炳《明佛論》）。南朝不少佛學理論家，雖篤信佛教，亦不排斥儒、玄，宗炳便是一例。當然，作爲佛學家，宗炳力圖以佛統領孔、老之道，並通過三家學說的對比，而指出儒學的一些弊病或缺憾。

一般而論，從「心物」的角度看，儒家學說重物輕心，重外輕內。具體而言，儒學理論家注重外在的社會規範、倫理節義，而忽視內在的主體精神、個性情感。魏晉玄學之士的「越名教而任自然」、「越名任心」，就表現出克服儒學重外輕內之弊端的思想傾向。南朝佛學家，融玄入佛，站在重心、重內的立場，抉摘儒學弊端：「學者唯守救粗之闕文，以《書》、《禮》爲限斷，聞窮神極劫之遠化，炫目前而永忽，不亦悲夫！嗚呼！有似行乎層雲之下，而不信日月者也。」（《明佛論》）論者得出結論：「中國君子明於禮義而暗於知人心」（同上）。正是深知儒家學說「暗於知人心」的缺憾，宗炳才在他的佛論與畫論中鑑「心」之奧妙，識「神」之精微，將主體之心（神）放在一個至高無上的地位。

宗炳論畫，最能體現出主體精神之高揚的，一是「澄懷味像」，一是「應會感神」，前者類似於玄心的「玄靜」，後者類似於「玄覽」，都是對創作過程中藝術家主體性與能動性的強調。「澄懷」，是要排除一切雜念邪心，超越一切凡事俗務，從而保持一種空明虛靜的心理狀態。《明佛論》：「夫聖神玄照，而無思營之識者，由心與物絕，唯神而已」。「澄懷」的境界，既然是「無思營之識」的「聖神玄照」，那麼「澄懷」之際，便「唯神而已」，也就是進入了佛教的「涅槃」之境，便「唯神而已」，也就是進入了佛教的「涅槃」之境，如佛經所云「一切諸法，由意生形」，「心爲法本，心作天堂，心作地獄」。剔除輪回報應、捨身成佛的神學目的論，從藝術心理學的角度審視宗炳對「心」（神）的高度讚揚，不難發現：高倡精神不朽，突出心的主體地位，是符合藝術創造之規律的。「澄懷」才能「味像」，才能以形寫神，傳神寫照，因此，虛靜空明的心境，玄照英麗的神靈、高潔清遠的情懷，對藝術家來說，是非常重要的，它們既是藝術家所特有的精神世界，也是藝術家的創造得以成功的必要條件。

更進一步說，「澄懷」不僅是爲了「味象」、「寫形」，而最終是爲了「傳神」、「暢神」，使個體精神通過藝術的創作與鑑賞，進入一個自由的世界。「是以清心潔情，必妙生於英麗之境；濁情滓行，永悖於三塗之域。」（《明佛論》）「澄懷」之際，以「清心潔情」蕩滌了「濁清滓行」，藝術家之「神」，超越形體，自由往來，「夫精神四達，並流無際，上際於天，下盤於地」（同上），從而與天地一體，同萬物合一。宗炳在《畫山水序》之中，用詩一般的語言描繪了「暢神」的境界：「於是閑居理氣，拂觴鳴琴，披圖幽對，坐究四荒，不違天勵之叢，獨應無人之野。峰岫嶢嶷，雲林森眇，聖賢應於絕代，萬趣融其神思，余復何爲哉，暢神而已。神之所暢，孰有先焉！」我們看宗炳的一生，都是爲了追求「暢神」的境界：他辭官不作，甘於「棲丘飲谷，三十餘年」，跑到廬山去研究佛學教義，後來遍遊山水，晚年歸江陵，還「澄懷觀道，臥以遊之」……

由「澄懷」而「暢神」，這中間有著複雜的心理過程，宗炳將之表述爲「應會感神」。「感神」，作爲主體的心理過程，既有玄學的「玄覽」、「神思」之義，也有佛教的「妙悟」、「頓悟」之理。作爲慧遠佛論的繼承者，宗炳從兩個方面發展了慧遠的思想，一是「形盡神不滅」，一是「《易》以感爲體」。「感」（或「悟」）是成佛的途徑，引入繪畫領域，則是創作主體之能動性的具體表現，也是從「澄懷」到「暢神」之心理過程的主要特徵之一。

顧愷之在談到「以形寫神」時，提出「悟對之通神」和「遷想妙得」，也是用佛學術語來論述繪畫創作。「遷想」，義近「玄覽」，指創作主體不爲形質所囿，超越於可見的物質的世界，而在精神的彼岸世界作玄思冥想，也就是道家的「遊心於虛」或「神遊」、「神思」。在「遷想」之自由境界中，主體之心便能識得超於像外的「神」的精靈與微妙，這就是「妙得」，也就是「悟對」或「通神」。顧愷之的「妙得」與「通神」，是在玄佛合流的層次，揭示創作主體的心理特徵和感悟能力。

宗炳談主體心理，「以感爲體」，提出「感神」說。宗炳的「感神」與顧愷之的「遷想妙得」，在強調「悟」而至「神」這一點上，是相似的。但宗炳論感悟，並不否認外物的作用，所謂「衆變盈世，群象滿目，皆萬世以來，精感之所集矣。」（《明佛論》）可見佛心之「精感」與「群象」「衆變」是有關的。在繪畫領域，宗炳主張：「應目會心」，「目亦同應，心亦俱會」（《畫山水序》），何以「應目」？當然是可見的「群象」、「衆變」，也就是山水萬物的「質有」。從心物論角度看，宗炳的「應會感神」，雖然強調超於物外，不爲物囿，所謂「應物而無累於物」，但並未全盤否定外物對感悟的觸發作用，這也是他能化佛學之謬理爲畫論之妙理的重要原因之一。

王微與謝赫談感悟，基本上承繼了宗炳的傳統。王微高唱「望秋雲，神飛揚；臨春風，思浩蕩」（《敘畫》），「神」與「思」畢竟有賴於對外物的「望」與「臨」。「形者融靈」，然後有「心」之「動變」；「橫變縱化」，然後才能「動生焉」（同上）。謝赫更是形神兼重，如果說，他揭櫫的「氣韻生動」是感悟的結果，那麼，這一美學境界與「應物象形」、「隨類賦彩」是密不可分的。謝赫品畫，講究「極妙參神」，這種鑑賞心理學的感悟，更是不能離於形質（即品賞對象）的，所謂「千載寂寥，披圖可鑑」。張彥遠《歷代名畫記》稱南朝諸家畫論是「窮玄妙於意表」，也是看到了從顧愷之到謝赫談「感」與「悟」而形神兼顧的特徵。

佛學心理，對南北朝的文論也是有影響的。比如，鍾嶸《詩品》論創作心理主張「直尋」、「直致之奇」，論鑑賞心理採用「意象評點」，其中的直觀感悟、直覺思維，與佛心的「頓悟」、「妙悟」是相通的。又比如十一章已經談到的劉勰「文心」，雖以儒家爲主，亦與佛、玄有染。當然，也要看到，魏晉南北朝時期，直接受佛學心理影響的，主要是畫論。唐以後，從詩僧皎然以佛心寫《詩式》，到嚴羽「以禪喻詩，莫此親切」（《答出繼叔吳景仙書》），佛學心理對中國古代文論以及文藝心理學思想的影響，才愈來愈大，佛學心論與文論的交匯融合也愈來愈深。

拾肆、鍾嶸詩歌心理學

鍾嶸（？—約五一八），字仲偉，潁川長社（今河南許昌）人。官至西中郎將晉安王記室。著《詩品》（或稱《詩評》）三卷。

中國是詩的國度，從《詩經》到近代「五四」時期的新詩，在某種意義上說，一本中國文學史，也就是一部關於「詩」的歷史。鍾嶸之前，詩歌創作已有了一千多年的發展史；就《詩品》所品評的對象五言詩來說，從西漢李陵「始著五言之目」起，到鍾嶸所處的齊梁時代止，也有了六百多年的歷史。六百年間，五言詩的創作，碩果累累，詩才輩出，既有建安詩歌的「彬彬之盛，大備於時」，又有太康中的「勃爾復興，踵武前王」，還有元嘉詩人的「才高詞盛，富艷難蹤」（以上引文均出自《詩品序》）……六百年間，雖然有一些文論（或哲學、歷史等）著作，談到了詩歌的創作與鑑賞，但還沒有一部專門性的詩論著作，而鍾嶸的《詩品》，則是中國文學批評史上，最早的詩論專著。

從心理學角度看，《詩品》的文藝心理學內涵，涉及到三個方面：詩之創作，詩之鑑賞與詩人之品評。可以說，《詩品》是對漢魏六朝關於詩歌的心理學思想的一次理論總結。鍾嶸的詩歌心理學，主要有兩大特點：其一，將濫觴於漢代，盛行於魏晉的人物品藻，引入詩歌評論，亦即由「品人」到「品詩」，而且將二者有機地融合在一起；其二，強調主體的直觀感悟，表現在創作上是主張「即目」、「直尋」、「寓目輒書」，表現在鑑賞論方面則是提倡「味詩」，並採用「意象式」的評點方法。鍾嶸的「寓目輒書」與「意象評點」都具有某種直覺思維的心理學特徵。對此，我們將參照西方心理學有關「直覺」的理論，作一些初步的探討。

一、「寓目輒書」

作爲漢魏六朝文藝心理學的重要組成部分之一，鍾嶸的詩歌心理學，也是「以『心物』爲核心」的。我們以創作過程爲「經」來看鍾嶸的「心物」觀：創作發生是感物心動，所謂「物之感人，故搖蕩性情」，「凡斯種種，感蕩心靈」。創作表現是以心寫物，所謂「指事造形，窮情寫物」，「因物喻志」「寓言寫物」。論鑑賞，鍾嶸也是主張以作品之「物」動品賞之心：所謂「味之者無極，聞之者動心」。當然鍾嶸「心物」觀的上述內涵，基本上承繼了他之前的文藝心理學傳統；而在「心物」這個文藝心理學的根本問題上，最能體現《詩品》之理論特色或獨特性的，是鍾嶸的有某些「直覺思維」之內涵的「寓目輒書」說。

心理學意義上的直覺，是指「心」對「物」的感覺階段，英文裡的「直覺」(intuition)一詞，有直覺、直觀的含義，它產生於「心」對「物」的直接感覺或直觀感悟，並未達到意識、觀念的階段，按照朱光潛的解釋，「見到一個事物，心中只領會那事物的形相或意象，不假思索，不生分別，不審意義，不立名言，這是知的最初階段的活動，叫做直覺。」（見《美學原理・美學綱要》第一六四頁，外國文學出版社一九八三年版）站在「心物」關係的特定角度，可以概括出「直覺」的三大特徵：

一是「不離形象」。柏格森（一八五九—一九四一，直覺主義的創始人）認爲心與物在直覺思維中的統一，主要是通過「形象」來實現的。這也就是朱光潛所說心見到並領會物之形相或意象。作爲思維的感知階段，「直覺」的成果也不需要用概念來表達，而是用意象來顯示。

二是「直接迅速」。在直觀感悟中，心與物快速接觸，直接對話，無須以邏輯推理作中介，亦即朱光潛所云「四不」：「不假思索，不生分別，不審意義，不立名言」，它是一種與地點、時間感結合著的專注而迅速的思考，有時候甚至在感知的一瞬間作出直接的確定與評價。

三是「主客契合」。直覺思維，主體與客體不僅直接對話，而且能夠合爲一體，使「物」中有「心」，「心」中有「物」。柏格森將「直覺」稱爲「一個單純的進程」，「它使我們置身於對象的內部，以便與對象中那個獨一無二，不可言傳的東西相契合。」（見伍蠡甫主編《現代西方文論選》第八三頁，上海譯文出版社一九八三年版）

鍾嶸《詩品》以「心物」爲核心，談詩歌的創作，提出「即目」、「所見」、「直尋」、「寓目輒書」、「直致之奇」等理論觀點。顯示出其「直覺思維」的特徵。我們從「直尋」談起。近幾年出版的《詩品》注釋本，或稱「直尋」即直接描寫「即目」、「所見」之物，或說「直書目前所見，即直致」，或釋爲「直接描寫感受」（參見羅立乾《鍾嶸詩歌美學》第五七頁，武漢大學出版社一九八七年版），均不約而同地注意到「直尋」的「直接性」特徵。成書於三十年代的許文雨《鍾嶸詩品講疏》，援引佛學的「現量」說來解「直尋」，頗有深意，該書第廿二頁：「直尋之義，在即景會心，自然靈妙，即禪家所謂『現量』是也。」，何爲「現量」？王夫之《相宗絡索·三量》：「『現量』，『現』者，有『現在』義；有『現成』義……『現成』，一觸即覺，不假思量計較」。將許文雨與王夫之的這兩段話聯繫起來看，便可較爲全面地把握住鍾嶸「直尋」說的直覺思維特徵：「即景會心」的形象性，「一觸即覺」的直接性，以及「自然靈妙」的主客體契合。

鍾嶸提出「直尋」說，主張「寓目輒書」，其直接動機，是不滿於詩歌創作中的「貴於用事」。鍾嶸認爲：在詩歌創作中拼湊、借用前人的詞句、典故，句句用事，詞詞用典，「遂乃句無虛語，語無虛字，拘攣補衲，蠹文已甚」，弄得作品「殆同書鈔」。「貴於用事」，實際上是在創作主體（心）與表現對象（物）之間，以繁密迭出的典故疊起一道屏障，使得心與物，既不能「一觸即覺」，更無法「即景用心」。詩歌創作之直覺思維所特有的形象性、直接性與主客契合，都因了「用事」的隔膜而消失殆盡。其結果是造成詩歌創作的「繁密」、「拘忌」，「傷其眞美」，比如《詩品》卷中評顏延之「又喜用古事，彌見拘束」（下引《詩品》正文，只記卷數）。所以鍾嶸力倡「直導」，主張「直接由作者得之於內，而不貴於用事。」（陳延杰《詩品注》第一二頁）

《詩品序》舉出五言詩作中的一些名句，來具體說明「古今勝語，多非補假，皆由直尋。」如他所舉的「高臺多悲風」，爲曹植《雜詩》之一的首句（見《先秦漢魏晉南北朝詩》第四五六頁），全詩十二句，並無一句用典，而是直接抒寫了詩人觸物思人、見景傷心的情懷。高臺、北林、孤雁、悲風、朝日、方舟，這些眼前之物，直接觸動詩人之心。詩人「即目」、「所見」，「寓目輒書」，寫出他的「翹思慕遠人」、「形影忽不見，翩翩傷我心」。如此直抒胸臆，吟詠情性，情眞意切，「亦何貴於用事？」

典故的隔膜，不僅破壞了心與物的直接對話與契合，而且有傷「直致之奇」。鍾嶸將「直致」與「奇」綴爲一詞，表述出直覺思維的獨特性，以及直覺所造成的「奇」之藝術效果。卷中評任昉，「動輒用事，所以詩不得奇」，「用事」的詩作，與「直尋」無涉，所以無「直致之奇」。卷中稱張華「興托不奇」，原因在於「巧用文字，務爲妍冶」，「雖複千篇，猶一體耳」，離開了心與物的自然契合，而專注於文字的巧似、妍冶、繁密，則難免千篇一體，又何「奇」之有？作爲詩歌表現對象的「物」，是氣象萬千、豐富多彩；而創作主體之「心」，又是因人而異、其異如面。因此，心與物相交感、相契合而萌生、綻開的「詩」之花，則必然是千姿百態，各具風采。而所謂「直致之奇」，就「奇」在這種自然靈妙的生命活力與絕不雷同的獨特個性。「動輒用事」之所以傷「奇」，也就在於「句無虛語，語無虛字」，導致了生命力的枯竭與個性的喪失。

鍾嶸論「直尋」，不僅貴「奇」，而且重「興」。卷上評謝靈運「興多才高，寓目輒書，內無乏思，外無遺物。」首先，「興」也是「寓目輒書」的特徵之一。陳延杰《詩品注》釋「直尋」爲「詩重興趣」。《集韻》：「興者，象也」。可見，興，除了心物交感的直接性，還具有形象性；其次，興，是創作過程中，心與物的自然契合，只有在心物一體、相互交融的狀態下，才能「內無乏思，外無遺物」。內在的情感，得到充分的抒發，外在的景物又得到細緻生動的描寫，以外物奇托內思，將內思移入外物，心與物由創作之初的相互對話，深化爲創作之中的內外契合；再次，就「心物」的別一重含義（即以作品的物質媒介或形式結構爲「物」，以作品的內在意蘊爲「心」）來看，「心」，不僅通過「物」而表現出來，而且溢於「物」之外，這就是鍾嶸所說：「文已盡而意有餘，興也」。《詩品序》將此意義上的「興」視爲詩的「三義」之一，並將其冠於「三義」之首。

將與直尋相關的「興」的上述三層含義聯繫起來看，我們可以大致地描述出創作過程中，以直覺思維爲主要特徵的心物關係的演變：始之，心與物直接對話，迅速交感，作家遇景入詠、即目興懷，用「直尋」的方式去描寫他的「即目」、「所見」；繼之，在以心寫物的過程中，心與物已自然契合，內外一體，用柏格森的話說，「心」已「置身於對象的內部，以便與對象中那個獨一無二、不可言傳的東西相契合」；終之，作品以「物」（文）之外觀，抒寫出詩人之心，而「文」之有限又何能傳「心」之無限？因此，好的詩作常常是「文已盡而意有餘」，這個意義上的「興」，就成了創作中直覺思維的藝術成果。

我們已參照心理學的直覺理論，細緻分析了鍾嶸出於反對「用事」而主張「直尋」，標舉「直致之奇」，以及將「寓目輒思」與「興」相聯等詩歌心理學思想。需要指出的是，西方心理學的直覺理論，從克羅齊到柏格森，都是將直覺與理性完全割裂的，以至於直到當代，有不少人將「直覺」與弗洛伊德的「無意識」等量齊觀。從思維的形式來看，直覺的心理過程的確以「感性」、「感覺」、「直觀」爲主要特徵，但就思維的內容而言，直覺之中深藏著理性，包裹著思維主體對生活和藝術的思考、認識與判斷。當然，這些理性的東西，已經成爲了一種集體無意識，化爲詩人的「血液」或「生命」，因此，當時人之心與外物「一觸即覺」時，當作家「寓目輒書」時，以形象性、直接性、契合性爲特徵的直覺思維，實際上是包含了理性內容的。中國古代詩論家經常談到詩歌創作「看似容易，其實艱辛」。「容易」，指的是直覺思維的直接、快速；「艱辛」，則是指直覺中包含了主體長期的思考與探索。從根本上說，詩歌創作，就是難與易的統一，直覺與理性的統一。再進一步說，創作並不排斥理性，將理性思考用藝術手段表現出來，同樣是好作品。比如，典故，作爲理性的積澱，只要用得恰到好處，同樣能增加作品的藝術魅力。如此說來，鍾嶸主張「直尋」而否定「事義」，多少有些失之偏頗。

二、意象評點

與創作論相似，鍾嶸的鑑賞論也顯示出直覺思維的特徵，而且同樣以「心物」爲綱，只是這裡的「心物」分別指鑑賞主體與鑑賞對象。

從總體上看，《詩品》對詩歌的評論以理性思考、邏輯判斷爲主，如採用「溯流別」、「第高下」的方法，將漢魏至齊梁的一百二十二位詩人，列爲上中下三品；但在具體的鑑賞品評中，又時常顯示出直覺思維的特徵，或者說以直覺的方式來思維。

上一節談到直覺思維的「直接迅速」、「主客契合」以及「不離形象」等特徵，而這些特徵相互交叉地表現在鍾嶸詩歌心理學的鑑賞論之中。鍾嶸品評詩歌，從鑑賞入手，品評者之心與被品之物，直接對話並內外契合。在鍾嶸的鑑賞論中，最能表現心物關係之直覺特徵的，是用作動詞的「味」。鍾嶸主張「味詩」，《詩品序》所云「味之者」，亦即「味詩者」（或「詩歌的鑑賞者」）。作爲鑑賞詩歌的方法之一，「味詩」有著它特殊的直覺性。第一，「味詩」強調鑑賞主體的能動作用。既然是去「味」，那麼不同的品味者有不同的滋味嗜好，「味」的過程以及「味」過後所得到的印象也是不同的。在這裡，客觀的尺度或標準退居次要，起決定作用的，是「味之者」的主觀愛好和審美趣味。鍾嶸的《詩品》，雖然分爲上中下三品，似乎有較強的理性、邏輯色彩，但細繹其評語，不難發現他的品評，是以「味」爲主要特徵。即便是他的「第高下」，也有較強的主觀性，否則他就不會將陶潛列於中品，讓曹操屈居下品了——後人對此頗有微詞，殊不知，這與鍾嶸味詩的主觀性有某些內在聯繫。

第二，「味詩」強調對作品的直觀感悟。在「味」的過程中，品者之心與被品之物不僅可以直接對話，甚至可以契合爲一體。鍾嶸味詩，常常能得其至味，中其肯綮。卷上評阮籍詩「言在耳目之內，情寄八荒之表」，「厥旨淵放，歸趣難求」，堪稱得阮詩眞諦。如若不是將一己之心融入作品，並且透過作品之物去感悟詩人之心，從而達到「心物」關係的高度契合，則是很難品嚐、領略到阮詩「滋味」的。

第三，「味詩」強調對批評對象的整體性把握。這種整體性表現在《詩品》中，就是用意象概括詩人的藝術特點，並揭示出藝術規律。詩人在作品中創造出藝術的形象或畫面，當味詩者將其作爲品味對象時，意象，就成了味詩者表達其味詩成果的重要手段。我們在《詩品》中所讀到，大多不是形而上的思辨文字或邏輯嚴密的分析推理，而是味詩者用詩一般的語言寫成的，並且採用了許多修辭手法的意象性描述。正是在這個意義上，我們才將鍾嶸的詩歌鑑賞論稱之爲「意象評點」。

從「味詩」到「意象」，鍾嶸可謂將直覺思維貫穿於他的鑑賞論始終。鍾嶸的「味詩」，與其說是一種藝術鑑賞，倒不如說是一種藝術創造；同樣，《詩品》的意象性文字，與其說是對詩的評論，倒不如說它本身就是「詩」。下面，我們來對《詩品》「詩」一般的鑑賞文字，作一些心理學的分析。

直覺思維是不離形象的，故以「直覺」爲主要特徵的「意象評點」，具有很強的形象性。鍾嶸品詩，常常借用具體生動的形象來比喻詩的藝術風格或魅力，如卷上評謝靈運詩「譬猶青松之拔灌木，白玉之映塵沙」；卷中引湯惠休語「謝詩如芙蓉出水，顏如錯采鏤金」；卷下評江氏兄弟詩：「祏詩猗猗清潤，弟祀明靡可懷」，等等。鍾嶸的比喻，不限於自然萬物的具體的形象，還包括社會、人物、藝術、日常生活等。如評曹植：「陳思之於文章也，譬人倫之有周孔，鱗羽之有龍鳳，音樂之有琴笙，女工之有黼黻」。一連串的比喻，一系列的意象，將曹植在詩歌史上的地位表述得具體、生動、形象而又頗爲準確。鍾嶸對自己所喜愛的詩人，往往不惜筆墨，迭用比喻，從他對曹植、謝靈運等人的品評中，便可見出這一點。

與「比喻」相關的是「比較」。一是兩兩對比，如前面談到的「謝、顏」之比，「祏、祀」之比，又如卷中的「范（雲）、丘（遲）」之比，卷上的「潘（岳）、陸（機）」之比。兩兩相比，一可顯出各人的獨特處，二可見出優劣長短。另一種比較是就詩人的某一特定方面與他人相比，如卷中評沈約「詞密於范（雲），意淺於江（淹）」，評鮑照「骨節強於謝混，驅邁疾於顏延」，又如卷上評陸機「氣少於公幹，文劣於仲宣」。第三種比較法是「空間式」，亦即將被品諸對象置於空間的不同位置，從而見出其等級高下。如卷上「曹植」條：「故孔氏之門如用詩，則公幹升堂，思王入室，景陽、潘、陸，自可坐於廊廡之間矣。」在「堂」、「室」、「廊廡之間」這些象徵等級的不同的空間位置，詩才高低不等的作家，各居其位，各得其所。卷中用一條的文字同時品評謝瞻、謝混等五位詩人，也是用「空間位置比較法」：「課其實錄，則豫章僕射，宜分庭抗禮。徵君、太尉，可托乘後車。征虜卓卓，殆欲度驊騮前」。以上三種比較法，都有生動、鮮明的形象性。「兩兩對比」，實際上是形象或畫面的比較、共存；「方面對比」雖無畫面，但所使用的形容詞是頗爲生動的，如「密」、「淺」、「強」、「疾」、「少」，等等；「空間位置對比」，則是借用具體可睹的圖畫，來形象地標示詩人的藝術地位。

「意象評點」的形象性，不僅表現於「比喻」與「比較」，還表現於「誇張式」描寫與「佚聞式」敘述。先說鍾嶸的「誇張」。卷上稱古詩「驚心動魄，可謂幾乎一字千金」又稱其詩句「可謂驚絕矣」。倘若用一般的文學批評的用語標準來衡量，《詩品》的上述措辭似乎有些言過其實。但作爲「意象評點」，

《詩品》的文字大多記錄的是直覺思維的成果，因此，用文學式的誇張，極言作品的藝術魅力，是可以理解的。又如卷下錄袁嘏語：「我詩有生氣，須人捉著；不爾，便飛去。」鍾嶸認爲「嘏詩平平耳，多自謂能」，故袁嘏的這一段「自評」顯然是言過其實的誇張，但如果抽去「袁嘏」這一具體對象，「飛去」云云，是頗能狀詩之生氣的。

次說「佚聞」。《詩品》三卷，落到每位詩人頭上的品評文字並不多。在有限的文字中，鍾嶸還敘述一些詩人的佚聞趣事，如卷上「謝靈運」條，介紹「客兒」這一名字的來歷；卷中「謝惠連」條，引《謝氏家錄》所云「（謝靈運）寤寐間忽見惠連，即成『池塘生春草』」的趣事；「江淹」條「才盡」的佚聞，以及卷下關於區惠恭托名人而見賞的佚事，等等。這些「佚聞趣事」，一方面，使得《詩品》的「意象評點」更加形象生動、頗具靈性；同時，故事本身還具有心理學內涵，如謝靈運夢中得佳句，實爲靈感現象，區惠恭托名人而見賞，則是鑑賞活動中的名士效應。另外，漢魏六朝，與作家創作相關的佚聞趣事的文字記載並不多，因此，《詩品》中的這些描敘，與《世說新語》的描寫一樣，具有某種史料價值。

作爲中國最早的「詩話」，《詩品》在「意象評點」方面，開了一個好頭。《詩品》之後，直到近代，中國的詩話、詞話汗牛充棟，而思維特徵大多是直覺式。《詩品》所採用的「意象評點」諸方法（形象比喻、比較、誇張、佚事等等），在後來的詩話詞話中都可以見到。因此可以說，以「詩話」爲主要理論形態的中國詩歌心理學，其直覺思維與意象評點的傳統，是濫觴於鍾嶸《詩品》。

發」的特徵。

三、「預此宗流者，便稱才子」

漢魏六朝文藝心理學有兩大根本性特徵：以「心物」爲綱，從「才性」出發。這兩條特徵，在鍾嶸的詩歌心理學之中，得到了充分的體現。本章一、二節在創作論與鑑賞論領域，剖析了《詩品》的「心物」觀，以及以「心物」爲核心的直覺思維；第三節將在作家論領域，描述鍾嶸詩論「從『才性』出發」的特徵。

第九章已指出，從陸機「得爲文之用心」開始，漢魏六朝文藝心理學的理論重心逐漸從品評才性轉移到精析文心。這一轉移，大體上通過兩條途徑完成：一是創作心理的領域，由研究創作主體發展爲研究創作過程；二是鑑賞心理的領域，由「品人」發展到「品詩」。《詩品序》的理論闡述已涉及到詩歌創作過程的幾個主要階段（如創作發生、創作構思，以及創作表現），而鍾嶸的詩歌心理學又是以「品詩」（即「鑑賞論」）爲理論框架或形態的。從歷史發展的角度看，鍾嶸「品詩」以及探討創作過程，與他之前的文論家「品人」以及研究創作主體有著直覺的聯繫或淵源關係。

《詩品序》稱「昔九品論人，七略裁士，校以賓實，誠多未値。」本意是不滿於前人的「論人」、「裁士」，但從中可以看出鍾嶸品詩，明顯地受到「品人」的影響，或者說，是將「九品論人，七略裁士」的「品人」之法，用來「品詩」。在鍾嶸所生活的齊梁時期，鑑賞論是碩果累累，如庾肩吾有《書品》，將書家分爲九品；謝赫有《畫品》，將畫家分爲六品；沈約還有品評圍棋的《棋品》，可惜只存序文（以上俱見《全梁文》）。鍾嶸之前，有劉士章「欲爲當世詩品，口陳標榜，其文未遂」（《詩品序》）。鑑賞文藝作品，稱之爲「品」，而且列爲幾等，都是由品評才性的作家論發展而來的。品人的作家論對品詩的鑑賞論的影響，還表現在「品」的方法上。前一節談到《詩品》「意象評點」的主要方法（如比喻、比較、誇張、軼事），都是從「品人」者那裡借用來的。遠的不說，只看看《世說新語》，此書對才士文人的品評，大都採用上述四種方法：如以自然美喻人物美，在人物的比較中顯其優劣，以及用誇張的手法、描寫佚聞趣事的方法活顯人物音容笑貌、個性情懷等等。在「品」這一點上，《詩品》與《世說新語》有頗多相似之處。

當然，鍾嶸「品」的對象主要是「詩」，所以他的成就主要在鑑賞論和創作論，但「詩」與「詩人」畢竟是不可分的，故《詩品》也必然有作家論內涵。從總體上看，鍾嶸不僅將「品人」之法用來「品詩」，而且將「品詩」與「品人」融爲一體。從這一點出發，我們來探討《詩品》的作家心理學思想。

漢魏六朝的作家心理學以「才性」爲核心，以重「才」爲特徵。兩漢之前論「才」，還是普通心理學意義上的泛指（即指人的智慧才能）。從漢代始，開始談「文才」（如王充論「著作之才」），因爲「文」是廣義的，故「文才」既包括文藝創作，也包括做學問、搞理論研究。魏晉以降，文學獨立，「才」一般指創作才能（詩才、畫才、書才、樂文、文章之才等等），但並不那麼「專一」、「純粹」，如劉勰《文心雕龍》所稱讚的衆多文才之士，其中也有一些，他們的成果仍然屬於廣義的文學。倒是鍾嶸論「才」，頗爲專一、純粹，特指「詩才」（也就是狹義的文學之才）。《詩品序》將「應資博古」的「經國文符」、「宜窮往烈」的「撰德駁奏」等政論性、應用型文體（亦即《文心雕龍》所論及的「詔策」、「檄移」、「封禪」之類），與「吟詠情性」的詩歌區別對待。鍾嶸認爲寫前一類文章，可以用典，「且表學問」，但寫詩則「何貴於用事」，因爲寫詩需要「天才」。顯然，《詩品》的作者，更看重的是「詩才」，他稱讚蕭衍「資生知之上才，體沉鬱之幽思，文麗日月，賞究天人」，既表現出對詩才的極力推崇，也顯示出他對「詩才」與「天才」（「生知之上才」）之內在聯繫的看法。另外，卷上稱李陵有「殊才」，卷中敘謝靈運「此語有神助」，敘江文通失五彩筆而「才盡」，均透露出論者的「詩歌天才」觀，眞所謂「必乏天才，勿強操筆」（《顏氏家訓·文章》），否則，就只能「雖謝天才，且表學問」了。鍾嶸論「才」，將其涵義限定於狹義的文學，且以「天才」爲要，在這一點上，他對「才性論」的發展與成熟所作的貢獻，甚至超過了劉勰。

漢魏六朝文藝心理學的「才性論」，有著自身的發展歷程（詳下編「才性篇」）。「才性論」在南北朝時期的「成熟」表現在兩個方面：一是「才」由泛指廣義的「文才」，到特指狹義的文藝（如詩歌、繪畫、書法、音樂等）創作之才；二是「性」的內涵，由心理學意義上的氣質個性，發展升華爲美學意義上的審美個性。《詩品》在上述兩個方面，都作出了獨特的理論貢獻。關於「才」已見於上面的分析；關於「性」，鍾嶸提出了「文德」這一美學概念。

卷中「陶潛」條在描述了陶詩的藝術風格及價值後，說「每觀其文，想其人德。」這裡的「人德」，並非倫理意義上的德行品性。「人德」與「文」相聯，它是蘊藉於作品之內的詩人的個性氣質、精神境界、主體意識與情感，它包含著詩人對生活的獨特感受、對藝術的眞知灼見，其中既有心理學內容，更有審美的意蘊，是詩人個體情感與主體精神在美學層次的完滿融合，因此，「文德」，作爲對「才性」之「性」的表述，已經逾越了心理學層次而上升到美學境界。「文德」，不僅具有精神價値，而且具有美學意義，卷下評阮籍：「而《詠懷》之作，可以陶性靈，發幽思。言在耳目之內，情寄八荒之表……使人忘其鄙近，自致遠大」，說的就是「文德」的魅力與價値。卷中稱張華「兒女情多，風雲氣少」，則可視爲「文德」不高之一例。鍾嶸雖未直接言「性」，但「文德」說所包含的「性」之內容，實際上從美學的角度，豐富了「性」的心理學思想。

《詩品序》：「預此宗流者，便稱才子」，入選的一百二十二位詩人，無論居於何品，都能戴上「才子」的桂冠。但「詩」有品差，「才」也有等級。高居上品者，才大如江海，才高似峻嶺。如卷上稱李陵「有殊才」，謝靈運「才高詞盛」，又稱「陸才如海，潘才如江」，「（陸機）才高詞贍……張公嘆其大才，信矣！」後兩條，《世說新語》已有記載，《言語》注引《晉陽秋》：「（陸）機與弟雲並有俊才，司空張華見而說之，曰『平吳之利，在獲二俊。』」將一場重大的軍事行動的勝利，歸結爲得到兩位才子——足見張華之重詩才，又足見二陸詩才之大。次居中品者，「才」雖算不上「高」「大」，但也各有特色：如劉琨「體良才」，鮑照「才秀」，謝惠連「才思富捷」，顏延之「經綸文雅才」，戴凱「才華富健」，等等。屈居下品者，「才」就不怎麼樣了：鮑令暉「才自亞於左芬」，「惠休淫靡，情過其才」至於說到何長瑜、羊曜璠等人，只好嘆一句「才難，信矣」了。

《詩品》所言之「才」，有時還指詩歌創作的風格，如卷中認爲嵇康的詩「過爲峻切，訐直露才，傷淵雅之致」，鍾嶸的這番指責是否公正，暫且不論，而「露才」之說，表明詩人光有「才」並不夠，還有一個怎樣驅遣、表現「才」的問題：太露，則傷淵雅、少含蓄；太隱，則顯得單薄、貧弱，所以卷中稱謝朓「才弱」，謝瞻等人「才力苦弱」。關於「才」的運用問題，已屬於創作心理範疇，鍾嶸將「才性」引入創作論，並且對「才」的探討如此細密，又可見出《詩品》對「才性論」之深化與成熟所作出的貢獻。

拾伍、《文心雕龍》：漢魏六朝「文心」之歸

劉勰，字彥和，祖籍原在東莞郡莒縣（今山東莒縣），永嘉之亂時，祖先南奔渡江，從此世居京口（今江蘇鎮江）。劉勰的生卒年不詳，據楊明照先生考證，劉勰大約出生於劉宋泰始二、三年（公元四六六—四六七年）間，卒於梁大同四年或五年（公元五三八—五三九年）間（參見楊明照《文心雕龍校注拾遺》第一—四頁）。《文心雕龍》約成書於齊和帝中興元、二年（公元五〇一—五〇二年）間，在這之前，劉勰還著有佛學著作《滅惑論》。《梁書》卷五十、《南史》卷七十二均有傳，而且，均排列於鍾嶸的傳記之後。

劉勰與鍾嶸，從事文學批評的時間大致相同。雖然《文心雕龍》與《詩品》的寫成、問世之確鑿年月已很難考證，這兩部文論著作均誕生於南朝齊梁年間，卻是可以肯定的。在漢魏六朝文藝心理學史上，南北朝是「成熟期」，而「成熟」之標誌，便是齊梁的兩部文論宏篇：《文心雕龍》與《詩品》。如果說，《詩品》是對齊梁之前的詩歌心理學（包括創作、鑑賞與作家三大心理學分支）的一次總結；那麼，《文心雕龍》不僅熔漢魏六朝的創作心理、鑑賞心理與作家心理為一爐，而且它的「總結」，還

涉及漢魏六朝文藝心理學的學科性質、歷史演變、理論邏輯、範疇體系、研究方法等諸多方面。第二章《〈淮南子〉的心論與文論》，稱劉安《淮南子》在漢魏六朝文藝心理學發展史上，「開了一個好頭」。《淮南子》誕生於公元前二世紀，而《文心雕龍》寫成於公元六世紀初。在這漫長的七、八百年間，漢魏六朝文論家的理論探索，涉及了許多文藝心理學問題：或品評作家才性，或精析爲文用心；或以「心物」爲核心探討創作的心理過程，或以「才性」爲起點論述主體的心理素質；或在「心論」與「文論」的交匯處探索「文心」之秘，或以一己之「文心」去品樂、品詩、品畫、品書……肇始於漢初《淮南子》的漢魏六朝文藝心理學，彌漫於諸多領域，繁衍爲諸多分支，其思想之洪流、理論之波瀾，在歷史的長河中流淌了七、八百年，而於齊梁年間匯入《文心雕龍》這一浩瀚的大海。當筆者以年青的「文心」作雙槳，在這「大海」中探寶時，不得不感嘆：劉舍人的《文心雕龍》，爲漢魏六朝文藝心理學的發展史，畫了一個漂亮的句號！

一、「有心之器，其無文歟」

「交叉於哲學與文學之間」——這一中國古代文藝心理學的根本特徵（或學科性質），在漢魏六朝時期是貫穿始終的。「開頭」的《淮南子》，其文藝心理學思想存在於它的「心論」與「文論」的交匯處；「煞尾」的《文心雕龍》，雖然從整體上看，是地道的「文論」專著，若細繹全書，便可以發現：劉勰的「文論」仍然是以「心論」（特定的哲學思想）爲指導，劉勰的文藝心理學思想，從根本上說，仍然是「文論」與「心論」相結合的產物。當然，就「文論」與「心論」的比重而言，作爲「總歸」的《文心雕龍》與作爲「肇始」的《淮南子》，又有很大不同：《淮南子》的「心論」彌漫全書；《文心雕龍》的「心論」集中體現在一頭（《原道篇》）與一尾（《序志篇》）。

《原道篇》從哲學的角度談文學理論問題，在「心論」的基礎上建立起「文論」，從而體現出劉勰文藝心理學思想的基本觀點。劉勰的思想，以儒家爲主導，同時兼有佛、道。關於《文心雕龍》的「佛心」內涵，第十一章已略論；而劉勰的「儒性」與「道心」，在《原道》、《序志》二篇中時時可見。《原道篇》所云「道」，究竟是儒道、佛道還是老莊或玄學之道？龍學界意見分歧，尚無定論。依筆者陋見，劉勰的「道」，似與佛學無涉（至少從《原道篇》可見出這一點），卻綜合了儒道兩家的思想。《原道》講「自然」、「自然之道」（《明詩》、《體性》諸篇講「自然之勢」、「自然而至」、「自然之恒資」、「自然之趣」、「自然會妙」等等），顯然是受了主張「道法自然」的老莊與魏晉玄學的影響。另一方面，劉勰所「原」之「道」，其根本性質，是「三才」（天地人）合一、以「人」爲「天地之心」的宇宙本體論——這一思想，又明顯地來自先秦儒家。《周易．繫辭下》稱天道、地道、人道爲三才，在由「天地人」三才所構成的宇宙本體中，劉勰認爲：人，「爲五行之秀，實天地之心」，乃「性靈所鍾」，是「有心之器」。中國的心理學思想，歷來有「人貴論」之傳統，它不像西方現代心理學思想，或將人視爲物理的、化學的客體（如行爲主義），或將人待如本能的犧牲品（如精神分析學派）。《說文》：「人，天地之性最貴者也」；《禮記．禮運》：「故人者，其天地之德，陰陽之交，鬼神之會，五行之秀氣也。」又曰：「故人者，天地之心也，五行之端也。食味，別聲，被色，而生者也」。《禮記正義》疏「天地之心」曰：「『故人者，天地之心也』者：天地高遠在上，臨下四方，人居其中央，動靜應天地。天地有人，如人腹內有心，動靜應人也，故云『天地之心也』。王肅云：人於天地之間，如五臟之有心矣。人乃生之最靈，其心，五臟之最聖也。」劉勰論「道」，在「天道、地道、人道」三者之中，視「人」爲「天地之心」，其思想淵源，是先秦儒家的「人貴論」。

《原道篇》指出：天地之「道」，有著它們各自的「文」。「日月疊璧，以垂麗天之象」——這是天道之「文」；「山川煥綺，以鋪理地之形」——這是地道之「文」。不惟天地有「文」，而且「動植皆文」：「龍鳳以藻繪呈瑞，虎豹以炳蔚凝姿。雲霞雕色，有逾畫工之妙；草木賁華，無待錦匠之奇」，更有「林籟結響，調如竽瑟；泉石激韻，和若球瑝」……日月、山川、草木、林泉、龍鳳、虎豹，自然界的萬事萬物，千姿百態，五彩繽紛，以它們的「形」與「象」，以它們的「妙」與「奇」，一方面體現出天地之「道」（自然規律），一方面傳達出「道」之「文」（自然美）。原本是無識無心的自然萬物，尚且有如此美不勝收之「文」，作爲「天地之心」、「性靈所鍾」的人，又豈能無文？人心之文（人文）又豈能不美？

「夫以無識之物，郁然有彩；有心之器，其無文歟？」天地，自有其既「形象」又「奇妙」的「文」，體現出它們的「自然之道」；人，要「原道心以敷章，研神理而設教」，以他們所特有的智慧、才能、靈性、神情，創造出燦爛的人類文化——這便是《原道篇》所讚美的「人文」。如果說，屬於「

無識之物」的道之文，是自然界的產物，是訴諸於感官的自然美；那麼，屬於「有心之器」的道之文（亦即「人文」），則是人心的產物，所謂「心生而言立，言立而文明。」可見「人文」的靈魂，就是包括「爲文之用心」在內的「文心」（或曰「人文創造者之心」）。

天地之性，爲何以「人」爲貴？天地之間，爲何以「人」爲心？「人」，爲何被譽於「最靈」、「最聖」？從文藝心理學角度論，就是因爲宇宙萬物中，惟有人，才具文藝創造的才能與情性。「夫宇宙綿邈，黎獻紛雜，拔萃出類，智術而已。歲月飄忽，性靈不居，騰聲飛實，製作而已。」宇宙之精華、萬物之靈長是人；而人之中的出類拔萃者，又是那些有創作才華、有「文心」的作家，他們用自己的文藝創作，使人之性靈，超越歲月的飄忽，而永駐宇宙，長留人間。人「肖貌天地，稟性五才，擬耳目於日月，方聲氣乎風雷，其超出萬物，亦已靈矣。」人生天地間，聚日月山川之靈氣，鍾草木泉巖之神秀，既能以一己之心感萬物而動，又能以超常之才狀萬物之貌傳萬物之神體萬物之道。劉勰之所以要嘔心瀝血著《文心雕龍》，說到底，是獻身於「人文」事業，「樹德建言」「名踰金石之堅」（以上引文均據《序志篇》），以「心之文」來原「自然之道」。

將《原道》與《序志》這一頭一尾「打通」了來看，劉勰的「文心」論有兩重內涵。一是在他的宇宙本體（天地人「三才」）之中，視人爲「天地之心」、「性靈所鍾」，並且主張以「人文」（或曰「心之文」）來表現傳達宇宙萬物的規律（「自然之道」）；二是劉勰所「貴」之「人」，不僅是一般意義上的整體的人，更是有「智術」、能「製作」有「文心」的人，亦即能通過個體的「人文」

創造而「樹德建言」，將性情才華化爲文學作品的文學藝術家。「才難然乎，性各異禀。一朝綜文，千年凝錦。」（《才略篇》）「逐物實難，憑性良易……文果載心，余心有寄！」（《序志篇》）憑藉一己之「文心」（卓越的才華與獨特的個性）去創造美的文藝作品；而凝聚著作家才智與性情的美文華章，不僅能「原道」，更能「載心」。劉勰貴「人」，貴「人文」，貴「人心之文」，從心理角度論，是貴「文心」，貴創作主體——這「天地之心」與「人類之英」。能充分體現宇宙萬物之「道」的，一是天地之文，一是人心之文：前者是自然之美，是宇宙的造化、時空的凝固；後者則是人文之美，是文學藝術家的創造，是「文心」所綻開的奇葩！因此，《序志篇》所云「心哉美矣」之「心」，不僅僅指「爲文之用心」，還有著更爲廣泛而深邃的含義——指整個「人文」創造者之心。

劉勰的「文心」和「心哉美矣」，在《文心雕龍》的文藝心理學思想中，有著三個方面的意義：第一，體現出劉勰文藝心理學思想的交叉性，並顯露出重「心」（重「文心」）的能動反映論傾向。在宇宙本體論中，突出「人」的中心地位與性靈特徵；在原道的天地之文與人之文（人文）中，突出「人文」以及「人文」創造者的「拔萃出類」、「騰聲飛實」；在廣義的「人文」（人類文化、學術）創造中，又突出文學或文章之美以及作家的文心之美。換言之，作爲劉勰文藝心理學思想之精華或要義的「文心」之論與「心哉美矣」之嘆，實則誕生於其「心論」與「文論」的交融處，並包含著「重文心」的思想內涵——上述兩點，作爲漢魏六朝文藝心理學的根本特徵，肇端於《淮南子》，總歸於《文心雕龍》，從而貫穿於整個漢魏六朝時期。

第二，「文心」說，彌綸《文心雕龍》的作家、創作、鑑賞三論，籠圈三大塊。「文心」，對創作主體而言，是「才難然乎」與「性各異稟」的完滿融合。《才略》「師心以遺論」與《體性》「各師成心，其異如面」，可分別視爲對「文心」之「才」與「性」含義的具體運用。劉勰創作論的核心是「神思」，何爲「神思」？——「形在江海之上，心存魏闕之下」，「神與物遊」，亦即「心與物遊」，神思之時，還要靠「文心」來「規矩虛位，刻鏤無形」。創作過程是將「文心」化爲「文辭」，所謂「沿隱以至顯，因內而符外」（《體性篇》）；鑑賞過程剛好與之相逆：通過「文辭」而揣摩「文心」，所謂「覘文輒見其心」（《知音篇》）。劉勰的鑑賞論以「知音」爲題，知音，說到底，是要知「文心」、識「文心」。

第三，從微觀的角度論，「文心」涉及到文學創作的幾乎所有方面與全部過程。先說「過程」。劉勰論創作，同樣以「心物」爲綱，《神思》、《物色》、《情采》諸篇講創作發生時，心如何感物而動，心與物又如何往返贈答，徘徊宛轉；《熔裁》、《麗辭》、《比興》諸篇講創作表現時，如何「心生文辭，運裁百慮」，如何「委心逐辭」，如何「心既托聲於言，言亦寄形於字」，以至用美之言辭來「昭明心曲」……次說「方面」。文心，不僅與文辭相聯，而且與作品的風格相關，前面談到的「師心遺論」、「各師成心」，實則爲作家將各自的「文心」化爲不同的文學風格。再者，「心」如何用，往往關係到創作的成敗，如「心敏而辭當」（《附會》），「心非權衡，勢必輕重」（《熔裁》），等等。另外，「文心」與神、情、理、志、意等概念都有密切關係。《原道篇》講「道心惟微」，而原「道」之主體——「文心」——也算得上「惟微」的了。

二、才性·神思·知音

稱《文心雕龍》爲漢魏六朝「文心」之歸，不僅因爲劉勰將肇始於漢初的文藝心理學交叉性與能動性總匯於他的文論巨著，更因爲他將文藝心理學的三大分支熔爲一爐，並組合成一個完整的、有機的體系。文學，作爲一個整體，它包括「作家——創作——作品」三大部分。文學的整體性，決定了文藝心理學的整體性；後者也必然由「作家心理——創作心理——（作品）鑑賞心理」三大部分組成。從史的角度看，每一個時期的文藝心理學思想，都大致含有這三個方面的內容。當然，由於種種原因，不同歷史時期，其文藝心理學思想又側重於某一個方面，或者說在某一方面有著更突出的成就與收穫。如兩漢的作家心理，魏晉的創作心理，便是明證。然而，就文藝心理學整體性、系統性而言，兩漢與魏晉各側重一面而在另外兩方面略顯單薄，畢竟是理論上的一種缺憾。而彌補這一缺憾的，正是南朝劉舍人的《文心雕龍》。

中國古典文學，發展到南北朝時期，不僅完全獲得了獨立的地位，而且取得了輝煌的成就，積累了相當豐富的經驗。對這些成就和經驗進行總結，在此基礎上建立起完整而系統的文論——這一光榮使命歷史地落在劉彥和的肩上。一部《文心雕龍》，「振葉以尋根，觀瀾而索源」，「原始以表末，釋名以章義，選文以定篇，敷理以舉統」，「綱領明」，「毛目顯」（均見《序志篇》），精析文心而又自成體系，其「文論」與「心論」交匯，形成了包括作家、創作、鑑賞三大分支的文藝心理學思想。可以說，《文心雕龍》是集漢魏六朝文藝心理學之大成，以至於成爲中國古代文藝心理學發展史上的一座豐碑。

劉勰之前，文藝心理學的發展，大致經歷了由品評文人才性到精析爲文用心的過程。在這一過程中，諸多包含文藝心理學思想的理論著作，一般只側重論述某一方面的問題，如司馬遷《史記·屈原傳》、王充《論衡·超奇》、曹丕《典論·論文》以及劉劭《人物志》的品文人，陸機《文賦》、摯虞《文章流別論》、沈約《謝靈運傳論》、陸厥《與沈約書》的析文心。齊梁之前，還沒有討論鑑賞心理的專篇問世。與劉勰同時代的鍾嶸，其《詩品》雖然也包括了「創作、鑑賞、作家」三大分支，但它的研究對象僅限於五言詩。因此，在整個漢魏六朝的八百年間，只有劉勰在他的體大精深彌綸群言的宏篇巨製中，以各體文學爲研究對象，既品評文人才性，又精析爲文用心，還設專篇討論鑑賞心理，從而將文藝心理學的三大分支有機地統一在他的文論體系中。

《文心雕龍》在三大領域的理論收穫，遠非這一節的文字所能描述，在此，我們只能提綱挈領地作一些宏觀勾勒。概言之，劉勰心理學思想的作家、創作、鑑賞三論，分別以「才性」、「神思」、「知音」三個文藝心理學範疇爲其理論中心。兩漢魏晉理論家，在品評文人、描述作家應具備的心理素質時，或褒或貶，都是圍繞「才」與「性」來討論的。而劉勰的「才性論」，有著自己的特徵。其一，道德色彩淡化，心理學意味增強。《體性篇》：「才力居中，肇自血氣；氣以實志，志以定言，吐納英華，莫非情性」，這裡的「血氣」與「情性」大致相當於心理學上的「氣質」與「性格」。《體性篇》還一口氣舉出十二個例子，說明不同氣質、個性的作家，其作品的藝術風格也是大不一樣的，所謂「各師成心，其異如面」，「才性異區，文辭繁詭」。劉勰還進一步討論了才性的天賦與習染問題，他既承認「才有天資」，才力「肇自血氣」，同時也強調「學慎始習」、「功以學成」，須「因性以練才」。這一「對立統一」的觀點，有著很濃的心理學意味。其二，就才性關係而論，劉勰更看重「才」，所謂「才難然乎」。創作需要特殊的才能，劉勰設「神思」、「熔裁」、「誇飾」、「練字」、「養氣」等篇章，專門討論創作才能的意義、特徵及其培養方法。關於「性」，劉勰是區別對待的：屬於心理學意義上的性格氣質，對創作會產生較大的影響；而倫理學意義上的德性品性，與創作並無因果關係——對後者，劉勰持一種寬容態度，從而繼承並發揚了《世說新語》作家心理學的理論傳統。《程器篇》看上去是指責作家「性」之瑕累，實際上是表述了作家心理學領域的寬容理論。該篇開章在列舉曹丕韋誕「歷詆群才」和「後人雷同，混之一貫」的事實後，感慨萬千：「吁可悲矣！」劉勰的悲哀中飽含同情甚至激憤。在某種意義上說，《程器篇》就是對「歷詆群才」的反駁。劉勰在列舉了文士德性的毛病後，又描述了武將的穢行劣質，並認爲後者在數量與程度上都超過前者。他還指出，文士中並不乏人品高潔者，「豈曰文士，必其玷歟？」劉勰的「寬容」並未到此爲止，他從更深層次挖掘「歷詆群才」的原因：「將相以位隆特達，文士以職卑多誚：此江河所以騰涌，涓流所以寸折者也」，其批判矛頭已直指「才之多少不如勢之多少遠矣」（鮑照《瓜步山揭文》）的門閥制度和社會政治。《程器篇》爲「性(德性)」苦心開脫，《才略篇》爲「才」大唱頌歌。集中體現在《體性》、《才略》、《程器》諸篇的《文心雕龍》才性論，是對漢魏六朝作家心理學思想的深化與總結。

劉勰的作家論「從『才性』出發」，其創作論則「以『心物』爲綱」。而《文心雕龍》論創作過程中的心物關係，又是圍繞「神思」這一範疇展開的。《文心雕龍》的下半部分(創作論)以《神思篇》冠首，所謂：「總括大凡，妙抉其心」，「爲提挈綱維之言」(見范文瀾《文心雕龍注》第四九五頁注①)。在處理創作過程中的心物關係時，漢魏六朝文論家一貫看重「心」(創作主體)的能動作用，並常常用「神妙」、「神助」、以及「神遊」、「神思」這類詞匯來狀「文心」之神奇。早在西漢初年，劉安《淮南子·俶眞訓》便提出「神遊說」，主張「遊心於虛」；後來魏晉玄學心理講「玄覽」與「玄靜」，佛學心理講「神妙」與「頓悟」，都含有文心神遊之義。正如蕭子顯《南齊書·文學傳論》所言：「屬文之道，事出神思，感召無象，變化不窮。」神思，作爲創作主體的心理活動，它不僅存於創作過程的始終，而且涉及到創作心理的諸多側面和層次。神思，首先是心物相感的結果：「物以貌求，心以理應」，「物沿耳目」，「神與物遊」，可見劉勰在強調「心」之能動作用的同時，並未忽視「物」的感召觸發作用。在這一點上，劉勰的「神思」，較之玄心與佛心的玄覽與神妙，有更鮮明的唯物論傾向。神思，還伴隨著豐富而強烈的情感活動：「登山則情滿於山，觀海則意溢於海」，「神用象通，情變所孕」。除了情感之「動」，神思還有心境之「靜」，「思接千載」之前，還須「寂然凝慮」，「陶鈞文思」之時，「貴在虛靜」。正是「神與物遊」之動與「寂然凝慮」之靜，以及動靜的交替與相濟，才構成「神思」的全部過程與整體特徵。在論「心」之動靜這一點上，劉勰顯然是承繼了陸機《文賦》的理論傳統。第三，神思的醞釀與培養，與作家的知識、道理、閱歷、文章密切相關。「積學以儲寶，酌理以富才，研閱以窮照，馴致以懌辭」，作家要加強各方面的修養，有良好的心理素質與心理能力。神思的到來，其遲速緩急，又與作家的才性和文體的類型相關。因此，在神思到來之前，作家要「秉心養術，無務苦慮」；神思之後，作家要「刻鏤聲律，萌芽比興」，將「文心」之神思，物化為美的文辭。一篇《神思》，成為《文心雕龍》下篇創作論之《風骨》、《情采》、《聲律》、《比興》、《養氣》、《物色》諸篇的統帥和綱領，所謂「以馭群篇」者也。更進一步說，以「神思」為中心的劉勰創作心理學，同樣標誌著漢魏六朝創作論的成熟。

關於鑑賞心理，我們已相繼介紹了《淮南子》的「師曠之耳」說與「載哀」「哀樂」論，嵇康的「聲無哀樂」論，葛洪的「識文章之微妙」，以及鍾嶸的「意象評點」。劉勰之前的鑑賞論，其重心各不相同，其論點也因論者而異，但大體上也是以「心物」為核心的，這裡的「心」，指鑑賞主體的才能與性情；「物」，則指鑑賞對象（作品）的物質媒介與形式結構。比如，《淮南子》主張鑑賞者要有「師曠之耳」，嵇康認為知音者要「善辨音律」，便是對「才」的要求；而「載哀」、「載樂」、哀樂之情「先遘於心」，則是描述鑑賞者「性情」的主導、能動作用；而葛洪認為文章微妙難識，鍾嶸品詩專注於詩之意象，則是注意到作品之「物」的特性。漢魏六朝鑑賞心理學以「心物」為綱的根本特徵，以及它的各個側面、各種觀點，在劉勰的鑑賞論之中都得到充分而又集中的體現。

劉勰論鑑賞心理，以「知音」爲標題，首先談知音之難，所謂「文情難鑑，誰曰易分？」這使我們想起葛洪的「難識論」與嵇康的「至人論」。劉勰的「文情難鑑」，指出了作品之「物」的複雜性；「是以將閱文情，先標六觀」，而「六觀」的具體對象（位體、置辭、通變、奇正、事義、宮商），實則爲作品的物質媒介與形式結構，類似於嵇康所指出的音樂之「高、埤、單、複、善、惡」。作品之「物」（文情）如此複雜，這就對鑑賞者之「心」提出了更高的要求：一是要有鑑賞才能，所謂「博觀」、「圓照」、「曉聲」、「識器」，一句話，要「知音」；二是要有較高的審美情性與趣味，這就需要克服「信僞迷眞」、「崇己抑人」、「貴古賤今」等心理障礙。鑑賞者只有才性雙優方能「平理若衡，照辭如鏡」，才可以「披文以入情」，「覘文輒見其心」。與鍾嶸一樣，劉勰既有鑑賞理論，更有鑑賞實踐。《文心雕龍》上篇的《辨騷》、《明詩》、《樂府》、《詮賦》諸篇，實際上是劉勰運用自己的鑑賞論對齊梁以前的各體文學進行鑑賞批評。無論從哪個意義上講，劉彥和都堪稱「知音」，堪稱有「師曠之耳」的「至人」！

三、「擘肌分理，唯務折衷」

《文心雕龍》將漢魏六朝文藝心理學的交叉性、能動性以及以「心物」爲綱、從才性出發等根本特徵集於一身，同時又將創作、鑑賞、作家三大心理學分支熔爲一爐，以至於使《文心雕龍》成爲漢魏六朝「文心」之歸。劉勰之所以有如此卓傑的理論貢獻、取得如此顯赫的成就，除了他所處的歷史時期（六朝末年）、他的理論眼光與才情等主客觀原因之外，還有一個「方法論」上的原因。

《序志篇》：「夫銓序一文爲易，彌綸群言爲難，雖復輕采毛髮，深及骨髓，或有曲意密源，似近而遠，辭所不載，亦不勝數矣。及其品列成文，有同乎舊談者，非雷同也，勢自不可異也。有異乎前論者，非苟異也，理自不可同也。同之與異，不屑古今，擘肌分理，唯務折衷。」劉勰著《文心雕龍》，不是「銓序一文」而是要「彌綸群言」；與他之前的舊談前論，既不能雷同又不能苟異。換言之，他要集衆說之精華，納百川入大海，那麼，最好的方法，就是「擘肌分理，唯務折衷」。

劉勰的「折衷」，並非哲學上那種不問是非的「折衷主義」，而是一種心理學的方法。美國著名的心理學家墨菲（一八九五—一九七九）在《近代心理學歷史導引》中專門談到「折衷」，認爲：「它也被用來表明，從不同方法得到的觀察資料由於事實和思想的某種共同性而可能證明是互相關聯著的，並容許有一種更深刻的關於統一的看法。」（見該書第五八八頁）劉勰之前的文論家，在理論上各有建樹，各具特色，各領風騷。但他們常常「各照隅隙，鮮觀衢路」（《序志篇》），「知多偏好，人莫圓該」，「東向而望，不見西牆」，「各執一隅之解，欲擬萬端之變」（《知音篇》），從而使得他們的文藝心理學思想有不同程度的片面、偏狹和局限。劉勰不愧爲文論大師，他鳥瞰歷代文論，同異前論舊談，運用折衷的方法，將前人視爲相互對立或互不相關的許多命題、範疇和概念，通過剖析辯證，找到它們之間「互相關聯著的」「某種共同性」，從而建立起「一種更深刻的關於統一的看法」。誠如《文心雕龍》黃叔琳校本序言所稱：「劉舍人《文心雕龍》一書，蓋藝苑之秘寶也。觀其苞羅群籍，多所折衷。」（見范文瀾《文心雕龍注》第二頁）從心理學方法論的特定意義上講，劉勰的《文心雕龍》能夠「苞羅群籍」，「彌綸群言」而最終成爲漢魏六朝「文心」之歸，正是論者「唯務折衷」的結果。

劉勰的「折衷」方法，貫穿《文心雕龍》全書，涉及到諸多命題、範疇和概念，比如「心物」、「才性」、「情采」、「通變」、「比興」、「文質」、「言意」、「華實」、「奇正」等具有文藝心理學內涵的範疇，大多數是「折衷」的產物，或者說染上了「折衷」的色彩。對劉勰的「折衷」，本書不可能全面論述，在此，僅以作家心理學的「才性」與創作、鑑賞心理學的「心物」爲例，略敘「折衷」之要義。

關於「才性」，劉勰之前的偏頗，主要表現在對才性關係的看法上。魏晉時期，鍾會著《四本論》，討論才性關係的「同異離合」，漢魏六朝文論家講才性關係，大體上是兩派：或主合同，或主離異。前者將才與性合二爲一，完全忽略二者的差異性，尤其是釋「性」爲「德」的儒家正統詩教，在「合同」才性的前提下，由重德輕才走向以德代才；後者則在強調才與性之差異性以及各自之獨特性的時候，割斷了才與性（氣質性格）之間的內在聯繫。用劉勰的話說，合同論者與離異論者都有些「東向而望，不見西牆也」。

《文心雕龍》論才性關係，於「離異合同」之間，來了個「折衷」：在肯定才性「合同」的前提下，亦承認其「離異」的一面。就其主導面而言，劉勰主張才性合同，他認爲「才力」源於「血氣」

「性情」，才與性應是「表裡必符」，不同性格的作家，必然寫出不同風格的作品（詳見《體性篇》）；但另一方面，由於藝術創作的獨特性和作家性格的複雜性、多變性，因而才能與性格（包括人品、人格），有時候又是不一致的。劉勰正是看到了這種「不一致」，才承認所謂「表裡相符」，只是「才氣之大略」。紀昀對「大略」一詞的評語是：「人與文絕不類者，況又不知其幾？」劉勰雖未提出「人與文絕不類」的觀點，但他承認「才性異區」，並且一邊在《程器篇》羅列文士「性」（主要是德性、品性）之瑕累，一邊在《才略篇》排比作家「才」之煒曄。對才性關係的「折衷」，使得劉勰超越「合同」與「離異」的層次，並揚棄二者的片面與偏頗，既找到了才與性之間的聯繫，又指出了才與性之間的差異，從而使漢魏六朝的作家才性論有了深刻的思想內涵與精緻的理論形態，並在此基礎上形成關於作家評論的寬容理論。

與「才性論」相似，《文心雕龍》的「心物論」也顯露出「折衷」的色彩。心物之關係，有著儒家與道（玄）佛家的區別。以《禮記·樂記》爲源頭的儒家心物觀，強調「物」的感召作用，可稱爲「物感派」；以《老子》、《莊子》爲肇端的道家心物觀，則重「心」而輕「物」，看重「心」之「化物」的神奇功能，後來玄學講「玄覽」，佛學講「頓悟」，也是重「心」而輕「物」的。說到底，道、玄、佛家心目中的「象」，並非是心感物的結果，而是心造之幻象，故可將這一路稱爲「心造派」。或偏於「物感」，或偏於「心造」，也是各持一端，如此「各執一隅之解」，又何以能擬心物間的「萬端之變」？

劉勰論「心物」，對「物感」「心造」兩派進行折衷改造：既吸收二者的合理內核，又揚棄各自的片面偏頗。劉勰認爲：心與物並非是誰決定誰的「線型」的因果關係，而是一種贈答式的「立體交叉型」的雙邊關係。一方面，作家將一己之情主動地贈與自然外物，所謂「情往似贈」，從而使外物「與心而徘徊」（均見《物色》），使「物以情觀」（《詮賦》），「辭以情發」（《物色》）；另一方面，被作家所觀照的「物」，又來回答「情」的「饋贈」，而使心「隨物以宛轉」，使「情以物遷」（同上），「神與物遊」（《神思》）。通過這種心物之間的雙向運動，而最終達到「情理同致」（《明詩》）的藝術境界，寫出「情貌無遺」（《物色》）的作品。劉勰能將各執一端的「物感」與「心造」改造成爲完美而精緻的「心物贈答論」，可見出「折衷」的妙處。而劉勰的心物觀，因其辯證地處理心物關係，對他的創作心理學產生了良好的影響。比如他論「神思」，強調「神與物遊」，神思之中的「心」，既不囿於物而完全被動地受制於物，亦不游離於物而去天馬行空般地亂撞；而是在「志氣」的統帥下，借助於「辭令」，在作爲文學表現對象的境界中自由地遨遊。

鑑賞論中的「心物」關係，也有著兩端的偏頗。先秦《樂記》過分誇大「物」（作品）的作用，認爲欣賞作品的目的，就是「以物治心」，到了魏晉，嵇康主張「聲無哀樂」，意在突出鑑賞主體（心）的能動作用，卻走向了另一極端：完全否認作品的情感與思想內涵，並割斷了心物之間的聯繫。劉勰論藝術鑑賞，總的觀點是「心物並重」（詳下編之「品味篇」），既看重主體的主導能動作用（並對鑑賞者的才能與性情提出諸多要求），又不忽略作品本身所具有的情感內涵與美學魅力。在此基礎上，劉勰將心與物打通，使二者緊密相連：「觀文者披文以入情，沿波討源，雖幽必顯……目瞭則形無不分，心敏則理無不達……見異唯知音耳。」（《知音》）在「物」，自有其幽顯、形理；在「心」，則有其目瞭心敏。心物交感贈答，方能入情見異而知音。

「折衷」的妙處，幾乎是枚不勝舉，僅從以上的幾個例子，便可以見出：運用折衷的方法，改造發展舊有的心理學範疇，會使其形志更加精緻、內涵更加深刻、理論價值更高。在心理學方法論的意義上說，正是因爲劉勰「擘肌分理，唯務折衷」，才得以將他的「文龍」雕得如此玲瓏精緻，如此綺麗新美，以至於成爲中國乃至世界美學和文藝心理學史上的一大奇觀！

下編　文心建構論

心哉美矣！

漢魏六朝文藝心理學，華美而輝煌的樂章。

欲領略這「樂章」的主旋律，欲追尋古老「文心」的動態流變；則必須先把握「文心」的靜態建構：一個體系四大論，六對範疇各居其位。

總論：心物篇

作家論：才性篇

創作論：哀樂、動靜、表裡三篇

鑑賞論：品味篇

可以用四句話概括下編的內容：以「心物」爲綱，從「才性」出發，奏創作心理「三部曲」，演鑑賞心理「三重奏」。一、二兩句，表明本書的上下兩編，有著共同的「主題」與「旋律」。屬於「總論」的「心物」，本書緒論已有介紹，此不贅述；作家才性論，緒論也談到了，這裡略作補充。才性，一方面是漢魏六朝文藝心理學的邏輯起點，同時又是此時期作家心理學的理論核心——後一層意義上的「才性」，有著自身的演變歷程，此歷程的特徵可用「超越」二字概括。一是「才」之超越：以文藝心理學的特指（創作才華或天才），去超越普通心理學的泛指（一般的智慧才能）；二是「性」之超越：以眞率、超逸、獨特的自然之性去超越僞善、市俗、刻板的名教之性，衝破正統禮教的禁錮與束縛，去追求精神自由與個性解放；三是「才性關係」之超越。論「才性關係」，有同、異、適三派，主「同」者，視「性」爲「德」，且重「德」輕「才」，以「德」代「才」。主「異」者，超越「德性」之樊籬，賦予「創作才能」以獨立的地位。主「適」者，又同時揚棄「同」與「異」的片面和局限，使「創作才能」與「創作個性」在美學的層次相互適宜相互融合，並渾然一體地化爲作家的藝術生命。

「精析文心」的創作論，由「品評才性」的作家論發展而來。漢魏六朝時期，創作論之中的心理學思想異常豐富，我們按其「發生→構思→表現」的前後順序，譜寫爲「哀樂」、「動靜」、「表裡」三部曲。《哀樂篇》首先簡述從前漢劉安到南朝鍾嶸關於創作發生之心理動因的代表性理論，然後詳敘「哀」與「樂」這兩種情感在創作發生中的心理學意義，最後著重討論「蚌病」何以能「成珠」（「瘁」爲何能生出詩味、文采、陽剛之氣；「憤」爲何能激起神思、憂患、歡欣之情）。《動靜篇》分爲三節：「動靜相濟」分別介紹屬於「動」的神思、興會和屬於「靜」的虛靜、凝慮，並辨析四者之間錯綜複雜的關係；「以靜養動」闡釋道心、玄心、佛心關於「靜」的心理學思想，揭示「靜」之「陶鈞文思」、「登懷味象」、以養「神思」「興會」之動的心理學意義；「動中之靜」則從「動」的角度，描述神思之中的虛靜、興會之中的凝慮，且參照興奮與抑制的心理學原理，進一步揭示創作過程中動靜相濟的心理奧秘。《表裡篇》重在探討由裡及表、以文逮意的心理特徵，以及作品的心理構成。文藝作品內潛之「意」翻空易奇、纖旨曲致，外顯之「文」又往往具有復意、重旨——二者加在一起，便導致作家「文不逮意」、「半折心始」的語言痛苦。漢魏六朝文論家超越語言痛苦的途徑有二：一是「精思著文，雕縟成體」，如王充重「文辭」、嵇康重「音聲」、謝赫重「賦形制彩」、沈約首創「聲律」之論、劉勰精雕文采之龍；二是「得意忘言，情在辭外」，這又有劉安的「君形」、王弼的「忘言」、陶潛的「會意」，以及鍾嶸的「直尋」、「詩味」，等等。

創作過程是心物交感，鑑賞過程則是心物重奏——後者的「心」指鑑賞者的性情、才能，「物」指作品的物質媒介或形式結構。漢魏六朝的鑑賞心理學，概言之是「心物並重」，作品之「物」是鑑賞的基礎或出發點（故鑑賞者須有「師曠之耳」）；鑑賞者之「心」在鑑賞過程中起著主導作用（故要克服「貴古賤今」、「崇己抑人」、「信僞迷眞」等心理障礙）。在「心物並重」的基礎上又產生出「心物同構」和「心物一體」兩種鑑賞傾向。《品味篇》第二節將參照格式塔心理學的「同型論」，剖析嵇康「聲無哀樂」中的「心物同構」內涵；第三節則著重介紹鍾嶸品味五言詩，如何使意與象會、心與物諧，又如何使品者之「心」與被品之「物」進入「兩忘」和「一體」的境界。

壹、心物篇

心物，原本是中國古代哲學的一對重要範疇，它所表述的主體（心）與客體（物）的關係，是中國古代心理學的根本問題，它所包含的「心性之學」、「性命之理」，更具有鮮明的心理學思想特色（參見高覺敷主編《中國心理學史》之「緒論」）。漢魏六朝的文論家，用「心物」來描述文藝的起源、本質、以及創作與鑑賞過程中主客體之關係等具有根本性質的問題，使得他們的文論具有了文藝心理學思想的內涵，「心物」也就成爲漢魏六朝文藝心理學的綱領性範疇。

心物，它如何帶著自己特有的「資本」——高屋建瓴的哲學眼光與能動反映論傾向—進入漢魏六朝文藝心理學領域，並賦予後者以「交叉性」？它如何對文藝的一些根本問題作出心理學解釋？它如何描繪創作、鑑賞之複雜的心理過程？本章將依次闡述這些問題

一、交叉於哲學與文學的邊緣

兩漢時期，文學尚未獨立，它常常與哲學攪在一起，文學家同時又是哲學家（如賈誼、揚雄等），文

藝理論家又多在其哲學著作中探討文藝學問題(如《淮南子》、《春秋繁露》、《法言》、《論衡》等)。這就使得一些理論範疇,同時具有哲學和文藝學的內涵,「心物」便是一例。

前面已指出:作爲哲學範疇的「心物」,同時又具有心理學特色。哲學是心理學的理論基礎,哲學所探討的主要課題之一「主體意識」(或曰「心」),正是心理學所研究的對象,可以說,在「心」這一點上,哲學與心理學是重合的。在嚴格意義上的心理科學(如現代實驗心理學)誕生之前,心理學思想早已存在於哲學思想之中。正是在這個意義上,西方心理學家才將從古希臘到十九世紀初的哲學稱之爲現代心理學的「理論背景」或「前驅」(參見G·墨菲與J·柯瓦奇合著《近代心理學歷史導引》第一編)。

當中國古代的理論家,將具有濃厚心理學意味的哲學範疇「心物」,用於對文學的研究時,他們發現:文藝(詩、文、畫、樂、舞),從根本上說,是人心感於外物的結果,所謂「凡音之起,由人心生也。人心之動,物使之然也」(《樂記·樂本篇》),「言,心聲也;書,心畫也」(揚雄《法言·問神》),「文由胸中而出,心以文爲表」(王充《論衡·超奇篇》),等等。文學是「人心」的產物,研究文學,首先得研究文學家之心,亦即陸機所云爲文之「用心」和劉勰所云「文心」。因此,在「心」這一點上,文學與心理學也是可以重合的。

我們知道,作爲一門科學,心理學的誕生是十九世紀末葉的事,然而心理學思想(包括文藝心理學思想),無論在西方還是在中國,都是古已有之。而剛才談到的在心物論之「心」上的兩個重合(

哲學和文學分別與心理學的重合），正是中國古代文藝心理學思想產生的邏輯前提。具有心理學思想的理論家，常常運用他們的哲學觀念（特別是關於人之感知、意識、情緒、情感、個性、動機等等具有「心論」之內涵的觀念），來剖析闡釋文學問題。哲學中的「心論」（心的哲學），與文藝學中的「文論」相互交匯、融合，便產生了古典的文藝心理學思想。換言之，中國古代文藝心理學，實乃哲學與文學聯姻所生之寧馨兒，用時髦的話說，它是一門邊緣學科，交叉於哲學與文學的邊緣。而「心物」，正好處於這一「邊緣地帶」——心物論這特殊的理論位置，不僅賦予漢魏六朝文藝心理學以「交叉性」，而且將其「交叉性」表現爲「哲學眼光」與「能動傾向」兩大方面。

心與物，分別代表著主體與客體，而主客體之關係，是哲學領域的根本問題。「心物」一旦進入文藝學領域，亦即漢魏六朝文論家一旦在哲學層次思考文學問題，交叉於哲學與文學邊緣的心物論，則必然成爲漢魏六朝文藝心理學的根本問題。比如，文藝的起源，文藝的本質，創作、鑑賞主體的能動作用，創作、鑑賞過程的心理特徵，等等，均與心物論密切相關（詳後）。漢魏六朝的文藝心理學思想，與當時的哲學思想，結下不解之緣——或者說，前者直接孕育於後者之中。漢魏六朝幾個重要的文藝心理學命題，如才性四本、聲無哀樂、言意形神之辯等，同時也是哲學（玄學）命題。西方的文藝心理學思想，主要是從嚴格意義上的心理學之中吸取理論營養和思維材料，一談到西方的文藝心理學，人們必然想到弗洛伊德、榮格、考夫卡這些職業的心理學家和他們的心理學理論。而漢魏六朝（乃至整個中國古代）的文藝心理學，則主要從哲學之中吸取精神營養，從而具有寬廣的哲學視角和濃郁的哲學意味。

首次在文藝心理學領域使用「心物」範疇的先秦《樂記》，在肯定「人心之動，物使之然也」的前提下，十分看重「心」在感物過程中的能動作用。人心，因其「哀、樂、喜、怒、敬、愛」的不同，感物後而產生出來的音樂，在內容和形式上也是完全不同的（見《樂記·樂本篇》）；而且，從根本上說，人心之所以能感物而動，是因爲人有一種「動」的欲望或本能，所謂「感於物而動，性之欲也」（同上）。《樂記》還進一步指出：詩、歌、舞，「三者本於心……是故情深而文明，氣盛而化神，和順積中，而英華發外」（見《樂象篇》），從而明確肯定「心」在文藝創作中的主導地位。可見，文藝心理學領域的心物論，於誕生之日起，便具有明顯的能動反映論之哲學傾向。

心物論發展到兩漢，其能動反映論特色更加鮮明，故枚乘《七發》：「雜裾垂髾，目挑心與」。又如王充《論衡》講到心感物的幾種主要方式：「以往推來」、「以見卜隱」、「憑虛構象」、「增言其實」、「用精至」等等，都是從不同角度強調了心之能動作用。魏晉南北朝理論家，則主要講創作過程中「心」之能動性，如：陸機「精騖八極，心游萬仞」（《文賦》），顧愷之「遷想妙得」（《魏晉勝流畫贊》），宗炳「應會感神，神超理得」（《畫山水序》），劉勰「目既往還，心亦吐納……情往似贈，興來如答」（《文心雕龍·物色篇》），以及蕭統「心游目想」（《文選序》）等等。

心物論所具有的能動反映論傾向，對於漢魏六朝文藝心理學有著重要的理論意義。文藝心理學以剖析「文心」爲己任，以創作、鑑賞主體的特殊心理結構和創作、鑑賞過程的特殊心理規律爲研究對象。所謂「特殊」，就在於「文心」較之其它領域，有更爲複雜、隱蔽的性質。陸機如此細密地剖析「爲文之用心」，還自嘆「吾未識夫開塞之所由也」（《文賦》）；葛洪乾脆宣稱「文章微妙，其體難識」（《抱朴子外篇·尙博》）；連精通「文心」的劉勰也感嘆「文情難鑑，誰曰易分」，「知音其難哉」（《文心雕龍·知音篇》）。面對這微妙難識的「文心」，如果不具備能動反映論的複雜頭腦，而僅僅依靠簡單的機械反映論，是無法揭示其奧秘的。如果說，對一般認知現象的解釋必須堅持能動反映論的原則，那麼，剖析「文心」尤應如此。漢魏六朝文論家之所以知「難」而上，且終於能得「文心」之眞諦，與他們的心物論（乃至整個文藝心理學思想）具有明顯的能動反映論傾向是分不開的。

交叉於哲學與文學之邊緣的心物論，作爲一對具有綱領性意義的文藝心理學理論範圍，賦予漢魏六朝的文藝心理學思想以兩大特徵：高屋建瓴的哲學眼光與能動反映論的理論原則。漢魏六朝文論家，當他們站在「心物」（亦即主體與客體）這樣一個哲學高度來思考文藝學問題時，視野的開闊與胸襟的博大，使得他們的文藝心理學思想具有哲學的深邃；當他們從心物交感的角度來硏究文藝現象時，他們又從文心與外物的複雜關係中，看到了創作主體的巨大能動作用，從而使得他們的文藝心理學思想具有了能動反映論的傾向。

二、對文藝之「本」的心理學解釋

心物論，不僅以其哲學眼光和能動反映論原則，體現出它自身以及漢魏六朝文藝心理學的交叉性，而且從心理學角度，揭示出文學的一些基本規律。《樂記·樂本篇》：「凡音之起，由人心生也，人心之動，物使之然也，感於物而動，故形於聲。聲相應，故生變，變成方，謂之音。比音而樂之，及干戚羽旄，謂之樂。樂者，音之所由生也；其本在人心之感於物也。」樂（實則爲詩、樂、舞三位一體的藝術）之產生，是「人心感於物」的結果。《樂記》所說的「本」，實際上是指藝術的起源（參見曹順慶《中西比較詩學》第一〇五頁），心物交感而生樂，則是對文藝起源的心理學解釋。《樂記》的這一文藝心理學思想，爲漢魏六朝理論家所承繼並發展，如司馬相如《子虛賦》「色授魂與，心愉於側」，陸機《文賦》「遵四時以嘆逝，瞻萬物而思紛」，劉勰《文心雕龍·明詩篇》「人稟七情，應物斯感，感物吟志，莫非自然」，鍾嶸《詩品序》「氣之動物，物之感人，故搖蕩性情，形諸舞詠」，都不約而同地站在「心物」的角度，闡釋文藝起源和創作發生的心理學緣由。

漢魏六朝文論家，雖然與《樂記》的作者一樣，認爲文藝起源於心物交感，但他們並不認爲「心物交感」本身（亦即創作活動本身），只是作家之心對外物的簡單模仿或機械再造，而是更傾向於將文藝創作視爲一種深層次的複雜的心理活動，將文藝作品視爲心靈的產物，從而最終將「文」視爲與「心」（或曰「胸臆」、「性情」）同質的東西。前面談到王充《論衡》認爲「心」在創作中有多種功用，而他所說的「以往推來」、「以見卜隱」類似於文藝心理學的聯想、想像，「憑虛構象」類似於虛構，「增言其實」類似於誇張，「用精致」類似於注意。著文的過程，實質上就是通過聯想、想像、虛構、誇張以及注意等一系列心理活動，而將作家之「心」表見於文，所謂「實誠在胸臆，文墨著竹帛，外內表裡，自相副稱「意備而筆縱，故文見而實露也」（《論衡・超奇篇》）。概言之，就是「文由胸中而出，心以文爲表」（同上）。後來，陸機的《文賦》，劉勰的《文心雕龍》，鍾嶸的《詩品》，對創作過程中作家的心理活動作了更爲細緻、生動的描述。正是由於他們得「爲文之用心」，深知《文心》對於創作的決定性意義，他們才能講出「思風發於胸臆，言泉流於唇齒」（《文賦》）、「文果載心，余心有寄」（《文心雕龍》）和「吟詠情性」（《詩品》）這樣言簡意賅的道理。「文」是「心」的載體，是「胸臆」、「情性」的物化，是一種心理活動的功能和意義。早在公元三至五世紀（距離現代心理學的誕生還有一千多年！）我們的文論家便對文藝的本質作出了心理學的解釋，僅此一點，便足以見出漢魏六朝文藝心理學的理論價值。

所謂文藝之「本」，除了文藝的起源、文藝的實質，還應包括文藝的創作主體，離開了創作主體（人），文藝便無從談起。高覺敷主編《中國心理學史》，認爲中國古代心理學有一顯著特徵，這就是「人貴論」思想（參見該書第六頁）。而心物論，作爲漢魏六朝文藝心理學綱領性範疇，也具有「貴人」的理論內涵。

前面談到，心物論自誕生之日起，就具有能動反映論的哲學傾向，它在表述心物關係時，強調心的能動作用，看重的是心對物的能動反映而非機械反映。心物論的這一思想特徵，表現在文學研究中，便是重創作者之心，亦即重創作主體。司馬相如：「賦家之心，包括宇宙，總攬人物，斯乃得之於內，不可得而傳也」(《答盛覽問作賦》,見《全漢文》卷二十二),從兩個方面肯定了創作主體之「心」的重大作用:一是能通觀古今人物、包容整個宇宙的博大胸襟與壯闊情懷,也就是司馬相如所說的「崇論閎議,創業垂統」,「馳騖乎兼容並包,而勤思乎參天貳地」(見《史記·司馬相如傳》,《難蜀父老》);二是豐富的想像力與創作天才,這種想像力能夠馳騁上下古今,容納宇宙萬物,也就是劉勰所說「登山則情滿於山,觀海則意溢於海,我才之多少,將與風雲而並驅矣」(《文心雕龍·神思篇》),這種天才是「得之於內,不可得而傳」的,對於著文者而言,「必乏天才,勿強操筆」(顏之推《顏氏家訓·文章篇》)。「賦家之心」所包含的「性情」與「才能」,本身就是創作主體所特有的心理素質和心理結構。司馬相如的這一文藝心理學思想,爲魏晉南北朝文論家所繼承,並發展成爲十分精緻的創作主體之才性論(詳下章)。由此也可以見到漢魏六朝作家心理(才性論)與「心物」的密切關係以及後者在漢魏六朝文藝心理學中的綱領性地位。

三、對創作鑑賞心理的立體描繪

「心物」涉及到文藝的起源、文藝的本質、創作主體的能動作用等根本問題已如前述,而漢魏六朝文藝心理學最基本的兩大分支——創作心理與鑑賞心理——同樣是以「心物」爲理論核心的。創作和賞鑑的過程,說到底,就是心物交感的過程。創作和鑑賞,作爲深層次的心理活動,其主要特徵就體現於心物交感這一複雜的心理過程之中。

心物論在先秦，大致可分爲三派：一是《樂記》的「物感」，強調「物」對於「心」的感召、觸發作用；一是老莊的「心造」，重「心」而輕「物」，他們所推崇的「無狀之狀」、「無象之象」，所醉心的夢中之蝶、北冥之鯤，實乃心造之幻象；一是《荀子．正名》的「精合感應」，據唐代楊倞的解釋：「精合，謂若耳目之精靈與見聞之物合也；感應，謂外物感興而來應也」，可見「精合感應」同時兼有「心」的主觀能動性與「物」的客觀決定性，是對心物關係的辯證表述。

漢魏六朝文論家在論述創作過程中的心物關係時，直接承繼了荀子「精合感應」的理論傳統：既注重「心」在感「物」之中的主導作用，體現出能動反映論的傾向（如前所述）；同時又看到「物」對「心」的制約、決定作用，從而具有唯物論的思想基礎。如果說，荀子的「精合感應」因缺少深刻全面的理論闡述而顯得簡略和粗糙，那麼劉勰則將其發展爲完美而精緻的「心物贈答論」。《文心雕龍》指出：一方面，作家將一己之情主動贈與自然外物，使物「與心而徘徊」（《物色篇》），使「物以情觀」（《詮賦篇》）、「辭以情發」（《物色篇》）；另一方面，被作家所觀照之物，又來回答「情」的「饋贈」，使心「隨物而宛轉」，使「情以物遷」（同上）、「神與物游」（《神思篇》）。通過這種心物之間的雙向運動，而最終達到「情理同致」（《明詩篇》）的境界，寫出「情貌無遺」（《明詩篇》）的作品。

將「物感」與「心造」辯證地融合爲一體的「心物贈答論」，從總體上描繪出創作過程中心物交感的特徵。這一總體特徵顯示出：漢魏六朝文藝心理學思想同時兼有唯物與辯證的內核。在此基礎上，心物論又動態地描繪出創作過程三階段（發生、構思、表現）之心理歷程。關於創作發生，我們在論述心物論對文藝起源的心理學解釋時已有所涉及。漢魏六朝文藝心理學的「心物」範疇，在創作的心理發生這一點上，同樣繼承了先秦《樂記》「心感物而動」的理論傳統，所謂「故哀樂之心感，而歌詠之聲發」（班固《漢書・藝文志》），「哀樂之心」感物而動，這便是創作發生的心理動力或緣由（詳《哀樂篇》）。需要指出的是，創作發生時的心感物而動，實則是一個由物到心，將物化爲心的過程。先秦《樂記》所云之「物」，還沒有一個明確的界定，或者說是哲學層次上的泛指。時至魏晉，「物」，就特指可作爲文學家觀察和描寫之對象的自然界之外物，即陸機所云「遵四時以嘆逝，瞻萬物而思紛；悲落葉於勁秋，喜柔條於芳春」。到了南朝齊梁時期，鍾嶸談「物」，除了「春風春鳥，秋月秋蟬」這些自然現象，還包括「塞客衣單，孀閨淚盡」這些社會現象，從而使「物」的內涵更加豐富。正是在「物」的感召下，作家才會發憤著書，才會緣情造文，而在這之前，作家早已睹物興情、移情入物，將他們眼中之物情化（心化）了。

如果說，創作的發生階段，主體之心有「哀樂」之分；那麼，在構思階段，主體之心則有「動靜」之別。陸機《文賦》講創作構思，「其始也，皆收視反聽，耽思傍訊，精騖八極，心游萬仞。其致也，情曈曨而彌鮮，物昭晰而互進」，便是先靜後動，由靜而動，以靜養動，動靜相濟（詳《動靜篇》）。《文賦》還談到，即便是靈感襲來之時（所謂「應感之會」），創作者之心也是有動有靜的：動時，「方天機之駿利，夫何紛而不理」；靜時，「六情底滯，志往神留，兀若枯木，豁若涸流」。正是「藏若景滅」之靜與「行猶響起」之動的交織，才構成靈感狀態的全部內容。劉勰《文心雕龍》講「神思」，講「神與物游」；同時又講「虛靜」，講「寂然凝慮」，二者相反相成，缺一不可。「虛靜」、「凝慮」，與「神思」、「興會」，分別從「靜」與「動」兩個不同側面，立體描繪出創作過程中「心物交感」的心理形態。就「心」之「動靜」而論，漢魏六朝文藝心理學有著豐富的關於「靜」的思想，《動靜篇》將詳細介紹漢魏六朝的道心、玄心、佛心是如何闡釋「靜」的，此不贅述。

與創作發生階段「物之心化」遙相呼應的，是創作表現階段的「心之物化」。後者所云之「物」，已不是先前感發心志搖蕩性情的客觀外物，而是由特定的物質形式（如文之語言、詩之韻律、畫之線條、樂之音符等等）所構成的可視或可聞的文藝作品。它由作家的心血澆灌而成，凝聚著創作主體的情感、心志，所以它是心之物化，是揚雄所說的「心聲」、「心畫」，王符所說的「心之所表」（《潛夫論・邊議》）。王允《論衡・超奇篇》講「實誠在胸臆，文墨著竹帛」，而著有文墨的竹帛，便是對胸臆之實誠的物化。陸機講「存形莫善於畫」（見張彥遠《歷代名畫記》），顧愷之講「以形寫神」（同上），而畫之形，作爲特定的物質媒介，便是對神（心）的物化；同理，紙上之言，也是對意（心）的物化。魏晉南北朝的形神論和言意論，便包含著豐富的「心之物化」的思想。心之物化的過程，實際是一個由內而外，由裡及表，以形傳神，以文逮意的心理過程。在這一過程中，作家如何會產生「文不逮意」、「半折心始」的語言痛苦？關於超越語言痛苦，漢魏六朝文論家又有何高見？——本書《表裡篇》將一一闡釋之。

從創作發生時的「物之心化」，到創作構思中的「動靜相濟」，最後到創作表現時的「心之物化」，漢魏六朝心物論立體地描繪出創作全過程中作家的心理軌跡及其特徵。創作主體之心一旦以物質形式表現在來，就爲文藝的鑑賞和批評提供了客觀對象。當鑑賞品評者以一己之「心」來觀照文藝作品之「物」時，便發生了鑑賞過程中的心物關係——這是「心物」的別一重含義。

專門論述文藝鑑賞心理的《文心雕龍．知音篇》指出：「觀文者披文以入情」，「覘文輒見其心」，所謂「文」，就是使鑑賞者心動的「物」。與創作發生一樣，鑑賞的發生，也是心感物而動。當然這種「物」，是由特定的物質媒介構成，而欣賞者首先要對創作者所使用的物質媒介有一定的了解，有內行的眼光。劉勰說：「凡操千曲而後曉聲，觀千劍而後識器」（同上），要知音，就得有善辨音律的耳朵，否則再好的音樂也無法使欣賞者動「心」。要鑑賞品評者知音、識物，既表現出對文藝作品之「物」的重視，同時也強調了鑑賞主體之「心」的能動作用。這一「心物並重」的鑑賞心理學思想，與創作「心物論」既重物之感召又重心之能動的思想，有著異曲同工之妙。另外，鑑賞「心物論」之重「心」，亦是從才能與性情著眼：《文心雕龍．知音篇》講「圓照」、「博觀」，講「操千曲」、「觀千劍」，便是指鑑賞品評者在才能方面的修養；而「無私於輕重，不偏於憎愛」，「平理若衡，照辭如鏡」，以及克服「貴古賤今」、「崇己抑人」、「信僞迷眞」等心理障礙，則是性情方面的修養。

「心物並重」，作爲漢魏六朝鑑賞心理學的基本思想，與此時期的創作心理學確有不少相似之處。然而，鑑賞畢竟不同於創作，鑑賞「心物論」有著它自己的特徵。

其一，創作「心物論」是心物交感三階段（哀樂、動靜、表裡）；而鑑賞「心物論」是心物重奏三部曲（並重、同構、一體），前者是「歷時」，後者是「共時」。「心物同構」與「心物一體」，是在「心物並重」的基礎上產生出來的另外兩種鑑賞傾向，三者共存於漢魏六朝文藝心理學之中，並構成此時期鑑賞心理的全部思想內容。

其二，從史的角度論，漢魏六朝的鑑賞心理大致經歷了兩個階段：一是前期的「以物治心」，如漢代《毛詩序》的作者承接先秦《樂記》「致樂以治心」的教化論傳統，將詩三百視爲「經夫婦，成孝敬，厚人倫，美教化，移風俗」的治心之作；一是後期以「心物並重」爲基礎的「心物同構」和「心物一體」。前者看重心與物之間在政治和倫理層面的聯繫，後者則在美感心理的深淺層次，找到了心與物的聯接點或融匯處。

上述兩點，不僅是鑑賞心物論的理論內涵，更是漢魏六朝鑑賞心理學的思想精華。至此，心物論不僅立體描繪出鑑賞心理的主要特徵，而且勾勒出漢魏六朝鑑賞心理學的發展概貌。至於此時期鑑賞心理學的詳細內容（如「心物並重」、「心物同構」、「心物一體」的內涵及價值，從「以物治心」到「心物重奏」的演變歷程等），則要留待《品味篇》去論述。順便提一句，後面五篇的篇名及概要，在本篇的字裡行間均一一亮相了。由此可見：《心物篇》承當全書之「總論」和「綱領」的重任，是當之無愧的。

貳、才性篇

在漢魏六朝文藝心理學的理論體系中，「才性」這對範疇，具有雙重地位：首先，它是此時期文藝心理學的邏輯起點（亦即「緒論」所言「從『才性』出發」）；其次，它是此時期作家心理學的理論內核。關於前者，本篇第三節將詳述，我們來談談後者。

漢魏六朝文藝心理學可以劃分為四大塊：總論、作家論、創作論和鑑賞論。上一章「總論」從「心物」的特定角度，依次闡述了此時期文藝心理學的學科性質、關於文藝之「本」的心理學詮釋、創作和鑑賞心理的全部過程。如果說，「總論」的內容大致涵括於「心物」之中，那麼，「作家論」的心理學內涵，則主要通過「才性」這對範疇顯現出來。才性，作為漢魏六朝作家心理學的總範疇，它包括了許多子範疇或概念，比如與「才」相關的，就有才思、才氣、才力、才學、才華，才俊、才筆、才調、才藻，等等；與「性」相關的，則有德性、心性，品性、情性、神情、質性、氣質、稟賦、體性，等等。而才與性之關係，其內容更加複雜、豐富。

本篇首先以「史」為線索，勾勒「才」與「性」的發展軌跡及其文藝心理學特徵，然後著重剖析才性之關係，最後描述才性論在漢魏六朝文藝心理學發展史上的獨特地位。

一、超越：才性之演進歷程

「才性」一詞，最早見於「荀子．修身」：「彼人之才性之相懸也，豈若跛鼈之與六驥足哉？」此處之「才性」，應釋爲「才能稟賦」，可見，「才性」於誕生之時，就具有了心理學的內涵，雖然它與文學暫時還沒有什麼聯繫。

漢代之前，才性論主要被用於哲學領域，而且具有較濃的道德意味，特別是「性」單獨出現時，並非指心理學意義上的性格、性情，而是倫理意義上的德性、品性。才，泛指人的智慧才能，特別是「學文」、「立言」之能力。在「才」與「性」的上述意義上，儒家重「性」而輕「才」（如《論語．學而》講「行有餘力，則以學文」，《左傳》講「三不朽」，「立德」居首，「立言」位末），道家重「才」而輕「性」（如莊子推崇有高超智能和神奇技藝者，《莊子．田子方》記宋元君特別看重那位「儃儃然不趨，受揖不立」，甚至「解衣般礴，裸」的畫工）。

在獨尊儒術的漢代，才性依然具有哲學內涵和道德屬性，但它與文學創作的關係密切多了，不僅出現了有關「著作之才」的通論（如王充《論衡．超奇篇》），還出現了討論「作家之才能」的專篇（如司馬遷《史記．屈原列傳》、班固《離騷序》、王逸《楚辭章句序》等），後一類著作，尤能體現兩漢「才性論」的理論風貌，司馬遷、班固和王逸，對屈原的褒貶雖不盡相同，但有一點頗爲一致：從

「才」與「性」兩個方面來評價屈原。這表明漢代理論家已將「才性論」運用於作家作品評論，從而使「才性論」初步具有了文藝心理學的內涵。站在這樣一個特定角度來看漢代「才性論」，不難發現其「重才」的特徵：班固雖不滿屈原的「德性」，但並不因「性」去株連「才」；王充講「才相超乘，皆有品差」，他將文人之才分爲四等，而奉「能精思著文、連結篇章」的「鴻儒」爲最上等，譽之爲「超而又超」「奇而又奇者也」（《論衡·超奇篇》）。「精思著文」之才，實爲文學創作之才。由泛指一般的智慧才能，到特指文學創作的既「超」且「奇」的才華，這是才性論之「才」自身發展的一次超越，它爲魏晉南北朝時期「才性論」之「性」的超越和「才性關係」的超越奠定了基礎。

魏晉文壇的才子們，像亞里斯多德那樣，「將爲奴的文藝從先生的手裡一把搶來，放在自由獨立的世界裡了。」（《魯迅全集》第七卷第二三七頁）隨著文學的獨立，才性論也由泛指人之本性與智能，逐漸演變爲專論作家的氣質性格與創作才能，從而超越哲學的、倫理學的層次，而進入文藝心理學的領域。

我們從「才」之超越說起，魏晉南北朝文論家談「才」，不僅承繼漢代理論家重創作之才的傳統，而且公開宣稱文學創作需要「天才」。《世說新語·文學篇》稱「殷仲文天才宏贍」，《顏氏家訓·文章篇》認爲創作需要特殊的「才思」，「必乏天才，勿強操筆」，這種文學天才論，一方面是直接受魏晉玄學重神理、神明、神鑑等思想的影響，同時也是當時的文論家深入研究作家心理與創作心理的結果。劉勰精析「爲文之用心」感嘆「才難然乎」，進而全面系統地論述創作之才，僅從《文心雕龍》的一些篇目上就可以看出這一點。「熔裁」、「聲律」、「章句」、「麗辭」、「誇飾」、「練字」、「養氣」、「才略」等等，都是探討文學之「才」的專篇。鍾嶸品詩，雖有上中下之分，但入選者，必須都爲才子，所謂「預此宗流者、便稱才子」（《詩品序》）。他以才論詩，詩之藝術水平的高低，由才之大小來決定。《詩品》評陸機與潘岳的詩：「余常言：陸才如海，潘才如江」，又稱郭景純有「俊上之才」，謝靈運「才高詞盛」，而對於那些「雖謝天才，且表學問」的詩作，鍾嶸頗有微詞，可見他對創作「天才」的推崇。

魏晉南北朝文論家論「才」，在強調先天之才華的前提下，亦看重後天之習染。《世說新語．文學篇》認爲：文學之才等於天才加博覽；《文心雕龍．體性篇》講才、氣和學、習，前者指天賦，後者指習染。劉勰承認「才由天資」，才力「肇自血氣」，同時又強調「學愼始習」、「功以學成」，要「因性以練才」（同上）。先天的稟賦與後天的陶染，對「才」之形成，均甚重要，所謂「才有庸俊，氣有剛柔，學有淺深，習有雅鄭，並情性所鑠，陶染所凝」（同上）。

由普遍心理學的泛指，到文藝心理學的特指，這便是「才」的演進歷程或自身超越；而「性」之演進與超越，則以道德意識逐漸淡化、心理學意味逐漸增強爲其特徵，最終完成了由倫理學到心理學的質變。劉劭《人物志》第一次從心理學角度系統研究人的性格和才能，雖未入文學領域，但已大大淡化了「性」的倫理內涵。曹丕《典論．論文》提出「體」和「氣」兩個概念，分別指作品風格與作家個性、氣質。後來劉勰提出「體性」說，則明顯地受曹丕影響。「體性」之「性」，純粹是一個文藝心理學概念，《文心雕龍．體性篇》講「才力居中，肇自血氣；氣以實志，志以定言，吐納英華，莫非情性」，劉勰說的「血氣」、「情性」，實際上就是曹丕說的「氣」，意指心理學上的氣質、性格。

魏晉以前，主要是從道德倫理角度談「性」，正統儒家對「性」有一套完整而嚴格的規範，倘若逾越了這一規範，便會成爲性惡之人。班固評價屈原，用的就是儒家「德性」的尺度，雖稱屈原爲「妙才」，對其「性」卻大加指責：「露才揚己」，「非明智之器」（《離騷序》）。魏晉文論家談「性」，則超越乃至突破秦漢儒家政教倫理的框框，賦予「性」以文藝心理學色彩。他們論作家之「性」，主要的已不是道德品評，而是性格分析，並且十分看重不同作家的個性特徵及差異性。劉劭《人物志》將人之性格分爲十二種類型；曹丕《典論．論文》認爲作家「引氣不齊，巧拙有素，雖在父兄，不能以移子弟」；葛洪《抱朴子外篇．辭義》指出「才有清濁，思有修短，雖並屬文，參差萬品」；劉勰則從作家個性與作品風格的關係，社會、時代和地域環境對創作的影響等不同角度，系統探討了「性」之差異性，得出「才性異區」、「其異如面」（《文心雕龍．體性篇》）的結論。

就「性」的超越而論，值得大書特書的，是竹林七賢的「任性」以及他們「越名教而任自然」（嵇康《釋私論》，見《全三國文》卷五十）的口號。讀《世說新語》可知，竹林七賢，都是一些極有個性的典型形象，他們的任性（姿情放蕩、肆意酣暢、笑傲世情、不樂仕宦等等），與儒家正統「德性」，自然是水火不容。這種「任性」本身，也是因人而異、絕不雷同的：嵇康的「任性」，飽含一股陽剛之氣、悲壯之美；阮籍的「任性」則深藏隱忍之痛、晦澀之苦；劉伶「任性」得放蕩而又滑稽；阮咸則「任性」得荒誕而又機智……他們公開打出「越名教而任自然」的旗幟，向儒家禮教的正統「德性」發起挑戰，用藝術家眞率、任達、超逸的「自然之性」，與司馬氏集團虛僞、刻板、市俗的「名教之性」分庭抗禮。竹林七賢乃至魏晉作家的「越名任心」（嵇康《釋私論》），實質上是衝破正統禮教的禁錮與束縛，而追求精神的自由與個性的解放，充分體現出魏晉「人的覺醒」的時代精神。魏晉才子們所「任」之「性」，逾越傳統禮教之「德性」的樊籬，而步入文藝心理學領域，它的思想內涵，除了特定的心理學成分，還具有某種美學的意味。換言之，它是對作家之「性」的一種審美觀照，其主要美學特徵是自由奔放、自然眞率、獨特新奇。

超越名教之性的自然之性，一旦與超越普通心理學之才的創作之才相互交融，便會化爲作家蓬勃旺盛的藝術生命。傳誦千古的嵇康《與山巨源絕交書》和阮籍《詠懷詩》，便是作家的才性在蕩滌了禮教的血污、衝破了世俗的泥淖之後，而綻開的永恒的花蕊！也是才性——這作家藝術生命的結晶。

才性的演進歷程，除了分別體現於「才」與「性」的自身超越之中，還體現在「才性關係」的超越之中，後者是一個較爲複雜的問題，我們將在下一節專門討論。

二、同・異・適：才性關係三論

才性關係，是魏晉玄學心理的一個重要命題，但在這方面留傳下來的材料卻很少。在才性論發展史上，有關才性關係的一條最詳盡、最重要、亦是獨一無二的材料（大凡討論「才性」的文章，沒有不提到它的），便是《世說新語．文學篇》的「鍾會撰《四本論》始畢」條及劉孝標的注。劉注全文是：「《魏志》曰：『會論才性同異，傳於世。』《四本》者，言才性同，才性異，才性合，才性離也。尙書傅嘏論同，中書令李豐論異，侍郎鍾會論合，屯騎尉王廣論離。文多不載。」著名學者陳寅恪、任繼愈、馮友蘭都有專文論述「才性四本」。陳先生認爲「四本」實爲兩派：主「合、同」者爲司馬氏一黨，旨在「宗經義」、「貴仁孝」，以儒家禮教爲其篡魏服務。而曹氏一黨的「離、異」論，實爲孟德舉賢令中人才思想之繼續，以「重文辭」、「重智術」與司馬氏重禮教針鋒相對（《陳寅恪先生文史論集》第一頁，香港文文出版社一九七二年版）。任先生關於四本論者之「黨派所屬」的劃分與陳文一致，但關於兩派觀點的政治意旨和實際效用，其觀點卻同陳文相異（《人才問題雜議》，載《群言》一九八六年第十二期）。馮先生認爲才性之「同、異」是講「才德關係」，而才性之「合、離」是講人之才能的天賦或後得（《魏晉之際關於名實、才性的辯論》，載《中國哲學研究》一九八三年第四期）。三位前輩學者從正史角度討論「才性四本」，其論點雖不盡相同，但對我們從文藝心理學角度研究才性關係至少有三點啓示：其一，「才性關係」作爲「才性論」的一部分，亦是從爲政治和世用服務的哲學、倫理學走向心理學的；其二，「同、合」與「離、異」這兩大派，分別以「重性」與「重才」爲主要特徵；其三，性，實含二義：倫理學意義上的「德性」與心理學意義上的「氣質」、「性格」。

「才性合同」論者將「才」與「性」合二爲一，這首先起因於他們釋「性」爲「德」，據《世說新語・識鑑篇》：「何晏、鄧颺、夏侯玄並求傅嘏交。而嘏終不許」，後來讓荀粲出面說合，傅仍不答應。何、鄧、夏均爲正始名士，極有才華，傅嘏爲何不與之交？因爲傅認爲「此三賢者皆敗德之人爾。」（同上）傅是主「才性同」的，在他看來，「行具而謂之賢，道修則謂之能」（《三國志・魏書・傅嘏傳》），有「德」（「行具」、「道修」）之人才算得上有「才」（「賢」、「能」），他怎麼能與「敗德之人」相交呢？與傅嘏同時的盧毓，亦主張「才性同」，《三國志・魏書・盧毓傳》：「毓於人及選舉，先舉性行，而後言有才。黃門李豐嘗以問毓，毓曰：『才，所以爲善也，故大才成大善，小才成小善。今稱之有才而不能爲善也，是才不中器也。』」有才而不能爲善，是「才不中器」，實則等於無才。可見，才性合同論實質上是重「德」輕「才」，以致於以「德」取消「才」。德行爲才能之本，有德者必有才，故二者是相合相同的。司馬氏以「名教」治天下，用儒家禮教倫理禁錮人們思想，束縛人們行動。對他們來說，有沒有才無關緊要，而有沒有「德」（即是否效忠於司馬氏集團）便是異常重要甚至性命攸關的了。嵇康、潘岳，陸機、陸雲……多少名士死於司馬氏集團的屠刀下，並非因其無才，而是因爲無「德」。從哲學層次上看，「才性合同論」是將「性」釋爲「才」之因。列寧曾指出：「因果性只是片面地、斷續地、不完全地表現世界聯繫的全面性和包羅萬象的性質。」（列寧《哲學筆記》第一四一—一四二頁，人民出版社一九五六年版）因此，才性合同論者用簡單的、線性的因果結構來解釋錯綜複雜的才性關係，勢必走向片面性和形而上學。更何況，合同論者是將才與性（德）這兩種並無必然之因果聯繫的東西，主觀地置於因果之鏈。這種作法往往導致用政教眼光苛求甚至曲解作品，非難甚至迫害作家，如曹丕稱「觀古今文人，類不護細行，鮮皆能以名節自立」（《與吳質書》）、韋誕「歷詆群才」（事見《三國志．魏書．王粲傳》注引魚豢曰）、顏之推指責「自古文人，多陷輕薄」（《顏氏家訓．文章篇》），等等。

「合同論」有違創作的心理事實，而成爲文學發展的桎梏，而以「離異」超越「合同」，則成爲才性關係發展史上的必然趨勢。關於才性關係的「離異」，早在兩漢屈原論中已初露端倪。司馬遷、班固、王逸品評屈原，將「才」與「性」分開來說，尤其是班固，既貶屈原之「性」，又褒屈原之「才」，一褒一貶，足以證明在班固眼中，才與性是相離異，是可以分而論之的。

到了漢魏之交，則有了公開的「才性離異論」，其思想基礎是曹操的人才觀。曹操「唯才是舉」，「突出地強調了『德』和『才』之間存在的差別和矛盾，……賦予了『才』以獨立於『德』的意義和價值。」（李澤厚、劉綱紀主編《中國美史學》第二卷第六九—七〇頁）離異論者從文學創作的實際出發，努力使創作之「才」衝破儒家禮教之「德」的禁錮而超越出來，以獲得獨立的文藝心理學意義和價値。在魏晉這一「人的覺醒」和「文的自覺」時代，才性離異論是主流。《世說新語》一書記錄了許多才性離異的例子：郭璞「縱情嫚惰，時有醉飽之失」，寫出的詩句卻令人「神超形越」（《文學篇》）；郭象「爲人薄行，有俊才」（同上）；對王子猷，「時人欽其才，穢其行」（《任誕篇》）；對孫興公，人們亦是「鄙孫穢行」，「愛孫才藻」（《品藻篇》）……這方面最爲典型的還數「竹林七賢」之一的王戎，《儉嗇篇》連續用了四則來描寫他幾乎是不近人情的貪婪、吝嗇，並稱之爲「膏肓之疾」；而《賞譽篇》亦用四則讚美王戎的文才和品人之才，《品藻篇》還將他與著《崇有論》的裴頠相比美。《文心雕龍》在品評魏晉作家、處理才性關係時，亦有與《世說新語》相似之舉：劉勰一邊在《程器篇》中歷數作家性格和人品上的毛病，一方在《才略篇》中讚美作家創作上的才能和成就。如果將這兩篇對照起來讀，便會發現：在《程器篇》中被羅列了「文士之瑕累」的人（如司馬相如、馬融、仲宣、潘岳、揚雄等），在《才略篇》中卻一一得到桂冠或頌詞（如「辭宗」、「鴻儒」、「溢才」、「敏給」、「詭麗」等）。此外，徐乾、葛洪、顏之推等人也發表過才性離異的言論。「離異」對「合同」的超越，使才性論衝破儒家正統禮教和德性的樊籬，從而具有文藝心理學的思想內涵（創作個性與創作才華）。換言之，「離異」促進了作家心理學之才性論的獨立，而才性在自我獨立之際，又促進了文學家和文學的獨立。

魏晉時期，文學並沒有眞正獨立，這首先表現爲作家沒有眞正獨立。由於只有職業的官吏而無職業的作家，故「從政」較之「從文」，不僅是「鐵飯碗」，而且前程無量。即使你立志「從文」，但倘若政治上沒有勢力，也是很難立足於世的。《人物志·七繆》就指責過這種「『才』須倚『勢』而立」的社會弊端：「夫人所處異勢，勢有申壓，富貴遂達勢之申也，貧賤窮匱勢之壓也。」富貴之人無才亦可成名，貧賤之士有才仍被埋沒。所謂「才之多少，不如勢之多少遠矣」（鮑照《瓜步山楬文》）。在這種被《文心雕龍·程器篇》稱爲「將相以位隆特達，文士以職卑多誚」（魯迅斥之爲「東方惡習」）

的社會現實面前，要使文學走向獨立，最重要的一條便是形成「重文學之才」的社會風氣，以「才」而不是以「位」來衡人，努力提高文學家的社會地位，因爲文學家之獨立，是文學之獨立的必要前提。而「才性離異論」正是以它的「重才」，以它對文學家的「理解」和「寬容」，順應了時代的要求，促進了文學家和文學的獨立。「才性合同論」則與此相反，它的「輕才」自然是「輕文學之才」，而「重德」往往又成爲「重門第、重勢力」的同義詞（所謂「諸侯之門而仁義存焉」）。故「合同論」在客觀效果上是輕「才秀人微」的作家而重「才小勢大」的權貴，這是有悖於文學獨立之時代潮流的。特別是當「合同論」由「重德輕才」走向「以德代才」時，就完全成爲文學獨立和創作發展的障礙了。而作爲「合同論」的對立面，「才性離異論」又以它的「輕德」，以它對權貴和門閥的蔑視，表現出魏晉作家自我意識的覺醒以及他們對獨立之地位公正之待遇的正當要求，這一點，正是魏晉文學走向自覺和獨立的重要思想基礎。

從文藝心理學的角度看才性關係，離異論也有缺陷，它在強調才與性之差異性和創造才能之特殊性的時候，卻忽略了才與性（個性、氣質）之間的聯繫。《世說新語．容止篇》：「時人目王右軍『飄如遊雲、矯若驚龍』」，《晉書．王羲之傳》：「論者稱其筆勢，以爲飄若浮雲，矯若驚龍。」同樣一句話，既能用來稱其筆勢，也能用來狀其性情。可見文才與個性是可以一致的。在此意義上，才性合同論又有些道理。宋人劉應登爲《世說新語》作序說：「晉人樂曠多奇情，故其言語文章別是一色。」也是講才性一致，文如其人。關於「文如其人」，錢鍾書先生有一段精彩論述：「『心畫心聲』，本爲成事之說，實鮮先見之明。然所言之物，可以飾僞，巨奸爲憂國語，熱中人作冰雪文，是也。其言之格調，則往往流露本相；狷急人之作風，不能盡變爲澄澹；豪邁人之筆性，不能盡變爲謹嚴。文如其人，在此不在彼也。」（《談藝錄》第一六二—一六三頁）從作品之內容（所言之物）不易看出作者德性之質（或「巨奸」、或「熱中」）；而從作品之格調，卻能察出作者性格之特徵（或「狷疾」，或「豪邁」等）。可見才與性的相同相合，從「才」之角度講，流露作家「性」之本相的主要是文之藝術風格即「言之格調」；而從「性」之角度講，能與文才相「同合」的主要是作者的性格特徵，即性之心理學屬性。曹丕的「清濁有體不可力強而致」的文氣（《典論·論文》），劉勰的出於「天資」且有「剛柔」、「庸俊」之別的才氣（《文心雕龍·體性篇》），都主要是指「性」之心理學屬性而非道德屬性，而文氣說和體性說所討論的，也是作家之氣質性格與作家之文才及其文風的聯繫。

辯證地看，才與性之間的聯繫是「雙邊」的：一方面，性之清濁優劣在某種程度上能影響才之發揮及其等級，《世說新語·巧藝篇》稱戴安道因其「世情未盡」，故創作的畫「神明太俗」，這一點與「合同論」所包含的「文如其人」的心理學思想有某些相似之處；另一方面，才之大小奇凡亦能影響性之優劣清濁（這其中又包含「離異論」的「重才」之傾向）。《世說新語·言語篇》：「毛伯成既負其才氣，常稱『寧爲蘭摧玉折，不作蕭敷艾榮。』」其高潔之志實出於他的「負其才氣」。阮籍更是負才任誕，有其才方有其性。又如郭璞有筆才而無口才，這一才能特徵使得他「形質頹索」，且頗爲「嫚惰」（《世說新語·文學篇》），因爲「口訥」之人多不善交際，故性格內向以致「嫚惰」等。

才與性能互相影響，故二者有必要相互適宜。首先，性須適才。《世說新語·任誕篇》記阮籍喪母，阮箕踞不哭，裴楷往吊卻大哭不止：人問其故，裴答：「阮方外之人，故不崇禮制。我輩俗中人，故以儀軌自居」。裴楷極為坦率地道出兩人不同的舉動各適宜於兩人不同的性情，故「時人嘆為兩得其中。」阮籍的任達、狂狷之性與其奇異、卓絕之才是相適應的。「大才」足以負載「奇性」，審美個性在其才藻中充分實現，自由顯露。而元康「名士」才小識淺，亦學著任誕，故時人譏為「得放達之皮相」，「徒利其縱恣而已」（見《世說新語·任誕篇》）。阮籍不許他的兒子學自己的任放，似乎也有「患其性不適才」之意。曹丕「氣之清濁有體，不可力強而致」，亦是講作家之才力須與其氣質性格相適，「力強而致」便是不適。再說才須適性。嵇康的峻絕雄秀之才與其超俗傲世之性是相適應的。這種「互適」表現在他的《與山巨源絕交書》中便是「志高而文偉」（《文心雕龍·書記篇》）。與「性」（眞實而非虛假，內在而非表面）相適應的「才」，尤能發揮得淋漓盡致、光彩照人。屈原之奇特的想像力、豐富的表現力正是與他的狂狷之性相適應，才得以動人心魄，彪炳千古。正因為適性之才方能自由發揮，故劉勰提出「因性以練才」（《文心雕龍·體性篇》）。

既然，才與性有相互聯繫和適應的一面，而且這種聯繫對藝術創造有積極的影響，那麼，如何解釋在才性論中占主導地位的離異論對文學獨立和創作繁榮的巨大影響呢？其實，這二者並不矛盾。離異論者主張與文才相離異的性，是以儒家倫理道德為準則，以統治者利益為據的「名教之性」，這個「性」與「才」無法合同而且對後者的發揮有束縛之害。離異論者提出「越名教而任自然」，正是為了獲得一種能與審美創造才能相合同、相適應的「性」——即包含反正統、遠凡俗、疾虛僞等審美性質的「自然之性」。在漢魏六朝才性論的文藝心理學內涵中，能對藝術創造發生最佳影響的，便是這種審美個性與審美創造才能的完滿融合。

如果說，才性之「離異」，超越並克服了才性之「合同」的片面與局限；那麼，才性之「適」，則是在超越「離異」的片面與局限之後，在更高的層次上向「合同」回歸。「互適」，顯然有著「合同」的內涵，但它並非是才能與德性的「拉郎配」，而是作家創作個性與創作才華在美學層次上的融合。在漢魏六朝作家才性論的發展史上，才性關係之「適」，使得「才性」超越「同」與「異」的層次，混然一體地進入美學境界，成爲作家在藝術天地自由翱翔的雙翼。

三、起點：才性論之歷史地位

如果將漢魏六朝文藝心理學的諸多範疇，視爲一個完整的體系，那麼「才性」在這一體系中的地位僅次於「心物」，後者是綱領，前者是起點。宗白華說：「中國的美學竟是出發於『人物品藻』之美學」（《美學與意境》第一八五頁，人民文學出版社一九八七年版），詹瑛也指出：「中國的文論就是在品人的『才性論』基礎上發展起來的」（《文心雕龍風格學》第四頁，人民文學出版社一九八二年版），對中國的文藝心理學，我們也可以說同樣的話。

一個時代的文藝心理學思想，不可避免地帶有特定的歷史和社會特徵，只有將心理事實置於歷史事實的深厚基礎之上，才能保證我們的理論研究不偏離馬克思主義文藝理論的軌道，從而得出科學的結論。考察漢代文藝心理學的實際，此時期影響較大、理論價值較高的，主要是司馬相如的「賦家之心」，《史記》、《漢書》的作家品評以及司馬遷的「憤書說」，王充的「超奇論」，劉安、司馬遷、揚雄、班固、王逸等人的「屈原論」——這些大致上都屬於作家心理學，並且以「才性」爲其理論核心。在漢代，地方察舉、公府徵辟是選拔官吏的主要方式之一，因此人物品藻顯得十分重要。品評人物之才性，既然是選拔官吏的一種重要手段，那麼它必然釀成一種社會風氣。此風一直延續到魏晉，曹魏黃初年間，劉劭作《人物志》，專門論述具有何種才性的人，適於作何種官吏。品評才性的社會風氣，直接影響到漢代乃至魏晉對作家的品評（這一點在《世說新語》中表現得非常明顯），並成爲漢魏六朝文藝心理學思想形成和發展的重要社會原因。正是基於這一歷史事實，我們才將以「才性」爲核心的漢代作家心理學，視爲整個漢魏六朝文藝心理的邏輯起點。

《心物篇》已經指出，司馬相如的「賦家之心」從兩個方面描述創作主體的能動作用：博大胸襟、壯闊情懷，與豐富想像力、創作天才。這兩個方面，實爲「才性論」之理論先聲。兩漢時期，第一個著文品評作家才性的，是司馬遷。爲文學家立傳，乃司馬遷一大創舉，《史記》三十「世家」、七十「列傳」（包括他的自傳《太史公自序》），其中不少傳記和評述都以文學家（當然是廣義上的）爲對象，如「孔子世家」，以及老子、韓非、仲尼弟子、孟子荀卿、屈原賈生、司馬相如等人的列傳。《史記》的文學家傳記，不僅有歷史的厚重感，而且有文藝心理學的意味。如《屈原傳》認爲屈原的作品是「其文約，其辭微」，屈原的人品是「其志潔，其行廉」，其人其文，「雖與日月爭光可也」，這是從「才」與「性」兩個方面評價屈原，後來的班固和王逸，褒貶屈原，也是從「才性」角度立論。

司馬遷在《史記》中提出著名的「憤書說」，就文藝心理學角度論，在「社會生活——作家心理——文學創作」這樣一個結構中，司馬遷強調了「作家心理」的仲介作用。發憤而著書的作家，是創作的主體，是人類精神財富的創造者，司馬遷給予他們很高的評價：「古者富貴而名摩滅，不可勝記，唯倜儻非常之人稱焉」（《報任安書》）。後來，王充將「精思著文」的「鴻儒」奉爲「才相超乘」、「奇而又奇」者，並對輕視文人的現實頗爲不滿，這與司馬遷的思想是一脈相承的。

誕生於才性品評的漢代作家心理學，大致有兩個方面的內容：一是對作家的高度評價和對作家地位的充分肯定，一是對作家應具備的心理素質所提出的諸多要求——兩個方面都以「才性」爲核心。站在「才性」的角度品評作家已如前述；關於作家的心理素質，多採用或褒或貶的方式，屬於褒的如「志潔行廉」（《史記·屈原傳》）、「忠貞之質」、「清潔之性」（王逸《楚辭章句序》），「才相超乘」、「才智鴻懿之俊」（《論衡·超奇篇》）；屬於貶的如「不能掇以論說」，「不能連結篇章」（同上），「世俗之性，好褒古而毀今，少所見而多所聞」（《論衡·齊世篇》）。無論褒貶，都包含著「才」與「性」兩個方面的內容，或者說從「才性」角度提出問題。「才性有優劣，思理有修短」（《抱樸子外篇·勖學》）而「才性」之優劣，便成了作家心理素質之好壞的重要標誌之一。

魏晉以降，「才性」逐漸完成了自身的演進或超越，而成爲一對具有豐富思想內涵的文藝心理學範疇。但另一方面，隨著漢魏六朝文藝心理學的日趨完善與發展，才性論已完成了它作爲「起點」的歷史使命，而退居次要地位。換言之，漢魏六朝文藝心理學的理論重心，已由作家論轉移到創作論，由品評才性轉移到精析文心。

這種轉移，是歷史和邏輯的必然。一門學科的發展，其進程不管有多麼錯綜複雜坎坷曲折，大致上都要經歷由外到內、由粗到精、由零散到系統這樣一種發展過程。漢魏六朝文藝心理學，肇始於才性品評，由此而產生的作家論，所涉及的大多是文藝心理學的一些外顯特徵，在理論形態上還較爲粗糙，缺乏系統性。隨著文學在魏晉時期的繁榮、自覺和獨立，文藝心理學也有了相應的發展：其觸角伸向深潛層次，其形態日趨精緻，其體系大致完整。誕生於西晉的《文賦》，作爲精析「文心」的專篇，其文藝心理學思想，便有著系統、精緻、深刻等特徵。創作心理學的幾個主要理論問題（心理發生、心理形態、作品的心理構成等），《文賦》都有獨到精闢的論述。《文賦》的理論闡釋，又是在「物——意到——文」這樣一個理論框架上展開，「意——物」和「意——文」則相當於上篇所云「心物」的兩重含義，因此，陸機的創作心理學是以「心物」爲理論核心的。可見，漢魏六朝文藝心理學的「作家論」與「創作論」，都是在「總論」（心物）的統領之下。

如果說，創作論（精析文心）以作家論（品評才性）爲起點：那麼，鑑賞論（品味作品）則直接孕育於作家論之中。漢魏六朝，品文與品人常常密不可分。作家的才性，必然表現於作品之中。因而，一方面，品評才性，須從品味作品入手，另一方面，品味作品又以品評才性爲歸宿。當然，就文藝心理學的發展歷史而言，品味作品，作爲精析文心的一個組成部分，仍然是在品評才性的基礎上發展而來的。

本篇引言將漢魏六朝文藝心理學劃分爲四大塊：總論、作家論、創作論、鑑賞論。從「史」的角度看，每一個階段的文藝心理學思想，都大致含有這個四方面的內容，但在不同的歷史時期、不同的理論著作中，其文藝心理學思想往往側重於某一方面，或者說在某一方面有更突出的成就和收穫。如兩漢的作家心理，魏晉的創作心理，又如《文賦》之精析文心，《詩品》之品味詩作，等等。在漢魏六朝乃至整個中國古代文藝心理學史上，第一次將「四大塊」熔爲一爐的，是劉勰的《文心雕龍》：既品評文人才性，又精析爲文用心，還品味歷代詩文。其作家論、創作論和鑑賞論的理論闡述，又大體上以「心物」爲軸心而展開。《文心雕龍》這部體大精深的宏篇巨制，既是漢魏六朝文藝心理學思想之「集大成」，更是中國古代文藝心理學史上的一座豐碑——從它身上，同樣可以看出漢魏六朝文藝心理學「以『心物』爲綱，從『才性』出發」的根本特徵。

叁、哀樂篇

「故哀樂之心感，而歌詠之聲發」（《漢書．藝文志》），班固這簡單的兩句話，卻說出一個深刻的道理：作家的情感（哀樂之心）是創作發生的心理動力。創作發生乃整個創作過程的起點，創作發生之於創作心理學，好似文藝起源之於文藝學，有著某種「肇始」、「本源」之性質。第一章談到心物論對文藝起源問題的心理學解釋：心感物而動——這一解釋同樣也適用於創作發生。作爲創作動機的「哀樂」之情究竟從何而來？——說到底，還是源於創作主體的「心」感「物」而動。於此又可見出「心物」在漢魏六朝文藝心理學中的綱領性地位。

本章首先歷史地描述漢魏六朝文藝心理學關於創作發生的主要理論觀點；繼而剖析作爲創作動機的「哀樂」之情及其心理學意義；最後著重談談「哀」的創作心理價值。

一、從「舒其憤」到「騁其情」

從西漢司馬遷提出「發憤著書」，到南朝蕭梁鍾嶸的「長歌騁情」，整個漢魏六朝時期，關於創作發生的文藝心理學理論，既有著一脈相承的基本思想，又有著豐富多彩的時代風貌。所謂基本思想，就是「哀樂之心感，歌詠之聲發」（亦即陸機的「緣情」，劉勰的「爲情而造文」）；而作爲創作發生之心理動因的「哀樂」之情，又以「哀」（亦即悲怨、憂鬱、憤懣）爲主要特徵。

早在先秦時代，孔子就說過「詩可以怨」的話，但孔子的「怨」主要是指文學作品的功用，而非創作動機。屈原《九章・惜誦》「惜誦以致愍兮，發憤以抒情」，才是對創作動機的自我表白。後來司馬遷提出「發憤著書」說，便是直接濫觴於屈原的「發憤以抒情」。

兩漢時期，將哀樂之情視爲文藝創作之心理動因的，首推劉安的《淮南子》。其《齊俗訓》說：「且喜怒哀樂，有感而自然者也。故哭之發於口，涕之出於目，此皆憤於中而形於外者也。……情發於中而聲應於外。」其《氾論訓》又舉出古代一些大歌唱家的例子，來說明情與藝術創作的關係：「乃至韓娥、秦青、薛談之謳，侯同、曼聲之歌，憤於志，積於內，盈而發音，則莫不比於律，而和於人心。」唱歌如此，作文亦然，《繆稱訓》說：「文者所以接物也，情繫於中，而欲發於外者也。」劉安談創作動機，是「哀樂」並舉；而司馬遷則以「哀」（悲憤）爲主。後者的「憤而著書」，雖然有著歷史的淵源，如肇始於《易經》的古代憂患意識、孔子「詩可以怨」的理論命題、以及屈原「發憤以抒情」的浩嘆，等等。然而從根本上說，司馬遷的「憤書」與他歷盡坎坷、受盡屈辱的獨特遭遇密切相關，是個體在與社會的激烈衝突中所閃現的思想火花，因此，具有鮮明的個性特徵。它不是一種泛泛而論，也不是一種形而上的思考，而是身世之感，切膚之痛！作爲一個重大的理論命題，它既凝聚著司馬遷文藝心理學的感受、經驗與智慧，更飽含著司馬遷所特有的屈辱、悲痛與憤懣，因此，有一種不容辯白的眞實性與不可抗拒的理論魅力。司馬遷作《史記》，其直接創作動機是爲了「舒其憤」，而此「憤」又主要來自「李陵之禍」。從自身所特有的生活與寫作經歷出發，來論述創作動機，這是「憤書說」的第一個特徵。然而，司馬遷並非囿於一己之經歷，而是以歷史學家的眼光考察了許多著名作家的身世與創作。《史記．太史公自序》在列舉了西伯拘而演《周易》、屈原放逐而作《離騷》等事例之後，說「《詩》三百篇，大抵賢聖發憤之所爲作也。此人皆意有所鬱結，不得通其道也，故述往事，思來者。」一個「大抵」，一個「皆」，表明「憤而著書」並非是個別的現象，而是具有普遍意義的創作之規律，——這是「憤書」說的又一特徵。

後漢的兩位著名文論家班固與王逸都談到創作動機問題。不同的是，班固承接劉安，「哀樂」並舉；王逸則承接司馬遷，以「哀」爲主，並在對屈原的評價中反覆申說「憤書」的理論價值：「屈原執履忠貞，而被讒邪，憂心煩亂，不知所愬，作《離騷經》」（《離騷經序》）；「屈原放逐，竄伏其域，懷憂苦毒，愁思沸鬱……因爲作《九歌》之曲」（《九歌序》）；「《天問》者，屈原之所作也，……屈原放逐，憂心愁悴，彷徨山澤，經歷陵陸，嗟號昊旻，仰天嘆息」（《天問序》）；「遭時闇亂，不見省納，不勝憤懣，遂復作《九歌》以下凡二十五篇」（《楚辭章句序》）……概言之，屈原的作品，大都是因「憤」而作，「憤懣」之情，「愁悴」之感，是屈原最根本的創作動機。

時至西晉，陸機作《文賦》，第一節便講創作發生：「遵四時以嘆逝，瞻萬物而思紛；悲落葉於勁秋，喜柔條於芳春。」陸機不僅遠承先秦《樂記》「心感物而動」的傳統，而且「第一次鑄成了『詩緣情而綺靡』這個新語」（朱自清《詩言志辯》），將「情」視爲詩歌創作之心理緣由。陸機的「緣情」，較之司馬遷的「憤書」，從理論內涵上看，更爲全面。因爲「情」，既包括「悲」（「哀」），同時也包括「喜」（「樂」）。事實上，司馬遷所列舉的古代聖賢發憤而著書的例子中，有幾個（如孔子作《春秋》，不韋著《呂覽》）並非是「憤而著書」。作爲創作發生之心理動因的「情」，是異常豐富而複雜的，並不僅限於「哀」之一種。

話又說回來，陸機作爲吳國顯貴之後，目睹了吳國的滅亡，後來身懷亡國之痛，羈旅從宦，又親歷了西晉黑暗政治的種種艱險，一生懷才不遇，四十二歲便死於非命，臨刑嘆曰「欲聞華亭鶴鳴，可復得乎？」（事見《世說新語．尤悔》）。因此，陸機所云之「情」，雖然意兼「哀樂」，但仍以「哀」爲主，這一點在陸機的作品中表現得尤爲充分。《述思賦》抒寫其人世情懷：「嗟余情之屢傷，負大悲之無力。……觀尺景以傷悲，俯寸心而凄惻」；《感時賦》寫由觀覽萬物（天霧雲雪風，山川魚猿鳥）而生悲情：「矧余情之含悴，恒睹物而增酸，……撫傷懷以嗚咽，望永路而汍瀾」；《思歸賦》：「悲緣情以自誘」；《嘆逝賦》：「哀緣情而來宅」（均見《全晉文》卷九十六）。可見陸機的創作，大都是緣悲哀之情而起。因此，陸機的「緣情」說，在「言哀」這一點上，直接承繼了司馬遷「憤書」的理論傳統。

當然，陸機所生活的西晉，畢竟不同於司馬遷所處的西漢。漢武帝時代，天下一統，政治安定，雖然也有文人因命運多舛而發憤著書（如司馬遷），但「悲憤」即使在作家之中也還並不具有普遍性，如西漢著名賦家枚乘，司馬相如等，就並非是因舒其憤而創作。自東漢末年始，中國進入了「一個政治上最混亂，社會上最苦痛的時代」（宗白華《美學與意境》第一八三頁），頻繁的骨肉相殘、改朝換代，常年的戰火硝煙、割據分裂，所謂「世積亂離，風衰俗怨」，從建安一直延續到隋初。這三百多年間，悲哀，已釀成一種時代的氣氛，並成爲文人的普遍情緒，故「舒憤懣」則必然成爲這一時代的作家從事文學創作的主要動機。魏晉南北朝時期，具有代表性的作家（如三曹、七子、七賢、三張、二陸、一左等等）大都是發憤而創作，他們的作品大都彌漫著悲哀之感，憂怨之情。回過頭來再看陸機的「緣情說」，其間包含的「重悲哀」的思想，不僅揭示出創作發生之心理動因的普遍規律，而且灌注著那個時代所特有的氛圍與精神。

漢代的「憤書」與晉代的「緣情」，發展到南北朝時期，有了更全面更深刻的論述。劉勰的《文心雕龍》，其《物色篇》從心物交感的角度專門講創作發生之心理緣由：所謂「物色之動，心亦搖焉……情以物遷，辭以情發」，心（情）因感物而動，而辭（創作）因情動而發；這也就是《情采篇》所云「爲情而造文」。《文心雕龍》還列舉了一些具體的例子來論證「爲情而造文」，比如說《詩經》的創作發生是「志思蓄憤」，「吟詠情性」（《情采篇》）；又比如，「王朗發憤以托志」，「嵇康師心以遺論，阮籍使氣以命詩」（《才略篇》）等等。北朝的劉晝，在《劉子・激通》中講到「仍瘁以成明文之珍；因激以致高遠之勢」，其間亦包含有「憤而著書」、「爲情造文」的道理。

與陸機《文賦》相仿，鍾嶸《詩品》開篇便講創作發生：「氣之動物，物之感人，故搖蕩性情，形諸舞詠」。鍾嶸論創作發生，有三大特徵。其一是感蕩心靈之「物」，不僅指「春風春鳥，秋月秋蟬」之類的自然現象，同時也指「塞客衣單，孀閨淚盡」之類的社會現象。換言之，令司馬遷發憤的不平之「事」與令陸機動情的天地之「物」，在鍾嶸這裡兼而有之。其二是作為創作動機的「情」，既有悲怨（如楚臣去境、漢妾辭宮），又有歡欣（如「嘉會」，「揚蛾入寵」），這是「哀」與「樂」兼而有之。其三是「剛」與「柔」兼而有之：「凡斯種種，感蕩心靈，非陳詩何以展其義？非長歌何以騁其情？」在「事」或「物」的感召下，在「哀」或「樂」的驅遣中，創作主體心靈感蕩，激情難抑，不得不陳詩展義，長歌騁情！一個「騁」字，將創作發生時的心理狀態，表現得何等激越壯美，何等氣勢磅礡！鍾嶸筆鋒一轉：「故曰『詩可以群，可以怨』，使窮賤易安，幽居靡悶」，除了「剛」的馳騁、宣洩與抒發，還有「柔」的慰藉、補償與排遣。鍾嶸的三個「兼而有之」，凝聚了漢魏六朝關於創作動機之心理學思想的理論精華，是對此時期創作發生之心理學思想的一次總結。

二、「長歌當哭」

司馬遷在談到屈原創作《離騷》的心理動機時說：「夫天者，人之始也；父母者，人之本也。人窮則反本，故勞苦倦極，未嘗不呼天也；疾痛慘怛，未嘗不呼父母也。」（《史記·屈原傳》）人於「勞苦倦極」「疾痛慘怛」之中，便產生一種「呼天」「呼父母」的心理需要。心理學將「動機」釋為「與滿足某些需要有關的活動動力」（彼得羅夫斯基《普通心理學》第一一八頁）。哀時欲哭，樂時欲笑，此乃人之常情，而當「哀」之苦痛或「樂」之歡欣，落到作家頭上時，他們便通過自己的創作來「哭」或「笑」，所謂「長歌當哭」（或者當「笑」）。作家用「長歌」（創作）來滿足其「欲哭」（或「欲笑」）的心理需要——這就是創作動機。而創作的發生（亦即動機的萌發與實現），便存在於從「需要」到「滿足」的全過程之中。

人的需要是五花八門多種多樣的，但大致說來，無外乎兩種：一種屬於生理系統（如饑、渴等）、一種屬於精神系統（如哀、樂等），無論何種系統的需要，一旦產生，便迫使人採取某種行動去滿足，以獲得生理或心理的平衡，比如，饑則食，渴則飲，哀則哭，樂則笑等等。簡單地說，「動機不過是生理上的不平衡」，「動機就是有機體企圖做的和要完成的事情」（克雷奇等著，周先庚等譯《心理學綱要》下冊第三七〇、三八〇頁），由於「不平衡」，所以「企圖做」，而事情一旦完成，需要便得到滿足，平衡便獲得。創作的發生，其具體情形無論有多麼複雜，基本的心理學道理就是如此。劉勰講「緣情」，鍾嶸講「暢情」，說到底，就是心理需要，就是動機。「動機與情緒之間的界線是模糊而難以劃清的」（同上書第三八六頁）。司馬遷講：「人懷好惡喜怒之氣」，「喜則愛心生，怒則毒螫加，情性之理也」（《史記·律書》）。「情性之理」，也就是「動機之理」，也就是「創作發生之理」。「緣情」「騁情」的過程，就是作家從需要到滿足的心理過程。

漢魏六朝文論家談創作機動，「哀樂」並提，「哭笑」並舉，我們先從「哀」與「哭」說起。樂府古辭《悲歌行》：「悲歌可以當泣，遠望可以當歸」，古往今來，多少詩人賦家都是用他們的作品哭泣的，誠如清代劉鶚在《老殘遊記自序》中說：「《離騷》爲屈大夫之哭泣，《史記》爲太史公之哭泣。」日本近代著名文藝理論家廚川白村認爲「生命力受了壓抑而生的苦悶懊惱乃是文藝的根抵」，而文藝「是能夠全然離了外界的壓抑和強制，站在絕對自由的心境上，表現出個性來的唯一世界」（見《苦悶的象徵》第二一頁、一五頁，魯迅譯，人民文學出版社一九八八年版），而哀怨之情，便是生命力受了壓抑，是外部刺激與主體精神狀態的不協調，是一種心理性的缺乏或失衡。由哀怨而生的「欲哭」之需要，心理學上叫做「缺乏性動機」。作家爲了擺脫「外界的壓抑和強制」，爲了排遣痛苦，消彌哀怨，他便要「呼天」、「呼父母」，他便要「哭泣」，於是便有了創作的發生，便有了動天地泣鬼神的文學作品，這也就是李太白所云「哀怨起騷人」！

「長歌」可以「當哭」，亦可以「當笑」，「起騷人」的可以是「哀怨」，亦可以是「歡欣」。曹丕《典論．論文》講「西伯幽而演《易》，周旦顯而制《禮》，不以隱約而弗務，不以康樂而加思」，基本用意雖是勸勉作家獻身於文章大業，無意中卻道出創作發生時的兩種心理狀態：「隱約」與「康樂」。而「幽」時之隱約，與「顯」時之康樂，都可以成爲創作發生之心理動因。梁五經博士賀瑒：「性之與情，猶波之與水，靜時是水，動則是波，靜時是性，動則是情」（《禮記．中庸》「天命之謂性」句下孔穎達「疏」所引，見《十三經注疏．禮記正文》卷五十二）；而「情」之「動」，既可以源於哀怨，也可以起於歡欣。後來韓愈將創作發生概括爲「不平則鳴」，其「鳴」便有二意：「鳴國家之盛」與「自鳴其不幸」（均見《送孟東野序》）。而「鳴」之各異，實本於「不平」之迥別：或因哀怨而「不平」，或因歡樂而「不平」。同爲前漢作家，司馬遷《報任安書》是「自鳴其不幸」，而司馬相如《子虛賦》則是「鳴國家之盛」；如果說前者爲遷之「哭泣」，那麼後者是相如之「歡笑」。哭泣也好，歡笑也罷，都是緣情而生，暢情而成。「按照古代心理學，不論什麼情感都是『情』暫時失去了本來的平靜，不但憤鬱是『情』的騷動，歡樂也一樣好比水的『波濤洶湧』、『來潮』。」（錢鍾書《七綴集》第一〇七頁）因欣喜而歡笑，因哀怨而哭泣，哀樂哭笑，皆成文章。作爲創作動機的「情」，既有哀怨，亦有歡樂，前者爲缺乏性動機（已如前述），後者稱爲豐富性動機；前者起因於機體內的缺乏和痛苦，後者則表現爲對歡樂、創造、成就和自遵的渴望。我們看到漢魏六朝乃至整個古代，中國的作家通過創作，或舒憤懣、發哀怨、遣窮愁、鳴不幸；或立功名、建大業、求仕進、攀顯貴，大致說來，便分別屬於缺乏性動機與豐富性動機。

創作發生時，作家的情感需要，既有哀與樂（或「缺乏」與「豐富」）之分；而對這些需要的滿足，又有表層與深層之別。長歌可以暢情，創作可以宣洩痛苦或發抒歡欣，而在「宣洩」和「發抒」的背後，往往有著更深或更大的心理需求。司馬遷著書，是爲了「舒其憤」；司馬遷「憤」，又是無法言狀的。受腐刑之後，他悲憤之至，幾近神經錯亂：「居則忽忽若所亡，出則不知所如往」（《報任安書》），他曾經想到過死，「所以隱忍苟活，幽糞土之中而不辭者，恨私心有所不盡，鄙沒世而文采不表於後也」（同上）。可見，忍辱負重寫《史記》，不僅僅是爲了「舒其憤」，更是爲了避免

「名摩滅」，避免「文采不表於後」。他要「究天人之際，通古今之變，成一家之言」，把自己的著作「藏之名山，傳之其人通邑大都」，在身後樹立一座不朽的豐碑。如果說，「舒憤懣」是一種雖直接卻是暫時性和表層性的滿足；那麼，「文采表於後」，則是永久性的和深層次的滿足。曹丕《典論·論文》「寄聲於翰墨，見意於篇籍，不假良史之辭，不托飛馳之勢，而聲名自傳於後」，所追求的也有這種深潛層次的滿足。

還有另一種深層次的滿足方式，它並不追求死後的不朽與永恒，而看重生前的平和與愉悅，這便是鍾嶸《詩品序》所云「使窮賤易安，幽居靡悶」。儒家正統詩教講「發乎情，止乎禮義」，而「禮義」非但不能滿足人們「情」的需求，禮教的虛僞反而毀壞人們對情的滿足。人們只好「寄詩以親」，「托詩以怨」，在藝術的天地中耕耘心靈的綠洲，用詩歌的溫馨慰藉窮愁困痛，用文章的繽紛排遣煩惱苦悶……如果說，司馬遷的「憤而著書」具有陽剛之氣、使命之感，以致成爲「英雄的旗幟」；那麼，鍾嶸的「托詩以怨」，則彌漫著陰柔與憂傷，以致成爲「苦悶的象徵」。

三、「蚌病成珠」

劉勰《文心雕龍·才略篇》：「（馮衍）敬通雅好辭說，而坎壈盛世；《顯志》自序，亦蚌病成珠矣。」《後漢書·馮衍傳》：「衍得罪，不得志，乃作賦自厲，命其篇曰《顯志》」。可見，馮敬通也是憤而著書。悲怨之情，不僅成爲其創作動機，而且進一步形成其作品的藝術價值，這就是所謂

「蚌病成珠」。作家緣情生文，發憤著書，通過創作來滿足其情感需要，而需要一旦滿足，創作一旦發生，「情」並未煙消雲散，而是深深地銘刻於作品之中。換言之，作爲創作發生之心理動力的情，其心理學意義，並不只是存在於創作過程之中，而且進一步影響到作品的美學價値——二者又是一種因果關係：「托詩以怨」，方能「蚌病成珠」。

北朝劉晝說過一段話，可視爲對南朝劉勰「蚌病成珠」的注解：「楩柟郁蹙以成縟綿之瘤，蚌蛤結痾而銜明月之珠，鳥激則能翔青雲之際，矢驚則能逾白雪之嶺，斯皆仍瘁以成明文之珍，因激以致高遠之勢」（《劉子・激通》）。「蚌病成珠」，其內容又包含兩點：「仍瘁以成明文之珍」與「因激以致高遠之勢」。

先說「瘁」。瘁者，病也，「仍瘁以成明文」，實爲「蚌病成珠」的另一說法。「蚌病」能夠「成珠」，作家之哀怨最終能成爲作品之美——這一文藝心理學思想，在漢魏六朝時期主要有三層意思。

一是「瘁」而生「味」。六朝文論家論詩，以「有滋味」者爲佳作。何種詩作才算有「滋味」？「窮情寫物，最爲詳切者」（《詩品序》），「繁采寡情，味之必厭」（《文心雕龍・情采篇》），有「情」才有「味」，而此情又以哀怨爲主。鍾嶸品詩，以情涉哀怨者爲上。被列爲上品的十二位詩人（包括「古詩」的作者），竟有七人是以「哀怨之情」爲主要特色：如「古詩」是「意悲而遠」，李陵是「文多凄愴」，王粲「發愀愴之詞」，左思「文典以怨」，等等。餘下的五位，其作品也大多與哀怨相關，比如陸機（上節已述），又比如謝靈運，《宋書》本傳說他「既不見知，常懷憤憤」，讀謝之詩作，常見其「憒憒」之情：「殷憂不能寐，苦此夜難頹」（《歲暮》），「戚戚感物嘆，星星白髮垂」（《遊南亭》）……王微《與從弟僧綽書》：「文詞不怨思抑揚，則流淡無味」（見《全宋文》卷十九），將作品的悲怨之「瘁」視爲作品有「味」的直接原因。王褒《洞簫賦》「哀悄悄之可懷兮，良醰醰而有味」，「哀」與「味」已混然一體地成爲作品的藝術生命和美感魅力。

二是「瘁」而生「采」。陸機《文賦》講「詩緣情而綺靡」，將詩人之情與詩歌之采聯在一起，可謂因情而生采。鍾嶸《詩品》，將列爲上品的班婕妤五言詩的藝術特徵概括爲「怨深文綺」，可謂因哀怨之情而生綺靡之采。《詩品》稱曹植「情兼雅怨」，稱左思「文典以怨」。「怨」爲情，「典」「雅」爲采，悲哀之情與典雅之采並存於詩作之中。不僅「瘁」而生「采」，「瘁」「采」並存，甚至「瘁」本身就是「采」，這正如「梗柟郁蹙」也就是「縟綿之瘤」，「蚌蛤結痾」也就是「明月之珠」。所以，鍾嶸《詩品》稱：王粲「發愀愴之詞」，阮籍「頗多感慨之詞」，劉琨「多感恨之詞」，沈約「長於清怨」……足見哀怨之「瘁」本身就成爲「采」之特徵了。劉勰讚屈原之作「朗麗以哀志」，「綺靡以傷情」（《文心雕龍·辨騷篇》），亦是將「瘁」與「采」相提並論，融爲一體。

三是「瘁」而生「氣」。《文心雕龍·時序篇》論建安文學：「觀其時文，雅好慷慨，良由世積亂離，風衰俗怨，並志深而筆長，故梗概而多氣也。」建安文學的「多氣」，與建安文人的多災多難、多悲多怨是密不可分的，從上面所述《詩品》對曹植、王粲等人的評價中已可以看出這一點。鍾嶸最推崇漢代無名氏的《古詩》，稱之「可謂幾乎一字千金」，而《古詩》的最大特點是「意悲而遠，驚心動魂」，其「驚心動魂」之氣，正源於「意悲」。鍾嶸評劉琨、盧諶，「善爲凄戾之詞，自有清拔之氣」，又可見「氣」與「瘁」之關係。而司馬遷《史記》的悲愴激越之氣，屈原《離騷》的悠遊婉順之氣，與他們的愁怨苦痛之瘁更是密不可分的。

「仍瘁而成明文」，具體而言，便是「瘁」能夠生「味」、生「采」、生「氣」，而這三者，實爲構成作品之美的不可或缺的因素。那麼，哀怨之情爲何能形成作品之美？換言之，「蚌病」爲何能「成珠」？——這就與「激」有關了。《後漢書．馮衍傳》上李賢注引衍與陰就書：「鄙語曰：『水不激不能破舟，矢不激不能飲羽。』」這也就是韓愈所云「大凡物不得其平則鳴……其躍也，或激之」的意思。水激破舟，矢激飲羽，鳥激翔雲，那麼人呢？人「激」則「搖蕩性情，形諸舞詠」，陳詩展義，長歌騁情。對於作家而言，「激」之起因，是窮愁苦痛，如《史記．范睢蔡澤列傳》所云「然二子不困厄，惡能激乎」。可見「激」之後果，是創作的發生，是美的創造。

「靜時是性，動則是情」，作家之情一旦被「激」起，便呈現「精騖八極，心游萬仞」之狀態，於此狀態中，作家「情曈曨而彌鮮，物昭晰而互進」，甚至「浮天淵以安流，濯下泉而潛浸」，而最終「觀古今於須臾，撫四海於一瞬」（陸機《文賦》）——這就是劉勰所說的「神思」。神思是緣情而起，是騁情而生，是暢情而動。作家的藝術創造之情倘若不被「激」起，如何能「登山則情滿於山，觀海則意溢於海」（《文心雕龍．神思篇》）？又如何能「神超理得」「萬趣融其神思」（宗炳《畫山水序》）？心理學認爲，人在心滿意足之時，想像力分外貧乏；而於失意落魂、困厄窮愁之中，想像力異常豐富，「豈不是正因爲有現實的苦惱，所以我們做樂的夢，而一起也做苦的夢麼？」（《苦悶的象徵》第三五頁）正如「鳥激則能翔青雲之際，矢驚則能逾白雪之嶺」，作家也是「因激以致高遠之勢」。

所謂「高遠之勢」，除了指豐富的想像力，還可以指強烈的憂患感，指作家站在時代的高度，去探究社會矛盾、人生價値。「然則士雖才，必小不幸而身處厄窮，大不幸而際危亂之世，然後其詩乃工也」（清·歸莊《吳餘常詩稿序》），大凡偉大的文學家，因不平而鳴，他所「鳴」的，既是「身處厄窮」的「小不幸」，更是「際危亂之世」的「大不幸」，後者蘊藉在前者之中，並通過前者而具體形象地表現出來。屈原的《離騷》、《九歌》、《天問》，所表現的不僅僅是個人因「信而見疑，忠而被謗」而生的「憂愁幽思」，更是他因國家和民族的前途而上下求索質問蒼天的憂患意識。同樣，司馬遷作《史記》，在「舒憤懣」的後面，是「窮天人之際」，是「述往事，思來者」。

悲怨之情能激起神思，激起憂患，還能激起快樂。鍾嶸說的「窮賤易安，幽居靡悶」，就是一種人生的愉悅。《顏氏家訓．文章篇》講創作發生時作家「標舉興會，發引性靈，使人矜伐……神厲九霄，志凌千載，自吟自賞，不覺更有傍人」，話雖含貶意，卻眞實地道出因「情」而「激」起的作家的得意與快感。陸機、劉勰所描繪的作家在神思之時興會之際的心理狀態，實際上也是以「快感」爲主要特徵的。朱光潛先生曾談到：痛苦一經渲洩，便轉化爲快感（見《悲劇心理學》第一六三頁）。將文藝視爲「苦悶的象徵」的廚川白村，也承認「所謂『生的歡喜』(joy of life) 的事，就在這個性的表現，創造創作的生活裡可以尋到」（《苦悶的象徵》第九頁）。《文心雕龍》的最末一句是「文果載心，余心有寄」，作文之事，倘若沒有無窮樂趣，劉舍人又何苦寄身於翰墨呢？

作家的苦痛哀怨，在「激」起創作發生的同時，又「激」起作家的創作才情，使作家的才能得到最大限度的發揮。換言之，作家在發憤著書、緣情生文之時，其哀怨之情呼喚或驅遣創作才華，而創作才華又淋漓盡致地抒發哀怨之情，情性與才華，成爲作家在藝術天地中自由翱翔的雙翼，並最終凝聚成作品的美學價値與藝術魅力——這便是「蚌病成珠」的深層原因，也是成爲創作動機的「哀樂」之情的文藝心理學意義。

肆、動靜篇

「一動一靜者，天地之間耳」（《禮記．樂記》），「天地之間，物有動靜」（孔穎達疏）。「動靜」與「心物」一樣，首先是一對哲學範疇。如果說，哲學層次的「動靜」是指客體之物的運動形式，所謂「物有動靜」；那麼，心理學領域的「動靜」則主要指主體之心的運動形態，所謂「心有動靜」。

上一章講創作發生的基本特徵是「故哀樂之心感，而歌詠之聲發」，由「感」到「發」，當然是以「動」爲主。不惟創作發生，整個創作過程（由物之心化，到心之物化），都是以「動」爲主要特徵的，這可以說是創作心理學的一般規律。這個「一般規律」在漢魏六朝時期又表現出它的特殊性。漢末魏初，儒學式微，道學興盛；正始年間，道學向玄學演變；時至東晉，玄學又融入佛學之中。道學以「虛靜」爲本，玄學講「玄對」、「玄覽」，佛教則主「清空」、「寂寞」。大體而論，「道心」、「玄心」與「佛心」，都以「靜」爲主要特徵。《心物篇》業已指出：漢魏六朝文藝心理學交叉於哲學與文學的邊緣，因而，文藝心理學思想必定受當時哲學思想的影響。魏晉南北朝文論家談創作心理，雖然「動靜」兼顧，但以「靜」爲主。

根據漢魏六朝文藝心理學「動靜論」的這一時代特徵，本章在概述「動靜」的文藝心理學內涵和意義，以及「動靜相濟」的一般特徵之後，著重從「靜」的角度討論「動靜關係」：先談「動前之靜」（所謂「以靜養動」）；後談「動中之靜」。

一、動靜相濟

在漢魏六朝文藝心理學中，「動靜」與其說是一對「範疇」，倒不如說是一個「系統」，因爲用來表述創作過程之心理形態或特徵的幾對主要文藝心理學範疇，都可以包含在「動靜」這一系統中，比如，屬於「動」的「神思」和「興會」；屬於「靜」的「虛靜」和「凝慮」。

我們從「神思」談起。劉勰作《文心雕龍》，將「神思」冠於下篇「創作論」之首，這不僅僅是結構上的需要，更主要是表現出「神思」在創作論中的獨特地位：它是整個創作過程中以「想像」爲主要內容的全部心理過程，它包含了作家以「動」爲主要特徵的所有心理活動。如蕭子顯《南齊書·文學傳論》所云：「屬文之道，事出神思，感召無象，變化不窮」。「神思」一詞，首見於漢末韋昭《鼓吹曲》：「聰睿協神思」。晉代陸機對「神思」作了許多生動而形象的描繪，並將其特徵概括爲八個字：「精騖八極，心遊萬仞」，後來劉勰以「神與物遊」釋「神思」，似濫觴於斯。在中國古代文藝心理學史上，《文心雕龍·神思篇》第一次系統、全面地論述了「神思」的心理特徵、心理過程及其創作心理學意義。從「心物論」角度看，劉勰談「神思」，既注重「物」的決定、制約作用（所謂「物沿耳目」，「物以貌求」），又看到「心」的能動、主導作用，（所謂「神居胸臆」、「心以理應」），表現出唯物論與能動反映論相統一的思想傾向。

與「神思」相類，「興會」也是創作心理之「動」。古代文論中，「興會」的同義或近義詞很多，如興、感興、應感之會、天機、情興、神來、頓悟等等。最早對興會現象作出系統而生動描述的是陸機《文賦》：「若夫應感之會，通塞之紀，來不可遏，去不可止，藏若景滅，行猶響起，方天機之駿利，夫何紛而不理？思風發於胸臆，言泉流於唇齒。」陸機之論「興會」，有如劉勰之論「神思」，言詞中包括其心理特徵、心理意義及其在創作中的作用。兩晉以降，文論家談「興會」，多聯繫作家的創作實際，如葛洪《西京雜記》講司馬相如賦的創作是「忽然如睡，煥然如興」；沈約《宋書·謝靈運傳論》稱「靈運之興會標舉」；《答陸厥書》稱曹植《洛神賦》是「天機啓則律呂自調」；蕭子顯《南齊書·文學傳論》：「顏延圖寫情興」等。

同爲創作心理之「動」，「神思」與「興會」又是有區別的。就心理發生而言，神思是漸進式，興會是突發式；就心理歷程而言，神思具有歷時性，興會具有瞬間性；就心理強度而言，神思雖然也很活躍，但興會更加強烈，可以說「興會」乃「神思」之峰巔，是「動」之極致。

在「靜」的一方，與「神思」、「興會」相對應的是「虛靜」與「凝慮」，後兩對範疇，均見於《文心雕龍·神思篇》，可見其與「神思」密切相關。劉勰說：「陶鈞文思，貴在虛靜，……然後使玄解之宰，尋聲律而定墨」，可見「虛靜」是「神思」到來之前的心理準備或精神狀態，是動前之靜；劉勰又說「文之思也，其神遠矣，故寂然凝慮，思接千載……」又可見「凝慮」是「神思」之中一種偏於靜態的思維，是動中之靜。如果說，「虛靜」與「神思」，一前一後地構成了創作過程由準備到發生到完成的全部心理歷程；那麼，「興會」與「凝慮」則是相互交替地成爲「神思」之中兩種既有區別又有聯繫的心理形態。動之神思、興會，與靜之虛靜、凝慮，相反相成，交叉錯落地組成創作心理的全部過程，並形成心理過程的全部特徵。與「神思」、「興會」一樣，「虛靜」與「凝慮」也有著自身的歷史發展及理論特徵，這一點，我們將在後兩節詳論。

動與靜，是同一事物的兩個方面，二者是相對而成立的。漢魏六朝文藝心理學的「動靜」，就二者的關係而論，主要特徵是「相濟性」：概而言之，是相互依存，缺一不可；具體而論，又表現在三個方面。

其一，相互滲透。所謂「動」、「靜」，是爲了理論闡述的需要而作的大致上的區分，事實上，二者是相互滲透的：動中有靜，靜中亦有動。比如前面談到的「神思」之中的「凝慮」，就是動中之靜；不僅如此，即便是動之極致的「興會」，也有著其「靜」的一面；（詳後）；又比如，「凝慮」，雖以「寂然」之靜爲根本特徵，但既然是「慮」，又是不能不有所動的；「虛靜」，作爲一種精神狀態與創作心境，當然是以「靜」爲本，但「進入」或「走出」虛靜，則又與動有關。

其二，相互促進。虛靜與神思有先後順序，前者是後者的必要準備，後者是前者的必然結果。無虛靜，則神思難以形成；反之，無神思，則虛靜無所歸依，亦失去意義。興會與凝慮是相互交替，有時是凝慮產生興會，所謂「寂然凝慮，思接千載；悄焉動容，視通萬里」，「寂然」、「悄焉」之靜，引發「千載」「萬里」之興；有時是興會深化凝慮，所謂「方天機之駿利，夫何紛而不理」，興會到來之時，思慮更其清晰，更有條理，因而也更加深刻。

其三，自來自去。無論是由靜入動，還是由動入靜，都須順其自然，這就是劉勰所說「是以秉心養術，無務苦慮；含章司契，不必勞情也」；也如蕭子顯所云「須其自然，不以力構（見《隨園詩話》卷四）」。比如，興會的到來，由相對的靜進入強烈的動，具有一種突發性，這種突發性是可遇不可求，只可待之自來，而不可主觀地力強而致，這樣才能「率意而寡尤」，否則便會「竭情而多悔」（陸機《文賦》）。

漢魏六朝文藝心理學關於創作心理「動靜相濟」的思想，不僅表現於上述的相互滲透、相互促進和自來自去，而且更進一步形成動靜論的創作心理學意義。首先，動靜的相濟、交替和統一，形成創作過程之心理形態的基本特徵，主體與創作相關的所有心理活動和過程，都涵括於這一基本特徵之中；其次，無論神思、興會、還是虛靜、凝慮、均爲作家所特有的心境，它們既有心理學內涵，又有美學意味，是審美化之創作心境；再次，能動能靜，又是作家特有的創作才情和能力，《文心雕龍．神思篇》專門有一節談神思、凝慮與「人之稟才」的關係，鍾嶸《詩品》稱謝靈運「興多才高，內無乏思，外無遺物，其繁富宜哉」，「興」與「才」也是緊密相連的。

二、以靜養動

本篇引言談到，漢魏六朝的道心、玄心、佛心，都是以靜爲特徵。三「心」之靜，實源於道，哲學上講「靜」，以老莊爲最早。老子主張「滌除玄覽」（十章），主張「致虛極，守靜篤」（十六章），認爲「不出戶，知天下，不窺牖，見天道」（四十七章）。人心始終保持一種虛靜的狀態，方能得「道」。而「靜」，又是入「道」之門徑，所謂「玄之又玄，衆妙之門」（一章）。何爲「玄」？「玄者，冥也，默然無有也」（王弼《老子一章注》），玄冥就是默然」，就是「大音希聲」，「大象無形」；達到玄冥之境，便進了「衆妙之門」，便見到了「天道」。莊子將虛靜視爲「養神之道」：「純粹而不雜，靜一而不變，惔而無爲，動而以天行，此養神之道也」（《莊子·刻意》）。《莊子·知北遊》借孔子與老子的對話來闡明何爲「至道」：「汝齋戒疏瀹而心，澡雪而精神，掊擊而知」，也是談由虛靜而入道。

漢魏六朝理論家講虛靜，無論出於何種目的，大都承繼了老莊將虛靜視爲「衆妙之門」、「養神之道」的理論傳統。獨尊儒術的董仲舒，視「虛靜」爲修身養性之道：「夫欲至精者，必虛靜其形……形靜志虛者，精氣之所趣也；……故治身者務靜以致精」（《春秋繁露》卷七《通國身》）。篤信玄學的阮籍，用文學語言描寫由「靜」而入「道」的境界：「是以微妙無形，寂寞無聽，然後乃可以睹窈窕而淑清……夫清虛寥廓，則神物來集；飄搖恍惚，則洞幽貫冥；冰心玉質，則激潔思存；恬淡無欲，則泰志適情」（《清思賦》，見《全三國文》卷四十四）。這種心境潔淨、情志高尙的精神境界令人神往，而追根溯源，此境界是由「虛靜」造成的。狂熱崇佛的梁武帝蕭衍，說得更乾脆：「有動則心垢，有靜則心淨。外動既止，內心亦明，始自覺悟，患累無所由生也」（《淨業賦・序》，見《全梁文》卷一），在他眼中，「靜」，成了心明、心淨的唯一前提。

儒道玄佛，其哲學思想雖然各成體系，各有宗旨，有的甚至涇渭分明、兩峰對峙（如儒與道），但在主體的精神修煉、性情陶冶這一點上，卻有著大致相同的思想傾向：將「虛靜」視爲養神致精、淨心潔情之道。漢魏六朝諸家哲學的這一理論共性，形成此時期文藝心理學「虛靜論」的哲學基礎；而「虛靜」的文藝心理學內涵，則主要凝聚於《文心雕龍・神思篇》之中。

《神思篇》：「是以陶鈞文思，貴在虛靜，疏瀹五藏，澡雪精神」。劉勰論虛靜，其語直接出於《莊子・知北遊》，其意又包含「虛」與「靜」兩個方面。排除內心的一切雜念和欲求，使心靈淨潔，精神恬淡。也就是蕭衍所云：「心淨」，阮籍所云「冰心玉質、恬淡無欲」，葛洪所云「不復與外事相關」（《西京雜記》），此乃「虛」；心緒寧靜，不受外界干擾，「微妙無形，寂寞無聽」，從而形成一種最佳的精神狀態，此乃「靜」。劉勰「虛靜說」雖源於老莊，但又有很大的不同：老莊主虛靜，是爲了「見天道」，爲了「養神」，以進入「清靜無爲」的境地，屬於哲學層次的思考；劉勰主虛靜，是爲了「陶鈞文思」，是爲創作的「神思」與「興會」作精神、心理上的準備，屬於文藝心理學範疇。其次，老莊由「虛靜」入「道」，道即「無」、即「玄」，也是「靜」之境界。故可以說是由靜到靜；

劉勰講「虛靜」是以靜養動，以靜待動，以靜促動，是爲了「神與物遊」，爲了「刻鏤聲律，萌芽比興」，一句話，爲了創作之「動」。再次，老莊的「清靜無爲」，含有於現實無望的消極傾向，而劉勰則將虛靜視爲陶鈞文思的一種積極手段。可見魏晉南北朝文藝心理學的「靜虛」是對老莊哲學「靜虛」的改造與發展。

「虛」與「靜」合而爲一，若細分，則「虛」偏於精神，靜偏於心境，精神的修煉陶冶，與心境的恬淡寧靜，都是創作之「動」的心理準備；而從創作心理的角度論，「心境」較之「精神」，與創作過程的關係更爲密切，而且更具有「心哉美矣」的意味。宗炳的「澄懷味象」（《畫山水序》），就是主張以心境之「靜」去養創作之「動」。「澄懷」所形成的心境，不僅是一般意義上的排除雜念欲求，摒除實用功利的考慮，而是要更進一步保持澄明透澈、高潔超邁，所謂「神聖玄照，而無思營之識」（《明佛論》，見《全宋文》卷二十一），進入一種審美的境界，惟有如此才能「味象」，才能對自然之中的山水進行審美觀照。宗炳是著名的佛教理論家，著有《明佛論》，生活於「由玄入佛」的晉宋之交，他的佛學思想又滲進玄理，承接老莊。《明佛論》「若老子莊周之道，松喬列眞之術，信可以洗心養身」，可見其主「虛靜」，亦源於老莊。他的「澄懷味象」可以說直接源於《莊子·天道》的「萬物之鏡」說：「水靜則明燭鬚眉，平中準，大匠取法焉。水靜猶明，而況精神？聖人之心靜乎，天地之鑒也，萬物之鏡也」。水靜能明燭鬚眉，心靜更能洞鑒萬物，所以「澄懷」則能「味象」。

心靜照物，澄懷味象，其創作心理學的意義和作用，就是爲「神思」的到來作表象的儲存。想像的心理實質，是建立在記憶基礎之上的表象運動（表象的再現、組合和改造），藝術家只有在他的記憶中儲存了大量的具有審美意義的表象，才有可能展開豐富的想像活動。這種表象的儲存，只有在「心靜」的狀態中方能做到。陸機《文賦》講「佇中區以玄覽」，玄覽，即爲靜觀。靜觀的作用，就在於照物、納物，亦即他在《演連珠》三十五中所說「是以虛己應物，心究千變之容」。《文心雕龍．養氣篇》「紛哉萬象，勞矣千想。玄神宜寶，素氣資養。水停以鑑，火靜而朗。無擾文慮，郁此精爽。」寶玄神，養素氣，保持心境的虛靜，是爲了容納並儲存客觀外物的「紛哉萬象」。作家只有擺脫各種主觀慾念，具有靜之心境，才能使自己胸中湧現「千變之容」、「紛哉萬象」，才能「心遊萬仞」、「神與物遊」，展開豐富的想像。

審美心境的另一個心理學意義，就是能使注意力高度集中，所謂「用志不分，乃凝於神」（《莊子．達生》），並以此促使神思或興會的到來。王羲之談書法創作要「意在筆前，然後作字」（《王右軍題衛夫人筆陳圖後》），所謂「意」，就是作字之前要「凝神靜思，預想字形大小」（同上），將注意力高度集中於書法創作之上，以此「靜思」，促動創作靈感。清代劉熙載評價羲之書法是「靜而多妙」（《藝概．書概》），道出其作品之妙與心理之靜的因果關係。《文賦》講「收視反聽，耽思傍訊，精騖八極，心遊萬仞」，前兩句實則爲作家由虛靜所形成的注意力高度集中，後兩句則是以「靜」而促成的「動」。文學藝術家的「思維錐體」，就像攝影機的鏡頭；他在創作之前的「凝神靜思」、「收視反聽」，就好像不斷地調整焦距，直至把焦點對準他要著意表現的一點，與此無關的都被「虛化」了。而他凝神觀照之時，往往就是神思、興會到來之時。

如果說，爲神思和興會的到來而儲存記憶表象，是「以靜待動」，那麼，使注意力高度集中以促使神思興會的到來，則是「以靜促動」。「靜者養動之根」（《朱子語類十二》），審美心境的創作意義，分而言之是「以靜待動」與「以靜促動」；合而論之則是「以靜養動」，是以審美心境之靜去「養」神思、興會之動。靜何以能養動？從根本上說，是因爲「虛靜」本身能在心理和生理之健康的基礎上，形成自然而且自由的精神狀態。嵇康《釋私論》：「夫氣靜神虛者，心不存於矜尚；體亮心達者，情不係於所欲，矜尚不存乎心，故能越名教而任自然；情不係於所欲，故能審貴賤而順物情。」（見《全三國文》卷五十）由於「氣靜神虛」，故能去「矜尚」、除「所欲」，從而保持心理和生理的健康；而一旦去掉「矜尚」和「所欲」，則能「越名教而任自然」，「審貴賤而順物情」，創作主體之心，在掙脫儒家正統禮教的枷鎖和衝破世俗名利的樊籬之後，便進入自然而自由的美學境界。作家之心，一旦「任自然」、「順物情」，何愁神思不來、興會不起？劉勰《文心雕龍．養氣篇》中也談到健康、自然的心境之靜，對於「養動」的心理學意義。他認爲作家須「率志委和」、「從容率情、優柔適會」。保持從容不迫、心靜氣和的自然狀態，其藝術創造才能夠文思泉湧，無擾文慮；如果忽略審美心境的培養，「銷鑠精膽，蹙迫和氣」，違反了自然之性，就會「神疲而氣衰」，最終導致神思不來，興會不起。所以劉勰感嘆：「是以吐納文藝，務在節宣，清和其心，調暢其氣」。

虛靜與養氣相關，但養氣不只包括虛靜，它幾乎囊括了作家性情與才能之修養的全部內容。事實上，劉勰並非孤立地談虛靜，而是將「虛靜」與作家的知識積累、理性思維、生活閱歷、創作才能等多方面的心理素質和心理能力緊密結合，所謂「積學以儲寶，酌理以富才，研閱以窮照，馴致以懌辭」（《文心雕龍・神思篇》）。較之陸機僅將虛靜與書本知識相聯（「佇中區以玄覽，頤情志於典墳」），無疑是一大發展。於此又可見，作爲創作心理之主要形態的「虛靜」，不僅是一種審美心境，也是一種審美創造的心理能力，而虛靜之所以能養動，最根本原因，就在於它是「心境」與「能力」的統一。

三、動中之靜

漢魏六朝文論家論創作心理之「靜」，實有兩種含義：一是神思之前的「虛靜」（所謂動前之靜），一是神思之中的「凝慮」（所謂動中之靜）。「虛靜」與「凝慮」雖然同見於《文心雕龍・神思篇》，但前者實際上是沿用了《老子》的舊說，後者則爲劉勰的新創。

我們說過，創作心理之「動」有兩類：神思與興會；而作爲「動中之靜」的凝慮，也相應地有兩種含義：神思之中的「靜」與興會之中的「靜」。劉勰《文心雕龍・神思篇》談的是前者，陸機《文賦》「若夫應感之會」一節談的是後者，下面分而述之。

神思，是一種漸進式、歷時性且貫穿創作全過程的「動」，而凝慮作爲「靜」之一種，便存在於「動」之中。劉勰說：「文之思也，其神遠矣！故寂然凝慮，思接千載；悄焉動容，視通萬里，吟詠之間，吐納珠玉之聲；眉睫之前，卷舒風雲之色：其思理之致乎！故思理爲妙，神與物遊。」「思接千載」、「視通萬里」，是神思之「動」，而「寂然凝慮」，是動中之靜；「神與物遊」是動，而「思理」是動中之靜。靜之「凝慮」是一種「思理」，「思理」的妙處，正在於「神與物遊」之中。

「凝慮」與「神思」，同爲創作過程中作家的心理形態，但二者的心理性質與心理功能是不相同的。就心理性質而言，神思是一種形象思維，它始終離不開具體的、感性的形象，所謂「物沿耳目」、「神與物遊」，「神」與「物」不可須臾分離。而凝慮則是一種「思理」，是一種偏於理性的、抽象的和靜態的思維。作爲心理之靜，它主要的不是伴隨外物作飛動之遊，而是對「志氣」、「辭令」作冷靜之思。其次，就心理功能而言，神思能充分激起並驅遣作家的創作情感，展開想像的翅膀，在藝術境界中翱翔：「神思方運，萬塗竟萌……登山則情滿於山，觀海則意溢於海」，「思接千載」，「視通萬里」。如果說「神思」的心理功能在於驅遣激情和衝動，而「凝慮」的心理功能恰好是對這種激情和衝動作理性的控制：它靜思著如何用「志氣」去統神思之關鍵，又如何用「辭令」去管神思之樞機，如何「規矩虛位」，如何「刻鏤無形」。心理學認爲：控制，就是用理性的意志的力量去協調、指導、管理自己的活動與行爲。「神思」之「動」，如果沒有「凝慮」之「靜」的控制，沒有理智而冷靜的「統」、「管」與「規矩」、「刻鏤」，便會天馬行空般地亂撞，結果只能是「或理在方寸而求之域表，或義在咫尺而思隔山河。」《文心雕龍．神思篇》用幾乎一半的篇幅談到作家神思之中的兩大缺陷或弊病：「理郁者苦貧，辭溺者傷亂」，這「二患」可視爲劉勰從否定的方面進一步闡述「凝慮」所包含的心理功能：「志氣統其關鍵」，「辭令管其樞機」。

陸機《文賦》在論述「應感之會」時，也談到了動中之靜：「若夫應感之會，通塞之紀，來不可遏，去不可止。藏若景滅，行猶響起。……及其六情底滯，志往神留，兀若枯木，豁若涸流，覽營魂以探賾，頓精爽而自求。理翳翳而愈伏，思軋軋其若抽。是故或竭情而多悔，或率意而寡尤。」靈感，是想像最豐富、神思最活躍的時刻，是「動」之極致。但靈感並不是絕對的、純粹的動，而是動靜兼有、動靜統一。「應感之會」就是「通塞之紀」，「通」爲「動」，「塞」爲「靜」。通塞合一，動靜交融，才形成靈感。所以靈感既有「動」的一面：「來不可遏，去不可止」，「行猶響起」，「天機駿利」；同時又有靜的一面：「藏若景滅，」「六情底滯，志往神留，兀若枯木，豁若涸流。」

靈感雖然有動有靜，但靈感的動靜，都是瞬間的事，來去匆匆，難以捉摸，陸機自嘆：「雖茲物之在我，非餘力之所勠。故時撫空懷而自惋，吾未識夫開塞之所由也。」「開塞之所由」，即爲「動靜之所由」，動靜之由，係於天機，非人力所及，因此任其自然，不可強求，所謂「竭情多悔」，「率意寡尤」是也。

陸機雖然主張「率意寡尤」，但他並未否定靈感狀態中主體之心的能動作用。他指出，當靈感處於靜態時，就要「覽營魂以探賾，頓精爽而自求」，也就是凝聚全神，作理性和冷靜的探賾與自求。《文賦》又云「課虛無以責有，叩寂寞而求音」，在「虛無」中「責有」，於「寂寞」中「求音」，亦即以靜求動，這與劉勰講「神思」之中的「寂然凝慮」，其基本精神是相通的。

陸機與劉勰，都談到了創作心理的「動」中之「靜」。那麼，「動」中爲何有「靜」，換言之，陸機未識的「開塞之所由」究竟何在？心理學認爲：大腦皮層的基本神經過程就是興奮和抑制的統一，亦即以動爲特徵的「興奮」和以靜爲特徵的「抑制」，共同構成人的大腦皮層的正常機能，缺一不可。興會與神思，作爲創作心理上的「優勢興奮中心」，它們離不開抑制，所以動中不能夠沒有靜。

根據心理學正誘導規律，抑制不僅能引起興奮，而且能加強興奮，「誘導現象的本質就是興奮過程的每次興奮都加強了它的對立面」（孫汝亭等主編《心理學》第一七八頁，廣西人民出版社一九八二年版），可見以興奮（動）爲主要特徵的神思和興會，同時也包含了興奮的對立面——抑制（靜）。興會，就是由「藏若景滅」之「塞」與「行猶響起」之「開」交替組成；神思，也是由「寂然凝慮」之「思」與「思接千載」之「神」合而爲一。不僅如此，在興會之際，「塞」會強化「開」；於神思之時，「思」會促動「神」。鍾嶸《詩品》引《謝氏家錄》，稱謝靈運「寤寐間忽見惠連，即成『池塘生春草』。故嘗云：『此語有神助，非吾語也。』」所謂「神助」，就是靈感，謝靈運「寤寐間忽見惠連」，實則是於靜臥中得到了靈感，從心理學角度論，正是抑制加強了興奮，靜臥誘發了靈感。古人創作常與飲酒相關，陶淵明以《飲酒》命名的組詩迭有佳作；王羲之醉中寫下的《蘭亭序》被後人譽爲「天下第一行書」。看起來是酒神之助，實際上與抑制相關。用心理學眼光看，醉酒，是由於酒精對中樞神經系統的直接抑制而導致意識模糊，大腦處於混沌之中，心靈是一片靜謐的世界。但是，正如颱風的中心是寧靜的，在死一般沉寂的混沌之中，在醉酒者的意識深處，有一點卻相對清晰（人們常見到醉漢反覆強調「我沒醉」，就是這個原因）。抑制加強了興奮，大腦的整體混沌反而導致人的精氣神靈都都聚集於一個焦點，而神思、興會正在這個焦點上爆發、產生。古人談想像和靈感，常常冠之以「神」（神思、神助、神會、神工、神物來集、神來之筆，等等），抑制能導致「神靈聚集」，這正是「靜」的妙處。按照心理學的負誘導規律，興奮有時反而引起抑制，在一定條件下，「動」（興奮）反而會阻礙神思和興會的產生，可見，欲誘導並保持住神思和興會，有時還非「靜」不可。

伍、表裡篇

「文由胸中而出，心以文爲表。……實誠在胸臆，文墨著竹帛，外內表裡，自相副稱」（王充《論衡・超奇篇》）。文爲心之「表」，反過來說，心爲文之「裡」。漢魏六朝時期，與「表」「裡」相同或相似的範疇很多，如言、形、文、辭、采、象之於「表」，意、神、情志、胸臆、心思之於「裡」，當時的文論家樂而不疲的話題如「言意」、「形神」、「情采」、「意象」等等，都可以說是屬於「表裡」這一對大的範疇。

我們將「心物論」視爲漢魏六朝文藝心理學之綱，而「心物」之「物」，除了指作家審美觀照的客觀外物，還可以指作品的物質形態或藝術外觀。「表裡」之「表」，作爲文學作品的言辭、外形、具象，無疑屬於「心物」之「物」的後一層含義。這個「表」，既是創作者之「心」的物質結晶，又是鑑賞者之心的觀照對象。《心物篇》將創作心理概括爲從「物之心化」到「心之物化」的過程，《哀樂篇》和《動靜篇》主要談「物之心化」（心如何感物而動，以及心物交感的具體形態或特徵），而《表裡篇》則主要談「心之物化」（作家之心如何外化爲作品之物）：這種由「裡」到「表」的語言痛苦，以及在超越這種痛苦時所表現出的兩種文藝心理學傾向——重「裡」（意、神、情）與重「表」（言、形、采）。

一、「文不逮意」的痛苦

陸機在《文賦》引言中談到他自己的創作體會：「每自屬文，尤見其情。恒患意不稱物，文不逮意，蓋非知之難，能之難也。……至於操斧伐柯，雖取則不遠，若夫隨手之變，良難以辭逮。」創作之難，便存在於「物——意——文」三者之關係中。意，實爲創作主體之「心」，而「物」與「文」則可分別代表「心物論」之「物」的兩重含義：作爲文學表現對象的客觀外物與作爲表現手段或形式的文學物質媒介（如文學之「言」，繪畫之「形」，音樂之「聲」等等）。「意稱物」與「文逮意」，也就是我們在《心物篇》所談到的創作過程的兩個階段：「物之心化」與「心之物化」。心物交感之中，心，不僅感物而動，而且移情而入，將外物化爲情思、意念，也就是將物化爲心。與外物相交感的「意」，需要與激起此種情思意念的外物相對稱、相吻合（也就是後來人們常說的「情景交融」）。作家與外物相稱的「意」，最終要用特定的物質媒介（文）表現出來，於是，在「意稱物」之後，緊接著是「文逮意」，亦即「物之心化」之後，還要「心之物化」。文逮意，就是文學作品的「表」（言語形式）要表達出作品的「裡」（作家之情思、意念），內外相通，表裡相符。錢鍾書解釋《文賦》引言的「物——意——文」時說：「接『意』內而『物』外，『文』者，發乎內而著乎外，宣內以象外；能『

逮意』即能『稱物』，內外通而意物合矣。」（《管錐篇》卷三第一一七七頁）從「物」到「意」，是由外而內；從「意」到「文」，則是由內而外。在這兩個過程中，內，指同一對象（作家之「心」）；外，則先指客觀外物，後指作品。在「物與意」、「意與文」這兩對矛盾中，後一對是起決定作用的，意稱物只是前提，文逮意才是目的。對於文學創作而言，如果「文不逮意」，即便「意」「稱物」也無多大意義，所以錢鍾書說「能『逮意』即能『稱物』」。可見陸機所云：「能之難」，主要是「文不逮意」之難，「難以辭逮」之難。

心理學將「文不逮意」之難，稱之爲文學家語言的痛苦。這種語言的痛苦，並非始於陸機，而是古已有之。老子欲用語言描寫他心目中的「道」，終於不能如願，只好嘆息「吾不知其名……強爲之名曰大」（《老子》二十五章），「強爲之」云云，道出老子言難達意的煩惱與苦衷。

如果說老子的語言痛苦，還是屬於哲學範疇，那麼，漢魏以降，不少文學家都感受到了這種「文不逮意」的痛苦。揚雄認爲「言，心聲也，書，心畫也」（《法言·問神》），言和書，應該表現作者之心；但他又嘆息：「言不能達其心，書不能達其言，難矣哉！（同上）從「應該」到「能夠」之間，仍然有一段距離，在這段「距離內」，又該有多少艱難。陸機《文賦》：「於是沈辭怫悅，若游魚銜鈎，而出重淵之深；浮藻聯翩，若翰鳥纓繳，而墮層雲之峻」。以文逮意，就好比令九重深淵的魚兒上鈎，叫九天上的鳥兒中箭，其難度以及由此而帶來的作家的心理焦慮，不難想見。繼陸機「恒患」「文不逮意」之後，王羲之《書論》也提到書法創作的艱難，他主張「意在筆前」，但並不是任何人都能夠以筆（書）傳意的，即便是那些擅長書法鑑賞的人，不見得就善於書法創作，善於以書達意。所以他提出「善鑑者不寫，善寫者不鑑」，「善寫」與「善鑑」是兩回事，硬要「善鑑者」去「寫」，大約也會帶來「表達」的痛苦。陸機「文不逮意」的思想還影響到後來畫論。謝赫《古畫品錄》評顧愷之是「跡不逮意，聲過其實」，評宗炳是「跡非準的，意足師效」。

對文學家創作中的語言痛苦，談得較多的，還是劉勰。《文心雕龍·熔裁篇》提出「三準說：「設情以位體」，「酌事以取類」，「撮辭以舉要」，劉勰的「情——事——辭」，與陸機的「意——物——文」大致相似。同樣，劉勰也感受到用「辭」來表「情」述「事」的心理痛苦：「若術不素定，而委心逐辭，異端叢至，駢贅必多」（同上）。劉勰還具體分析了文字能力或風格各異的作家所具有的不同的語言煩惱：「思贍者善敷，才核者善刪。……字刪而意闕，則短乏而非核；辭敷而言重，則蕪穢而非贍」（同上）。不僅「思贍」、「才核」者分別有著「言重」、「意闕」之苦；即便是才情「與風雲並驅」者，雖然「方其搦翰，氣倍辭前」，仍舊「暨乎篇成，半折心始」（《神思篇》）。對於「文不逮意」的「能之難」，陸機覺得「難以辭逮」；對於「半折心始」的心理緣由，劉勰也嘆曰「伊摯不能言鼎，輪扁不能語斤，其微乎矣！」（同上）看來，無論是具有神工巧技的伊摯、輪扁，還是深諳爲文用心的陸機、劉勰，都無一例外地具有言難達意的語言痛苦。

大凡傑出的理論家，都有知難而上的勇氣。陸機雖然「恒患意不稱物，文不逮意」，但依然精心地剖析「物——意——文」之關係，所謂「蓋所能言者，具於此云」（《文賦》引言），努力地探索意如何去稱物，文如何去逮意。劉勰更是在「何則？」之後，直接回答了作家爲何產生「暨乎篇成，半折心始」的語言痛苦：「意翻空而易奇，言徵實而難巧也。是以意授於思，言授於意；密則無際，疏則千里；或理在方寸而求之域表，或義在咫尺而思隔山河」（《神思篇》）。

劉勰所說的「言」與「意」，實則從「表」與「裡」兩個方面闡述了「文不逮意」的心理學緣由。從「裡」這個角度看，作家驅使、駕馭語言的目的，是爲了達「意」；而「意」，作爲「言」所表現的心理內容，有著難以言傳之特徵（揚雄所云「難矣哉」，劉勰所云「微乎矣」）。由《文心雕龍・神思篇》可知，「意」的這種難以言傳性，主要表現在兩個方面：一是「纖旨」、「曲致」，一是「翻空」、「易奇」。

先說前者。《文心雕龍・神思篇》：「思表纖旨，文外曲致，言所不追，筆固所止」，作家的情致心思，既微妙、細密，又曲折、隱晦。正如《文心雕龍・誇飾篇》所云：「夫形而上者謂之道，……神道難摹，精言不能追其極」。所謂「不追」，就是對於「纖旨」、「曲致」之「意」，作家很難找到與之相對應的語言形式。

次說後者。《動靜篇》已談到：創作過程中，作家心理以「動」爲主要特徵，特別是在神思之中，作家「思接千載」、「視通萬里」，「情滿於山」、「意溢於海」。這種心之「動」，對於創作的發生和表現，是必不可少的，因爲若沒有衝動和激情，創作便無從發生，心之物化便無從談起。但是，劇烈的情感波動，又給創作的表現（亦即「言傳」）帶來很大的困難和煩惱，處於「翻空」之中的「意」，有如脫韁的野馬，在思維空間中上下奔突，左右馳騁，令創作主體難於駕馭，苦於統管。有時，「意」本來就在心中，卻反而到天涯之遙去搜求；有時，「意」明明就在眼前，卻又像隔著山河，可望而不可及……對作家來說，將這「翻空而易奇」的「意」捕捉住就很困難，更不用說用「言」去傳達了。換言之，正由於難以捕捉，故更難於表達。

作家之「意」，因其「翻空易奇」與「纖旨」「曲致」，造成語言表達的困難；而作品之「言」作爲這種表達的物質媒介，又有著它自身的難處，這就是劉勰所云「言徵實而難巧也」。「徵實」似有二意：作者的「思」或「意」，在見諸文字之前，是「虛」的；而「語言」，是物質媒介，是實實在在的東西，用王充的話說，是要「著於竹帛」的「文墨」，此其一；這些「實」的「文墨」，要眞實地傳達出「虛」的情思志意，亦即用言之實，去逮意之虛，則不易見巧了，此其二。言語自身之「難」，除《神思篇》談到的「徵實而難巧」，還有《隱秀篇》談到的「重旨」或「復意」，所謂「語出雙關，文蘊兩意，乃詼諧之慣事，固詞章所優爲，義理亦有之」（錢鍾書《管錐編》卷一第四頁）。心理學認爲，當言者以某一特定的詞語來達意時，這一詞語除了它本身所具有的「意義」（亦即詞義學上的、或詞典上的「語義」），還同時具有特定的「言者」（主體）在特定的使用場合所賦予它的「涵義」（亦即語言主體對這一語詞的語言知覺或「語感」）。「明確地將涵義與意義加以區分，對於心理學來說特別重要，因爲它們的關係不是一成不變的，而是在歷史發展的過程中變化，構成意識的各種結構與結構的各種類型。」（〔蘇〕阿·尼·列昂捷夫《活動、意識、個性》第二一四頁，上海譯文出版社一九八〇年版）同一詞語同時具有兩種含義：「意義」（「語義」）與「涵義」（「語感」），便大致分別類似於中國古文論常說的「言內之意」與「言外之意」，二者合而論之，就是劉勰所云「重旨」或「復意」。

一方面，文須逮意，言須徵實，要用實實在在的語言去眞實地表現作者翻空易奇、纖旨曲致之「意」；而另一方面，文辭語言本身又具有「復意」、「重旨」，所謂「深文隱蔚，餘味曲包」（《文心雕龍・隱秀篇》）。這兩方面加在一起，作家「文不逮意」、「半折心始」的語言痛苦便可想而知了。

由內而外、由裡及表的「心之物化」，其難處正在於「裡」的微妙而不易言傳與「表」的重旨或復意。而創作的結果，又必須以文逮意，以「表」顯「裡」。因此，克服或超越語言的痛苦，對於「心之物化」便至關重要。在漢魏六朝文藝心理學之中，這種超越不外兩條途徑：一是注重對文學語言本身的研究，包括重視聲律、煉字、熔裁、章句等等（亦即重言語之「意義」或「言內之意」）；一是不囿於語言本身，而追求言外之旨（亦即重語言之「涵義」或「言外之意」）。

一、精思著文，雕縟成體

漢魏六朝文藝心理學，超越語言痛苦的途徑之一，就是注重對語言本身的研究，我們從漢代的王充說起。《論衡・超奇篇》將人分爲四等：儒生、通人、文人、鴻儒，而奉鴻儒爲「超而又超」「奇而又奇」。鴻儒「超」在何處，「奇」在何方？——「能精思著文，連結篇章」。王充十分看重駕馭語言而精思著文的才能，所謂「著文者，歷世希然」，「衍傳書之意，出膏腴之辭，非倜儻之才，不能任也」（同上）。只有鴻儒（大致相當我們今天所說的文學家）才具有這種「倜儻之才」，所以他們是「超奇」，所謂「繁文之人，人之傑也」（同上），「愚傑不別，須文以立折」（《書解篇》）。賢傑與愚笨的區別，就在於他有無文采；作家與一般文人的區別，就在於他有無駕馭語言文字的能力，在於他能否「意奮而筆縱」、「文見而實露」（《超奇篇》）。

王充重「文」，是將「著文」視爲作家特有的智能和才華，這一心理學思想，也爲魏晉理論家所繼承。魏晉時期，清談之風盛行，所謂「清談」，實爲駕馭口頭語言的能力，由清談之重「言」，發展到文學創作之重「辭」，再由文學之重「辭」，擴展爲音樂之重「音律」、繪畫之重「形象」。如嵇康在《琴賦》中諷刺那些持正統禮樂思想的人「不解音聲」。他的《聲無哀樂論》闡述音樂的形式構成：「五音會……皆以單、復、高、埤、善、惡爲體」，音樂作品能爲人心所感知的諸種感覺要素，如節奏、旋律、和聲、音色，以及由它們所組合而成的特定的音樂形象或聽覺效果，都包括在「單、復、高、埤、善、惡」這六個字之中。《琴賦》還以古代名曲爲例，形象地描繪了音聲的交響、對比、和鳴、呼應，以及旋律的變化、起伏、豐富、宏大。

音樂家重「聲」，畫家則重「形」。東晉顧愷之「以形寫神」的理論，早已是人所周知；由晉入宋的宗炳也提出「以形寫形，以色貌色」（《畫山水序》），南朝齊謝赫作《古畫品錄》，其中有關寫形的詞匯頗豐，如「形妙」、「形色」、「精謹」、「精微細謹」、「賦形制彩，皆創新意」……

到了齊梁時代，沈約創聲律論，將音樂的形式之美引入文學，《宋書·謝靈運傳論》那一段關於「聲律論」的著名論述，其結尾是這樣兩句：「妙達此旨，始可言文」，若不懂音律，連談論文學創作的資格都沒有，就更不用說去從事文學創作了。沈約將妙達「聲律」之旨，視爲作家的根本才能，這與漢代王充將「精思著文」視爲「鴻儒」的根本標誌，其文藝心理學思想，是遙相呼應的。

南北朝時期，系統地發表過重言辭理論的，主要有兩人，一是沈約，一是劉勰。「（沈）約等文皆用宮商，以平上去入爲四聲，以此制韻，不可增減，世呼爲『永明體』」（《南齊書·文學傳·陸厥傳》）。作爲詩人，沈約是「永明體」的開創人；作爲理論家，他又是「聲律論」的倡導者。劉勰重「文」，不僅談「聲律」，還談「熔裁」、「章句」、「麗辭」、「煉字」等等。一部《文心雕龍》，既剖析爲文用心，又精雕文采之龍，就後者而言，既有系統精緻的「雕龍」理論，更有身體力行的「雕龍」實踐，足見劉勰對「文」的極大興趣，可謂流連於其間，沉湎於其中。劉勰的「雕龍」理論和實踐，有著豐富的語言心理學思想，這裡我們著重談兩點：一是「辭之麗」，一是「辭之體」。

劉勰談作品之「表」，不像王充陸機用「文」這個概念，而是用「采」，這表明他看重文辭之麗。《文心雕龍·情采篇》開篇便云：「聖賢書辭，總論文章，非采而何？」這也就是《序志篇》所云「古來文章，以雕縟成體」的意思。《情采篇》還廣爲徵引《孝經》及諸子的話，來證明文辭應當也必須是艷麗、華美的。這種文辭之麗的心理學意義何在？「夫鉛黛所以飾容，而盼倩生於淑姿；文采所以飾言，而辯麗本於情性」（同上）。這個比喻，一方面明說文辭之麗須以情性爲本，另一方面又暗示：文采的華艷辯麗之美，能夠奪人心目，動人魂魄，恰似美女的巧笑與美目，再飾以鉛黛，則能產生「盼倩」魅力，令人悅目動心。非如此，鑑賞者何以能「披文以入情」？漢魏六朝時期，楊雄講「詩人之賦麗以則」（《法言・吾子》），曹丕講「詩賦欲麗」（《典論・論文》），陸機講「詩緣情而綺靡」（《文賦》），蕭統講「綜輯辭采」、「錯比文華」（《文選序》）……雖說是都注重文辭之麗，但沒有像劉勰這樣，從心理學角度，指出文辭之麗的心理特徵和心理效用。

劉勰重「辭」，還表現在他並不將「辭」僅僅視爲文學的外在形式（表），而是將「辭」與作家之「心」（裡）緊密相連，所謂「吐納英華，莫非情性」，「情動而言形」（《體性篇》）、「爲情而造文」（《情采篇》）。文辭是作家情性的外顯或物化，它勢必染上性格的特徵。《體性篇》將文學風格分爲八種（所謂「八體」），而幾乎每一「體」都與「言辭」相關，如「遠奧」這種風格表現在文辭上是「馥采典文」，又如「精約」是「核字省句」，「顯附」是「辭直義暢」，「繁縟」是「博喻釀采」，等等。在文學作品中，由作家的先天稟賦、氣質和後天學識、習染所形成的不同創作個性，首先就體現在其文辭的不同風格之上，所謂「才性異區，文辭繁詭」，「各師成心，其異如面」（同上）。

「風清骨峻」，是劉勰最爲推崇的文學風格，而「風骨」與「文采」也是緊密相連的：「若風骨乏采，則鷙集翰林，采乏風骨，則雉竄文囿：唯藻耀而高翔，固文筆之鳴鳳也」（《風骨篇》），只有「風骨」與「采」完美地融合，才算得上「風清骨峻，遍體光華」（同上）。

作品之文辭與作家之個性緊密相連，而個性又是以氣爲主，故劉勰將「煉辭」與「養氣」連在一起。《神思篇》指出：當作家遇到「或理在方寸而求之域表，或義在咫尺而思隔山河」（亦即「文不逮意」）的語言痛苦時，其超越或解脫的方法是：「秉心養術，無務苦慮；含章司契，不必勞情也。」這四句話，即包含錘煉文辭、掌握規則，又包含滋養文氣，陶冶情性。煉辭加上養氣，便可以擺脫語言的「苦慮」與「勞情」了。

三、得意忘言，情在詞外

用心理分析的眼光看，文學作品的「表」與「裡」，既有著「自相副稱」的一面，又有著不相副稱的另一面，後者主要指「表」（言辭、音律、形象）並不能完滿地傳達或顯現出「裡」（情思、志意、胸臆）；反過來說，「裡」之意蘊溢出了「表」之載體，所謂情在詞外，意在言外。鑑於這一文藝心理學事實，漢魏六朝文論家超越語言痛苦的途徑，除了「精思著文，雕縟成體」的一路，還有「得意忘言，情在詞外」的另一路。如果說，前者的功夫下在言辭之內，那麼後者的功夫則下在言辭之外。

「功夫在辭外」的這一路，其心理學思想，源於老莊。老子主張「大音希聲，大象無形」（《老子》四十一章），「知者不言，言者不知」（《老子》五十六章），莊子主張「言者所以在意，得意而忘言」（《莊子．外物篇》）。貶低「言」的作用，其用心在於重「意」。漢初，統治者提倡「黃老之學」，道學思想有廣泛市場。劉安所編《淮南子》一書，便是以道家的自然天道觀爲中心，在「表裡」關係上，重裡輕表，提出「君形」說，強調神是形的主宰，神貴於形，「故以神爲主者，形從而利；以形爲制者，神從而害」（《原道訓》）。稍後於劉安的司馬遷，其《史記．屈原傳》稱屈原之作「其文約，其辭微，……其稱文小而其指極大，舉類邇而見義遠」。據班固《離騷序》和劉勰《文心雕龍．辨騷篇》，司馬遷的這段話，大致取材於劉安的《離騷傳》。就心理學思想的相似性而論，「取材」之說也是可信的。屈原的作品，其「表」是「文約」、「辭微」、「稱文小」、「舉類邇」；其「裡」則是「指極大」，「見義遠」，「裡」之意旨已溢出「表」之文辭。——這段話所包含的重「裡」傾向，與《淮南子》「君形說」思想是統一的。

魏晉時期，老莊思想東山再起，輕「言」而重「意」、輕「形」而重「神」的心理學思想再度流行。如王弼在《周易略例．明象》中重提莊子「得意忘言」的舊話：「故言者所以明象，得象而忘言；象者所以存意，得意而忘象」。「言」是爲了「明象」，「象」又是爲了「存意」，「表」（言和象）只是顯現「裡」（意）的手段和工具。而「存意」的目的一旦達到，工具和手段就可以棄之不顧了，根本用不著「精思著文」、「雕縟成體」，用不著再在言辭上下功夫。如果看重「言辭」，反倒得不著「意」了：「然則忘象者乃得意者也，忘言者乃得象者也，得意在忘象，得象在忘言」（同上）。「忘言」、「忘象」，甚至成了「得意」的必要前提，足見「功夫在辭外」的這一路是如何地「重意」而

「輕言」。

漢代劉安的「君形說」與三國王弼的「忘言說」，主要還是在哲學層次討論「表裡」關係，而東晉詩人陶潛則是結合自己的創作實踐，發表「重意」「輕言」的觀點。其《五柳先生傳》自稱：「好讀書，不求甚解；每有會意，便欣然忘食」，讀書只重意而不重言。《宋書．陶潛傳》：「潛不解音聲，而畜素琴一張，無弦，每有酒適，輒撫弄以寄其意」。「不解音聲」還要撫琴（而且是無弦之琴），若嵇康在世，大約要嘲笑幾句了。然而醉翁之意不在酒，陶潛撫琴，其意不在音聲，而在音聲之外。陶淵明《飲酒》之一：「採菊東籬下，悠然見南山，山氣日夕佳，飛鳥相與還，此中有眞意，欲辨已忘言」。此時此景，乃至詩人整個的隱逸生活，其中的「眞意」無法言傳，亦不必言傳。「得意忘言」，既然已經領會了此中眞意，又何必要把它說出來呢？更無須去雕琢文采，熔裁字句了。陶淵明關於文學語言的心理學思想，與劉勰的「刻縷聲律」、「雕縟成體」，大相逕庭，大異旨趣。單就這一點而言，劉勰作《文心雕龍》隻字不提陶淵明，也是可以理解的。

作爲兩種不同的語言心理學思想，「重辭」構成「永明體」乃至後來宮體詩的理論內涵，「重意」則成爲由晉到宋的田園山水詩的創作傾向。後者言近旨遠，追求文外之意。如謝靈運的「池塘生春草」，詩人自稱「此語有神助，非吾語也。」（鍾嶸《詩品》中引《謝氏家錄》）神來之句，非雕琢而成、推敲而就，後來皎然《詩式》稱：「『池塘生春草』，情在言外」。晉宋的山水田園和隱逸詩（如陶淵明、謝靈運等人的作品），文辭清新而意味深長，與他們「功夫在辭外」，追求言外之旨是密不可分的；而齊梁「永明體」詩人（如沈約、謝朓、王融），以及稍後的宮體詩人（如蕭綱、徐陵），細緻探討詩歌的用事、排偶和聲律，刻意追求，妙達此旨，極大地豐富和提高了對文學語言各種形式美的認識。對於「重意」與「重言」這兩種文藝心理學傾向，歷來是揚前而抑後。事實上，無論是從理論意義，還是從對後世文學的影響來看，上述兩路都具有其歷史價值的。「重意」的一路與「重言」的一路，不僅共同形成魏晉南北朝文學的特徵，而且分別從兩個不同的側面，對唐代文學的高度繁榮作好了準備。沒有這種準備，唐代文學的巨大成就是不能設想的。

上一節，將劉勰視爲漢魏六朝時期「重辭」理論的總結性人物；而與劉勰同時代的鍾嶸，則可視爲「重意」理論的總結性人物。鍾劉二人，在「表裡」問題上，多有不同之處。劉勰主張「刻鏤聲律」（《文心雕龍．神思篇》），《文心雕龍》闢專篇討論聲律問題，而鍾嶸則全盤否定「聲律」：「古曰詩頌，皆被之金竹，故非調五音無以諧會。……今既不被管弦，亦何取於聲律耶？」「但令清濁通流，口吻調利，斯爲足矣」，若追求聲律，則「文多拘忌，傷其眞美」（均見《詩品序》）。劉勰主張做詩用典，認爲「經典沈深，載籍浩瀚，實群言之奧區，而才思之神皋也」（《文心雕龍．事類篇》），亦闢專篇闡明「據事以類義，援古以證今」（同上）。鍾嶸則認爲「吟詠情性，亦何貴於用事？……觀古今勝語，多非補假，皆由直尋」，他諷刺那些喜歡用事的文人是「雖謝天才，且表學問」，其作品是「句無虛語，語無虛字，拘攣補衲，蠹文已甚」，「文章殆同書鈔」（《詩品序》）。否定聲律，嘲諷用事，都是反對將功夫用在「言」之上，而主張以「意」爲主。在論賦比興時，鍾嶸說：「若專用比興，患在意深，意深則詞躓。若但用賦體，患在意浮，意浮則文散」（同上）——處處著眼於「意」，亦歸結爲「意」：文辭的「躓」和「散」，分別由意的「深」和「浮」所導致。在詩歌創作上，他反對「文繁而意少」，推崇「文已盡而意有餘」（同上）鍾嶸對五言詩人的品評，也表現出對言外之意、文外之旨的追求。他列爲上品的有：「意悲而遠」、「一字千金」的古詩，「厥旨淵放，歸趣難求」的阮籍詩，被皎然稱爲「情在詞外」的謝靈運詩。陶淵明得意而忘言，詩作辭質意深，劉勰對他隻字不提，鍾嶸不僅將其列爲中品，而且讚其作品「文體省靜」、「篤意眞古」、「世嘆其質直」，還奉他爲「古今隱逸詩人之宗」。

當然，劉勰在《文心雕龍．隱秀篇》中也談到「文外之重旨」，但他是與「篇中之獨拔」相對而言。僅用一篇的二分之一談言外之意，較之用四、五個整篇的篇幅談聲律、事類、煉字等等辭內功夫，其理論傾向是不言而喻的。同樣，鍾嶸也並非不重言辭，而他推崇的言辭風格是「直尋」、「質直」、「自然英旨」、「清濁通流，口吻調利」。《文心雕龍》用駢文寫成，麗辭偶句，雕縟成體；《詩品》的文辭近乎口語，長短隨意，流暢自然。後人稱「《文心》體大而慮周，《詩品》思深而意遠」（章學誠《文史通義．詩話》），從二人的寫作實踐中，也可以看出其言語心理學思想之區別。

分別論述漢魏六朝文藝心理學「重表」與「重裡」的思想，並非是要品鑑其高低，評說其優劣，而是從兩個不同的角度，剖析此時期文藝心理學「心之物化」的思想。事實上，創作過程中的「心之物化」，既需要言辭內的功夫，也需要言辭外的功夫。具體而言，作家遣詞造句，當然要追求文外重旨、詞外曲致。但並非每個詞、每行詩（文）都會有言外之意，所以，重言辭之「涵義」的同時，也要重其「意義」。任何一部作品，其言辭都是「言內之意」與「言外之意」的融合與統一。同樣，「刻鏤聲律」與「口吻調利」，「用事」與「直尋」，都應該根據情感表達的需要和作家創作個性的不同，或擇用或兼採。從根本上說，由對偶、排比、平仄、音韻所構成的音樂性，由麗辭華文、炳爍珩珮所構成的色彩性，由徵事用典、援古證今而構成的濃縮性，以及與之大致對應的自然流暢、不思而至的口語性，清新明快、不事雕琢的素描性，有感而發、皆由直尋的情境性，都是文學語言的心理特徵。漢魏六朝乃至整個中國古代文學的名篇佳作都或多或少、或顯或隱地體現出上述言語心理學的特徵。於此也可以看出，「功夫在辭內」與「功夫在辭外」，對於超越言語痛苦來說，是殊途同歸。

陸、品味篇

漢魏六朝時期，鍾嶸有《詩品》，謝赫有《畫品》，庾肩吾有《書品》。品者，識鑑、品評也，識鑑其滋味、美感，品評其高下、優劣。漢魏六朝文藝心理學三大分支之一——鑑賞心理學——便涵括於「品味」二字之中。

《才性篇》稱中國古代文藝心理學肇始於「人物品藻」，而品藻人物與品味作品有著直接的聯繫。鍾嶸《詩品序》：「其九品論人，七略裁士，校以賓實，誠多未值。至若詩之爲技，較爾可知。以類推之，殆均博弈。」可見鍾嶸「品詩」受到「品人」的直接啓發，而且他的品詩又是與品人（作家）緊密結合、渾然一體的。

《才性篇》與《品味篇》，二者雖直接相關，但研究的對象畢竟有所區別：前者探討創作主體之「心」，後者探討鑑賞主體之「心」——這也就是《心物篇》所說的「心」之兩重含義。第一層意義上的「心」，在經歷了「哀樂」、「動靜」、「表裡」三部曲之後，便物化爲文藝作品，爲第二層意義上的「心」提供了審美觀照之「物」。於是，就有了別一重「心物關係」，有了「心」對「物」的

「品味」，有了繼作家心理與創作心理之後的鑑賞心理。

我們已將漢魏六朝的創作心理描述爲「心物交感三部曲」，而此時期的鑑賞心理則可表述爲「心物交響三重奏」：即「心物並重」、「心物同構」和「心物一體」——無論是「三部曲」還是「三重奏」，都是「以『心物』爲綱，從『才性』出發。」

一、心物並重

《才性篇》將創作主體的心理結構描述爲「才能」與「性情」及其二者的完美融合。鑑賞主體的心理結構亦有著類似的特徵。專門談鑑賞心理的《文心雕龍．知音篇》，對鑑賞主體提出了多方面的要求，這些要求可以大致分爲兩類。

一是關於「才能」。創作需要才能，「必乏天才，勿強操筆」（《顏氏家訓．文章篇》）；同樣，鑑賞也需要才能，「將閱文情，先標六觀」（《知音篇》）。「六觀」所云，均指鑑賞品評者對文學作品從內容到形式的觀察、把握、領悟、識鑑，亦即知音者所應具備的鑑賞能力。

創作發生是心感物而動，鑑賞發生亦然。不同的是，鑑賞者之「心」首先要「識」物、「知」物，要對藝術作品的物質媒介或形態，有內行的眼光，有識鑑的能力。否則，「心」就無法感「物」而動，鑑賞也就無從發生。《淮南子．泰族訓》：「六律具存而莫能聽者，無師曠之耳也。……律雖具，必待耳而後聽」，若無師曠能欣賞音樂的耳朵，六律雖存亦無作用。嵇康《琴賦》諷刺那些持正統禮樂思想的人「稱其才幹，則以危苦為上，賦其聲音，則以悲哀為主，美其感化，則以垂涕為貴，麗則麗矣，然未盡其理也，推其所由，似元不解音聲」（見《全三國文》卷四十七）。「不解音聲」，也就是「無師曠之耳」，缺乏欣賞能力。「對於不辨音律的耳朵說來，最美的音樂也毫無意義」（馬克思《一八四四年經濟學──哲學手稿》第七九頁，人民出版社一九七九年版）。所以，對於鑑賞者來說，首先要「知音」，要善辨音律，要有「師曠之耳」。

關於鑑賞能力，《文心雕龍・知音篇》提出兩點要求：一是要有豐富的「閱歷」（即鑑賞經歷），所謂「圓照之象，務先博觀」，「凡操千曲而後曉聲，觀千劍而後識器」，欣賞者在無數次的鑑賞活動中，不斷提高自己的欣賞能力，從而具備「圓照之象」、「師曠之耳」。二是要對作品的「位體」、「置辭」、「通變」、「奇正」、「事義」、「宮商」有深入細緻的了解（這六個方面，《文心雕龍》均有專篇予以詳論），於此基礎上，才能「披文以入情」，才談得上對「文」的品味，所謂「斯術既形，則優劣見矣」（同上）。漢魏六朝幾位藝術鑑賞大師，如品樂的嵇康，品書的庾肩吾，品畫的謝赫，品詩的鍾嶸，品文的劉勰，他們無一例外的都有著很高的鑑賞能力，而這種能力又包含「操千曲」、「觀千劍」的「閱歷」，和對作品物質媒介、藝術形式的「深識鑑奧」。以嵇康為例，據《晉書》本傳，他少好音聲，妙解音律，精通琴道，素諳樂理，而且從一位神秘的樂師那兒，學得「聲調絕倫」的《廣陵散》，其音樂造詣之高，可以想見。嵇康能在音樂心理學方面提出獨創性見解，與他「操千曲」和「解音聲」的鑑賞才能，是密切相關的。

五言詩，作爲用「文字」譜寫的「音樂」，它的物質形態就是「聲律」。聲律論的倡導者沈約，曾從創作角度講「妙達此旨，始可言文」（《宋書·謝靈運傳論》），從鑑賞角度，則可以說「妙達此旨，始可品文」。如果說，品樂首先得善辨樂音之「單、複、高、埤、善、惡」（嵇康《聲無哀樂論》）；那麼，品詩，則首先應該「性別宮商、識清濁」（《宋書·范曄傳》），熟諳詩歌之「宮羽」、「低昂」、「浮聲」、「切響」……（《宋書·謝靈運傳論》）。不解音聲，則無法欣賞音樂；不懂聲律，便很難欣賞詩歌。劉勰闢專篇論「聲律」，以及「章句」、「麗辭」、「事類」、「練字」等屬於作品物質媒介或藝術形式方面的問題，其主要目的當然是剖析爲文之用心，但同時也爲鑑賞者鍛煉並提高其欣賞能力，提供了準則和參考。另外，劉勰這些「專篇」也證明他自己有著很高的鑑賞才能，是嵇康《琴賦》所盛讚的那種文藝鑑賞的「良質美手」。

如果說，劉勰以肯定的方式對欣賞者的才能提出要求；那麼，他則以否定的方式論述了關於欣賞者性情的問題。《文心雕龍·知音篇》指出鑑賞過程中欣鑑者的三大心理障礙：貴古賤今，崇己抑人，信僞迷眞。前兩條是沿用舊說，第三條爲論者新創。我們從第三條談起。

關於「信僞迷眞」，《知音篇》舉了「群卿（樓護）唇舌，而謬欲論文，乃稱史遷著書，咨東方朔」的例子，稱樓護是「輕言負誚」，並要品文論文者吸取樓護的教訓，不可「妄談」。劉勰反對「信僞迷眞」，實則是主張在文學批評與鑑賞中，主體要持一種嚴肅認眞、實事求是的態度，切忌信口雌黃，謬欲論文。欣賞者的「信僞迷眞」，往往有「心」與「物」兩個方面的原因：就「心」（欣賞主體）而論，是缺乏認眞的態度，而在「態度」的背後，又可能是缺乏鑑別眞僞的能力；就「物」（欣賞對象）而論，是文情難鑑，眞僞難辨。「魯臣以麟爲麏，楚人以雉爲鳳，魏民以燕礫爲寶珠。形器易徵，謬乃若是；文情難鑑，誰曰易分。」（同上）欲鑑「難鑑」之「文情」，欣賞者就要「心敏」、「目瞭」，這樣才能避免「信僞迷眞」，避免「深廢淺售」。

「崇己抑人」，實爲曹丕所說的「文人相輕」。《典論．論文》開篇便云「文人相輕，自古而然」，然後著重從「文氣」這一文藝心理學角度，剖析「文人相輕」的謬誤。「氣」，相當於心理學上的個性、氣質，「氣之清濁有體，不可力強而致」，不同的人有不同的「氣」，「引氣不齊，巧拙有素，雖在父兄，不能以移子弟」。這種因人而異的個性氣質，表現在作品中，就形成不同的「文氣」（亦即不同的創作風格或創作個性），比如，「徐幹時有齊氣」，「孔融體氣高妙」，「應瑒和而不壯，劉楨壯而不密」等等（同上）。「文氣」各異，是作品之「物」的客觀事實，欣賞者之心，若「闇於自見，謂己爲賢」、「反以所長，相輕所短」，那麼心感物之後，則難以產生理想的鑑賞效果。所以曹丕主張在鑑賞批評活動中，鑑賞主體要「審己度人」，只有這樣，才能「免於斯累」而品詩論文。

「貴古賤今」，是一個比「文人相輕」更爲古老的話題。早在漢初，劉安《淮南子．修務訓》便說過「世俗之人，多尊古而賤今」，後來桓譚《新論．閔友》講「世咸尊古而卑今，貴所聞賤所見也」（見《全漢文》卷十五），王充也說：「述事者高古而下今……信久遠之僞，忽近今之實」（《論衡．須頌》）。對此談得頗多、而且頗具心理學意味的，還是葛洪。他首先承認：「貴遠賤今，常人之用情也」（《抱朴子·廣譬》），貴遠賤今，乃人之常情，也是文藝欣賞活動中，帶有普遍性的心理趨向。在（《抱朴子·鈞世》中，葛洪借「或曰」者之口，分析了「貴古賤今」的心理緣由：「或曰：古之著書者才大思深，故其文隱而難曉；今人意淺力近，故露而易見。以此易見，比彼難曉，猶溝澮之方江河，蟻垤之並嵩岱矣。」心理學認爲：認知主體對於自己的認知對象，常因其認知的難易程度而決定對象的高低優劣，這是一種心理定勢，所謂「常人之用情也」。古今作品，作爲欣賞者之「心」的認知，識鑑對象，有著「難曉」和「易見」之分，因其「難曉」，而尊爲「才大思深」，因其「易見」，而賤爲「意淺力近」，從心理學角度論，則是可以理解的。而且，「貴古賤今」之所以成爲文藝欣賞中一種經久不衰的心理現象，其心理學根源也正在於此。一旦弄清了「貴古賤今」的心理根源，便不難看出其繆誤之處。葛洪指出：「且古書之多隱，未必昔人故欲難曉，或世異語變，或方言不同，經荒歷亂，埋藏積久，簡編朽絕，亡失者多，或雜續殘缺，或脫去章句，是以難知，似若至深耳。」（同上）古書的「難曉」，主要是由歷史的原因所造成，並非古人故作艱深。因此，「難曉」不能成爲「才大」而足「尊」的理由；同樣，「易見」也不能成爲「意淺」而足「賤」的根據。葛洪在找出「貴古賤今」的心理緣由之後，又站在歷史發展的高度，指出了這種心理定勢的不合理性。

葛洪還談到鑑賞活動中的另一種「心理定勢」，它與「貴古賤今」可謂貌異神同。《西京雜記》卷三記慶虬之「亦善爲賦，嘗爲《清思賦》，時人不之貴也；乃托以相如所作，遂大見重於世」。鍾嶸《詩品》下記載一件與之相似的軼事：區惠恭作《雙枕記》，謝惠連語區曰：「君誠能，恐人未重，且可以爲謝法曹（靈運）造。」區採納了謝惠連的建議，署名謝靈運的《雙枕記》，果然得到世人的賞嘆。才秀人微之輩，欲使作品受人賞識，或假托名士之名，或求名士爲其名價。而欣賞者品評作品優劣，不看作品善與不善，只看其署名（或荐者）有名無名，我們且將這種鑑賞心理稱爲「名士效應」。《世說新語》、《南史》等書亦載有類似的事，可見「名士效應」，也是漢魏六朝文藝鑑賞中一種普遍的心理偏向。

對於鑑賞品評者來說，一方面，要有「識器」、「曉聲」、「善辨音律」、「妙達此旨」的欣賞才能；另一方面，又要克服「信僞迷眞」、「崇己抑人」、「貴遠賤今」和「名士效應」等心理障礙。才與性雙優，鑑賞者才能「無私於輕重，不偏於憎愛」，才能「平理若衡，照辭如鏡」（《文心雕龍·知音篇》），才能產生眞正的批評與鑑賞。可見在鑑賞活動中，鑑賞主體之「心」（包括性情與才能），有著何其重要的地位和主導作用。漢魏六朝文藝心理學對鑑賞者才性的要求，既表現出對「心」的重視，同時也表現出對「物」的重視。這是因爲：其一，所謂「欣賞能力」，歸根結底，是對作品之「物」的認識，識鑑能力，是對作品物質媒介和藝術形式的把握、熟諳，沒有這種熟諳，欣賞便無從談起——這實際上是從「心」的角度說明作品之「物」在欣賞活動中的重要地位；其二，欣賞者的諸多心理障礙，都有一個共同特點：無視或輕視「物」的客觀存在。不是從「物」的客觀實際出發，而是囿於一己之心理偏見，或者不辨「物」之虛實眞僞而「信僞迷眞」，或者不曉「物」之風格差異而「崇己抑人」，或者不識「物」之歷史變遷而「貴古賤今」，或者不同「物」之高低優劣而醉心於「名士效應」……。

「心物並重」，是漢魏六朝鑑賞心理學的基本特徵，正是從這一點出發，才有了「心物同構」和「心物一體」的鑑賞心理學思想。

二、心物同構

《心物篇》談到漢魏六朝的創作心理學，有重「心」（心造）、重「物」（物感）與重「心物關係」（心物贈答）的三派；而漢魏六朝的鑑賞心理學，亦大致上有著這三種趨向。本篇第一節論述的關於對鑑賞主體之「才性」的要求，既表現出重「心」（重欣賞者的才能與性情）的一面，同時也包含著重「物」（重藝術作品的物質媒介與客觀存在）的另一面。那麼，在主體之「心」與客體之「物」之間，到底有著什麼樣的關係？換言之，漢魏六朝文藝心理學如何看待或處理鑑賞領域的心物關係？創作心理的「心物贈答」論，其理論興趣在於心與物之間的雙邊關係；同樣，鑑賞心理學的「第三派」看重的也是心與物之間的關係。這種「關係」又有著「同構」與「一體」的區別——對此，我們將用兩節來分別論述：先談以嵇康爲代表的「心物同構」，再談以鍾嶸爲代表的「心物一體」。

嵇康主要是在其音樂鑑賞理論中表現出心物同構的心理學思想。《琴賦》所云：「識音者希，孰能珍兮？能盡雅琴，惟至人兮！」無論是作爲音樂的鑑賞者和創造者，還是作爲音樂的美學家和心理學家，嵇康都無愧於「至人」的稱號，他的鑑賞理論，是建築在豐富的鑑賞實踐與高超的鑑賞才能之基礎上的。作爲善辨音律的知音，他十分看重音樂作品的物質構成（亦即能爲人心所感知的諸種感覺要素，如節奏、旋律、和聲、音色，等等）。嵇康的《琴賦》，不僅細緻地分析了音樂的感覺要素，生動地描繪了音樂的聽覺形象，而且追溯了樂器（琴）的物質起源及其構成。同時，嵇康又看重鑑賞主體之「心」在音樂鑑賞中的主導作用，《琴賦》指出，同一首樂曲，在具有不同情感狀態的鑑賞者中間，會產生完全不同的心理效應。嵇康音樂鑑賞理論的「主體意識」（重「心」）與「善辨音律」（重「物」），分別體現出魏晉「人的覺醒」與「文的自覺」的時代精神，同時，也構成他「心物同構論」的思想基礎。

嵇康主張「聲無哀樂」，提出「心之與聲，明爲二物」（《聲無哀樂論》），但他並未將「心」與「聲」一刀兩斷，《琴賦》就談到音樂的感覺要素如何引起鑑賞者的心理效應。《聲無哀樂論》雖然不無偏頗地否認音樂之情感內容的存在，但同時又以「知音者」的眼光，看到了音樂的感覺要素或形式結構與欣賞者心理或情緒結構之間的某種對應關係——這一點，可從嵇康列舉的四個例子看出：「琵琶箏笛，間促而聲高，變衆而節數，以高聲御數節，故更形躁而志越。……琴瑟之體，間遼而音埤，變希而聲清，以埤音御希變，不虛心靜聽，則不盡清和之極，是聽靜而心閑也。……齊楚之曲多重，故情一；變少，故思專。姣弄之音，挹衆聲之美，會五音之和，其體贍而用博，故心侈於衆理。五音會，故歡放而欲愜。」（《聲無哀樂論》）不同樂器演奏出來的音樂，或者不同地域、不同風格的樂曲，引起欣賞者不同的心理效應，嵇康作出如下結論：「（五音）皆以單、複、高、埤、善、惡為體，而人情以躁靜專散為應。」（同上）上面的四個例子，實際上是講人情的「躁、靜、專、散」，分別與樂曲的「高、埤、單、複」一一對應。比如琵琶箏笛的高聲調加上快節奏，便使聽者「躁」（「形躁而志越」）；與此相反，琴瑟這類樂器，聲調低而變化少，故使人「靜」（「聽靜而心閑」）。器樂如此，聲樂亦然。齊楚之曲沉重而少變化，故使人「情一」而「思專」；姣弄之音集衆音之美，聚衆聲之和，故使人「歡放而欲愜」。

嵇康所描述的這種「高埤單複」與「躁靜專散」一一對應的事實，蘊藏著深刻的音樂心理學思想。我們參照完形心理學的基本原則，對此作一些探討。完形心理學提出「整體性」與「同型論」，前者指知覺首先是整體知覺而非元素的集合；後者指客體有組織的經驗事實，與對應的大腦皮層過程之間，存在著結構中的相似或同型。比如，嵇康所說的「高」，實則為聽者對樂音的有組織的經驗事實（亦即形式結構）的整體性把握，它具體表現為發音短促、聲調高亢、旋律多變、節奏偏快，等等；同理，「躁」，則是對一種特定的大腦皮層過程（亦即情緒結構）的整體性把握，它表現為形態的躁動不安、心志的激越亢奮。作為音樂形象的「高」，與作為情緒形態的「躁」，存在著結構上的同型，正是因為這種鑑賞之「心」與藝術作品之「物」之間的「異質同構」，二者方能「對應」：音樂之「高」引發人情之「躁」，人情之「躁」呼應音樂之「高」。「埤」與「靜」，「單」與「專」，「複」與「散」的一一對應，也是同樣的道理。

完形心理學將對象（物）和主體（心）的形式結構及其運動，都視為「力的式樣」，而所謂心物間的異質同構，也就是雙方「力的式樣」，在結構上達到同樣複雜的水平。美國心理學家阿恩海姆將完形心理學應用於藝術研究，他做了一個試驗，讓一組舞蹈學院的學生用動作表現「悲哀」，結果所有被試演員的動作都一樣：緩慢、幅度小、造型呈曲線，等等。（參見阿恩海姆《藝術與視知覺》第六一五頁）這就如同「間遼而音埤，變希而聲清」的琴瑟之體，能表現一種「清和之極」的「靜」。音之「埤」與心之「靜」，其「力的式樣」在結構上是相似的。

緩慢、柔軟的舞蹈動作，本身並不具有悲哀的性質，之所以能「表現」（實則為「喚起」）悲哀，是因為表演者動作之「慢」，與觀賞者情感之「哀」，在「力的式樣」（或形式結構）上，存在著相似或同型的關係。《聲無哀樂論》所描述的「躁靜專散」與「高埤單複」的一一對應，其心理學緣由，正在於此。站在這樣一個理論高度，再來看嵇康的「聲無哀樂」，便會發現其中含有「心物同構」的心理學思想。聲音既然沒有情感內容，鑑賞音樂的人為何會有哀樂之感呢？其原因就在於音樂之「物」與欣賞者之「心」在結構上的同型。當音樂作品與鑑賞者在力的結構圖式上同一時，心與物異質同構的感染力便產生了。換言之，聲，雖無「哀樂」，但有「自然之和」，亦即有完整的形式結構，欣賞者的審美情感或心理效應，就源於對此「完形」（即「格式塔」）的整體性觀照和把握。

嵇康的「心物同構」思想，對後世有著無形的影響。明代王廷相也談到過「心物同構」：「喜怒哀樂，其理在物；所以喜怒哀樂、其情在我，合內外而一之道也。在物者感我之機，在我者應物之實。不可執以為物，亦不可執以為我，故內外合而言之，方為道眞。」（《雅述上篇》）「物」之理與「我」之情有相通之處，故能「合內外而一」；物，「感我之機」，「我」，「應物之實」，二者是相互交流的，是平等的，故我們不能執於一端，而應「合而言之」。王廷相的「心物感應觀」，不僅講心物間的雙向思維，而且講心物間的相互滲透、內外相合。袁中道有一篇《爽籟亭記》，講他去玉泉之畔聽泉聲，開始，他「氣浮意囂，耳與泉不深入，風柯谷鳥，猶得而亂之。」後來，他「瞑而息焉」，收視返聽，將精氣神靈貫注於泉水之中，就再也聽不到風嘯鳥鳴，而只感受到「泉之變態百出」。再往後，那泉水已不再流淌到岩石上，而是不知不覺地「入吾耳」、「注吾心」，以致「蕭然冷然，浣濯肺腑」。至此，他再也分不清哪是泉之流淌，哪是神之徘徊；哪是泉濺山澗的喧嘩，哪是神返空寂的靜謐……這種「非我非彼」、「物我兩忘」的情境，表明心與物通過相互交流和滲透，而在美學的高度上融為一體。對欣賞者來說，這是他面對一部作品所能再造出來的最佳境界。

三、心物一體

上一節講袁中道聽泉，「吾心」與「泉喧」渾然一體，這是在欣賞大自然時所達到的「心物同一」。與此類似的故事，《世說新語》多有記載：如桓溫沙場歸來，見昔日所種柳樹，慨然曰「木猶如此，人何以堪！」（《言語篇》）又如晉簡文帝「入華林園……覺鳥獸禽魚自來親人」（同上），再如「王司州至吳興印渚中看，嘆曰：『非唯使人情開滌，亦覺日月清朗』」（同上）人在欣賞自然之物（或植物、或動物、或山水）時，一方面，物使人動情，另一方面，人又移情而入，使物著情之色彩，心與物相交融，而最終心物一體，物我相忘。

藝術鑑賞與「品人」相關已如前述，而藝術鑑賞與「賞物」亦有瓜葛。漢魏六朝時期，欣賞自然之美的這種「心物一體」，同樣表現在對文學藝術之美的欣賞之中。《世說新語·文學篇》：「郭景純詩云：『林無靜樹，川無停流。』陸孚云：『泓崢蕭瑟，實不可言，每讀此文，輒覺神超形越。』」陸孚品味郭詩時的「神超形越」，表明郭之詩已動陸之情，陸之情又移入郭之詩，心與物相交感，情與詩相同一。

這種「心物一體」的鑑賞心理學思想，在鍾嶸《詩品》中表現得尤爲突出。《詩品》品評了自漢魏至齊梁的一二三位詩人，列爲上中下三品。從整體上看，《詩品》採用的是「溯流別」、「第高下」的方法，在對具體詩作的鑑賞與批評中，卻時常顯示出「心物一體」的思想傾向。此傾向又可大致分解爲二：一是鑑賞過程中的「味詩法」，一是文字表述上的「意象法」。

鍾嶸主張詩要「有滋味」，認爲「使味之者無極，聞之者動心，是詩之至也」（《詩品序》）。作詩者，詩要作得有「味」，賞詩者，則要去「味」詩。從心物關係的角度看，「味」詩不同於「品」詩，品詩之時，心於物相對峙，心是心，物是物，心有其公正態度（所謂「無私於輕重，不偏於憎愛」），「物」有其客觀標準（所謂「優者爲高，明者爲上」）。味詩之際，心與物相交融，心移情於物，物早入吾心，標準、態度退居其次，而讓直覺、頓悟占了上風。陶淵明自稱「好讀書，不求甚解，每有會意，便欣然忘食」（《五柳先生傳》）。心，沒有去對物作冷靜、客觀評價，而是直覺地領悟詩之味，意會詩之妙。鍾嶸論創作心理，反對聲律、用典，主張「直尋」（所謂「即目」、「所見」），這種「直尋」，表現在鑑賞心理中，便是直覺和頓悟，所謂「味之者無極，聞之者動心」（《詩品序》）。只有「動心」而「味」，方能透過作品的物質外觀而領會其言外之意，方能體驗到作品美之精髓與眞諦。與此同時，鑑賞者也在味詩之中獲得極大的心理快感與情感愉悅。

味詩的過程及結果，需要用文字來表達。《詩品》對詩人及其作品的評價，對一己之鑑賞心得的傳達，用的大多不是概念化語言，而是意象性描述：將鑑賞者之「意」蘊於生動、具體的形象之中，使意與象會、心與物諧，以「意象」來記錄「味詩」的結果。如卷中評范雲、丘遲詩：「范詩清便宛轉，如流風回雪。丘詩點綴映媚，似落花依草」；卷下評江氏兄弟詩：「祏詩猗猗清潤，弟祀明靡可懷」。又如，卷上錄謝混語：「潘詩爛若舒錦，無處不佳；陸文如披沙簡金，往往見寶」；卷中錄湯惠休語：「謝詩如芙蓉出水，顏如錯彩鏤金」；卷下錄袁嘏語：「我詩有生氣，須人捉著；不爾，便飛去」。這些意象式的評點，借用新穎別緻的比喻、綺麗生動的形象，來傳詩之神，盡詩之妙，表達味詩者之意。鍾嶸評點文字中的「意象」，本身就具有美的特徵，而意象之美，對於作品自身的美來說，可謂「鮮花著錦，烈火烹油」。

鍾嶸的意象評點中還時時夾敘一些佚聞趣事，如前面已引用過的：謝靈運夢中得佳句，江文通失筆而才盡，區惠恭托名人而見賞等等。意象加上軼事，使得他的鑑賞文字更加生動，更具有靈性。無怪乎袁枚詩曰「可憐天淵癡伶客，誤把抄書當作詩，抄到鍾嶸《詩品》日，該他知道性靈時。」而鍾嶸的「味詩法」和「意象法」，對後世文學鑑賞和批評的巨大影響，已是人所共知的事實了。

鑑賞活動中的「心物一體」，以「味詩」爲方法，以「意象」爲結果，表現出一種鑑賞過程中的心理快感，而這種快感又建立在「心」對「物」的熟諳深識、心領神會的基礎之上。《文心雕龍·知音篇》如此描述知音者的心理快感：「夫唯深識鑑奧，必歡然內懌，譬春臺之熙衆人，樂餌之止過客。」知音知音，其樂無窮！

以上分別介紹了漢魏六朝鑑賞心理學的三大流派：劉勰的「心物並重」、嵇康的「心物同構」、鍾嶸的「心物一體」。以歷史發展的眼光看，這三派都是在漢代「以物治心」的基礎上發展起來的，同時也是對「以物治心」的揚棄或否定。

班固《漢書·禮樂志》談到音樂可以「善民心」，這是直接繼承先秦《樂記》關於聖人「致樂以治心」的理論傳統。欣賞文藝作品，其目的是「以物治心」，以作品之物治人之善心。「以物治心」，一方面過分誇大文藝作品的教化作用：詩或樂不僅可以「經夫婦，成孝敬，厚人倫，美教化，移風俗」，甚至可以導致「政和」、「政乖」、「民困」；另一方面又過於貶低鑑賞主體的能動作用：鑑賞者只需被動地接受「拯治」就足夠了，《毛詩正義》：「《尙書》之『三風十愆』，疾病也；詩人之四始六義，救藥也。」讀詩如服藥，其目的是「以物（詩）治心」。

魏晉以降，儒家詩教受到衝擊，鑑賞心理之中，其政教意味日漸淡化，其美學意味日趨濃郁。比如，看重鑑賞者之「心」的能動主導作用、強調主體意識，和看重被品之「物」、強調善辨音律，就分別與漢代「以物治心」論的貶低主體之「心」的能動作用和誇大作品之「物」教化作用，一一對峙，就心物關係而論，「以物治心」是從政教倫理角度著眼，看重心與物在教化、倫理層面的聯繫，而這種「聯繫」，多半是牽強附會，人爲製造的。比如：《毛詩序》的作者，硬是從詩經的愛情篇什中，尋找出「后妃之德」。而「心物同構」與「心物一體」，則是從審美心理的角度出發，在深潛的心理層次找到了「心」與「物」的聯結之點與融匯之處，從而獲得「歡然內懌」、「欣然忘食」的審美愉悅和心理快感。

主要參考書目

《十三經注疏》，中華書局一九八〇年版。
中華書局本二十四史之《史記》、《漢書》、《後漢書》、《三國志》、《晉書》、《宋書》、《南齊書》、《梁書》、《南史》等。
《諸子集成》，中華書局一九五四年版。
《全上古三代秦漢三國六朝文》，清·嚴可均校輯，中華書局一九五八年版。
《漢魏六朝百三名家集》，明·張溥輯，四川官印局刊本一九一八年版。
《文選》，梁·蕭統編，唐·李善注，中華書局一九七七年版。
《人物志》，魏·劉劭著，見上海中華書局據金臺本校刊《四部備要·子部》。
《中國歷代文論選》（一—四冊），郭紹虞主編，上海古籍出版社一九七九年版。
《文心雕龍校注拾遺》，楊明照著，上海古籍出版社一九八二年版。
《文心雕龍注》，范文瀾注，人民文學出版社一九五八年版。
《文心雕龍譯注》，陸侃如、牟世金著，齊魯書社一九八一年版。

《文心雕龍創作論》，王元化著，上海古籍出版社一九七九年版。
《淮南鴻烈集解》，劉文典撰，馮逸、喬華點校，中華書局一九八九年版。
《論衡校釋》（附劉盼遂集解），黃暉撰，中華書局一九九〇年版。
《楚辭》，《四部叢刊》本。
《三曹資料匯編》，河北師院中文系編，中華書局一九八〇版。
《阮籍集》，李志均等校點，上海古籍出版社一九七八年版。
《嵇康集校注》，戴明揚注，人民文學出版社一九六二年版。
《陸機集》，金濤聲點校，中華書局一九八二年版。
《抱朴子內編校釋》（增訂本），王明著，中華書局一九八五年版。
《世說新語校箋》，徐震堮著，中華書局一九八四年版。
《詩品注》，陳延杰注，人民文學出版社一九八〇年版。
《中國畫論類編》，俞劍華編，中國古典藝術出版社一九五六年版。
《中國美學史資料選編》，北京大學哲學系美學教研室編，中華書局一九八〇年版。
《中國古典美學叢編》，胡經之主編，中華書局一九八八年版。
《中國文學批評史》，郭紹虞著，上海古籍出版社一九七九年版。
《中國文學批評史》，復旦大學中文系編，上海古籍出版社一九六四年版。

《中國文學批評史》，羅根澤著，上海古籍出版社一九八四年版。
《中國美學史》一、二卷，李澤厚劉綱紀主編，中國社會科學出版社一九八四、一九八七年版。
《中國哲學發展史·魏晉南北朝卷》，任繼愈主編，人民出版社一九八八年版。
《中國哲學範疇發展史》，張立文著，中國人民大學出版社一九八八年版。
《漢魏兩晉南北朝佛教史》，湯用彤著，中華書局一九八三年版。
《管錐編》，錢鍾書著，中華書局一九七九年版。
《談藝錄》，錢鍾書著，中華書局一九八四年版。
《七綴集》，錢鍾書著，上海古籍出版社一九八五年版。
《美學與意境》，宗白華著，人民文學出版社一九八七年版。
《古典文論與審美鑑賞》，吳調公著，齊魯書社一九八五年版。
《中國古代美學範疇》，曾祖蔭著，華中工學院出版社一九八六年版。
《儒道佛美學思想探索》，張文勛著，中國社會科學出版社一九八八年版。
《中西比較詩學》，曹順慶著，北京出版社一九八八年版。
《文藝心理學》，朱光潛著，載《朱光潛美學文集》卷一，上海文藝出版社一九八二年版。
《悲劇心理學》，朱光潛著，人民文學出版社一九八七年版。
《文藝心理學》，陸一帆著，江蘇人民出版社一九八五年版。

《文藝心理學概論》，金開誠著，人民文學出版社一九八七年版。
《文學心理學教程》，錢谷融、魯樞元主編，華東師範大學出版社一九八七年版。
《文學心理學概論》，王先霈著，華中師範大學出版社一九八八年版。
《中國文藝心理學史》，劉偉林著，三環出版社一九八九年版。
《中國古代審美心理學論綱》皮朝綱、李天道著，成都科技大學出版社一九八九年版。
《審美心理描述》，滕守堯著，中國社會科學出版社一九八五年版。
《美學心理學》，林同華著，浙江人民出版社一九八七年版。
《中國心理學史》，高覺敷主編，人民教育出版社一九八五年版。
《近代心理學歷史導引》，〔美〕G·墨菲等著，林方等譯，商務印書館一九八〇年版。
《普通心理學》，〔蘇〕彼得羅夫斯基主編，朱智賢等譯，人民教育出版社一九八一年版。
《心理學綱要》，〔美〕克雷奇等著，周先庚等譯，文化教育出版社一九八一年版。
《苦悶的象徵》，〔日〕廚川白村著，魯迅譯，人民文學出版社一九八八年版。
《藝術心理學》，〔蘇〕列·謝·維戈茨基著，周新譯，上海文藝出版社一九八五年版。
《藝術與視知覺》，〔美〕魯道夫·阿恩海姆著，滕守堯等譯，中國社會科學出版社一九八四年版。
《心的分析》，〔英〕羅素著，李季譯，商務印書館一九六三年版。
《心的概念》，〔英〕吉爾伯特·賴爾著，劉建榮譯，上海譯文出版社一九八八年版。

《心的哲學》，〔美〕J·A·沙弗爾著，陳少鳴譯，三聯書店一九八九年版。

後記

這部書稿是筆者的博士學位論文。本書在導師楊明照教授的指導下完成，並得到指導小組唐正序、項楚、曹順慶三位教授的重要幫助。在此謹致謝意。

作者一九九一年二月於四川大學新一舍一單元四〇二室